Lettres d'Égypte

Voyageurs Payot

Lady Lucie Duff-Gordon
Lettres d'Égypte
1862-1869

Traduit de l'anglais
par Mrs Ross

Présentation et notes
de Christophe Pincemaille

AVERTISSEMENT

Les premières de ces lettres ont d'abord paru en 1865 sous le titre *Letters from Egypt*, éditées par Sarah Austin, la mère de Lady Duff-Gordon.

Cette édition a été complétée en 1875 sous le titre *Last Letters from Egypt,* incluant aussi les *Letters from the Cape,* ainsi qu'un *« memoir by her daughter, Mrs Ross ».*

Nous reprenons telle quelle (sauf la « Notice sur la vie et les ouvrages de Lady Lucie Duff-Gordon ») la traduction de cette correspondance parue chez J. Hetzel (Paris, 1879) sous le titre *Lettres d'Égypte,* traduction assurée par Mrs Ross, la fille de Lady Gordon.

(Historien, Christophe Pincemaille prépare un ouvrage sur l'inauguration du canal de Suez, à paraître aux Éditions Payot & Rivages.)

106, bd Saint-Germain, Paris VIe.

PRÉSENTATION

L'attrait incontestable que l'Égypte moderne exerce tout au long du XIXe siècle sur des générations d'Européens en mal d'Orient engendre une très abondante production littéraire. Parmi les centaines d'ouvrages ou d'articles parus sur le sujet, les *Lettres d'Égypte* de Lady Lucie Duff-Gordon occupent une place à part, parce qu'elles sont bien davantage le récit d'une passionnante tranche de vie qu'une simple relation de voyage.

À la différence des touristes embarqués pour de pittoresques croisières sur le Nil et que les moustiques ou le soleil accablent autant que l'ennui, à la différence des colons européens venus chercher fortune dans un pays transformé alors en un vaste chantier de travaux publics, Lady Gordon, rongée par un mal incurable, a scellé comme un pacte personnel avec l'Égypte. Ainsi, à plus d'un titre, ces *Lettres* méritent d'être republiées. Elles joignent à une incontestable qualité d'écriture la noblesse d'un cœur attentif à la misère des autres et trop en paix avec lui-même pour ne pas marquer son détachement des conventions. Par son origine sociale, par l'éducation qu'elle a reçue, par son mariage avec un baronnet, par les cercles intellectuels qu'elle fréquente, Lady Gordon appartient à la gentry éclairée de l'Angleterre victorienne. On la devine anglaise jusqu'au bout des ongles, mais de ces Anglaises que l'insularité étouffe et qui ne s'épanouissent vraiment qu'en partant à la découverte du monde.

Née en 1821, Lucie Austin passe son enfance en Allemagne, à Bonn, où s'est installé son père, John Austin, un éminent juriste. En 1836, ses parents l'envoient en pension à Bromley et elle en sort pour épouser, en 1840, Sir Alexandre Cornewall Duff-Gordon (1811-1872). Le jeune couple réside dans une maison de Queen's Square, à Londres ; le salon des Duff-Gordon devient vite le lieu de rendez-vous d'écrivains célèbres comme Dickens, Thackeray ou Tennyson. Sa sensibilité, ses lectures, ses fréquentations poussent Lady Gordon à prendre le chemin de la littérature. Elle débute par des traductions d'auteurs allemands, une langue qu'elle maîtrise parfaitement : en 1839 les *Études sur la mythologie de la Grèce ancienne* de Barthold Niebuhr, en 1844 *La Fée d'Ambre jaune* de Jean-Guillaume Meinhold, en 1845 *Les Crimes et les procès célèbres en Allemagne* de Paul-Johann-Anselm von Feuerbach, et en 1847, en collaboration avec son mari, l'*Histoire de la Prusse* de Leopold von Ranke. Comme nombre de leurs compatriotes, les Duff-Gordon voyagent volontiers sur le continent. Ils visitent la Bavière et séjournent à deux reprises à Paris. En août 1851, ils sont les hôtes du philosophe et orientaliste Jules-Barthélemy Saint-Hilaire ; à l'automne 1854, ils font la connaissance d'Heinrich Heine, le grand écrivain allemand exilé volontaire en France. Malheureusement, la santé de Lady Gordon, atteinte de la tuberculose, s'altère très tôt.

En 1860, suivant l'avis de son médecin, elle s'embarque pour une longue croisière jusqu'au cap de Bonne-Espérance, dont elle tire, à son retour, un recueil publié en 1862-1863 sous le titre *Letters form the Cape.* Le climat trop humide de l'Angleterre ruine sa santé et, malgré une cure aux Eaux-Bonnes dans les Pyrénées, en 1862, son état ne cesse d'empirer. Elle vient d'avoir quarante et un ans. Elle se sait en sursis et décide de s'installer sous les Tropiques. A défaut d'une guérison fort improbable, elle espère au moins, en s'établissant sous des latitudes plus clémentes, obtenir une rémission. Ainsi part-elle en Égypte. La séparation avec son mari et ses enfants risque d'être longue, peut-être même définitive selon les caprices de la maladie. Tour à tour, Sir Alexandre, sa fille accompagnée de son mari *, puis son fils font le voyage au Caire ou à Louqsor pour la revoir ; elle-même retourne à deux reprises en Angleterre, en 1863 et 1865, pour deux brèves visites à sa famille et à ses amis.

Lady Gordon quitte l'Europe en octobre 1862 avec l'idée qu'elle n'y reviendra sans doute pas de sitôt. Lorsqu'elle débarque à Alexandrie, un changement s'est opéré en elle. Une nouvelle vie commence en rupture avec son passé. Dans cette Égypte qu'elle parcourt pour la première fois, à aucun moment elle ne se sent dépaysée. Munie de lettres de recommandation pour les autorités consulaires britanniques et d'un pécule qui doit lui assurer une relative aisance, elle aurait très bien pu s'installer dans le quartier anglais du Caire et reconstituer en Égypte un semblant de la vie sociale qu'elle a connue à Londres. Or elle n'en fait rien. Elle se tient volontairement à l'écart du milieu européen qu'elle juge d'ailleurs avec sévérité. Dans cette seconde moitié du XIXe siècle, il y a entre l'Occident et l'Orient plus que

* Nous publions en annexe, p. 335, le récit que Mrs Ross a laissé de ce voyage à Louqsor en 1867.

la largeur de la Méditerranée : il y a le fossé que creusent les préjugés des Occidentaux envers les Orientaux. La vie de Lady Gordon a ceci d'original et d'exemplaire qu'elle échappe aux règles propres à son époque et à son rang. La dame anglaise devient une Arabe qui se fond dans le paysage de l'Égypte traditionnelle et se mêle aux communautés villageoises de la province de Louqsor.

L'Angleterre nous a laissé quelques figures intéressantes de *ladies* affranchies des normes de leur monde, presque en rupture de ban, et qui par l'audace de leur existence ont essayé de rapprocher les deux civilisations, comme si elles avaient cherché à jeter un pont entre les deux extrémités du bassin méditerranéen. On songe bien entendu à Lady Esther Stanhope (1776-1839), la nièce du Second Pitt, retirée dans son palais de Djihoum, non loin de Saïda. Ses contemporains la désignent sous le nom de « Circé des déserts » et Lamartine, qui lui rend visite en 1832, prétend que l'habitent « les rêves surnaturels d'une imagination teinte d'Orient et échauffée par la solitude et la méditation ». Lady Gordon, l'« Égyptienne », a peu à voir avec Lady Stanhope, la « Reine de Tadmor » : la première soigne et protège les fellahs, la seconde vit en ermite dans l'attente de la venue d'un nouveau Messie. Et pourtant, par-delà les différences, à commencer par le tiers de siècle qui les sépare, il y a quelques similitudes troublantes entre elles, comme cette commune grâce souveraine à s'imposer au désert, au point qu'on peut se demander si Lucie n'a pas été influencée par la lecture des mémoires d'Esther. Mais cessons là la comparaison dont on retiendra seulement que l'aventure – parce que sur le plan humain c'en est une – de Lady Gordon n'est pas un fait isolé, qu'elle a une devancière illustre et qu'elle compte de nombreuses émules telles que Amelia B. Edward (1831-

1892) ou Florence Nightingale (1820-1910), quoique ces deux femmes incarnent plutôt la voyageuse anglaise au teint diaphane, en quête d'horizons nouveaux, une image qui s'applique assez peu à celle de Lucie.

En effet, on ne peut pas regarder Lady Gordon comme une figure errante à la poursuite d'un imaginaire susceptible d'alimenter le récit de pérégrinations qu'elle aurait déjà vendu au directeur d'une quelconque revue londonienne. Elle n'a rien d'une nomade, encore moins d'une touriste férue d'égyptologie s'élançant ombrelle à la main à l'assaut des sites archéologiques. Sa santé exige qu'elle parte loin de chez elle, qu'elle abandonne les siens et se détourne de son passé. Elle se soumet à la cruelle loi de la fatalité, sans doute avec tristesse mais sans regret apparent, parce qu'il y aurait faiblesse de sa part à montrer qu'elle attache de l'importance à ce qu'elle est contrainte d'abandonner pour continuer à vivre. Or, elle entend occuper pleinement les années qu'elle négocie avec la mort. Si elle renonce à la présence de ceux qu'elle aime, elle ne les raye pas pour autant de son cœur. Au contraire, l'éloignement renforce l'affection qu'elle leur porte, comme sa reconnaissance envers son mari, qui a accepté son choix, non seulement ne se dément jamais, mais croît au fil des ans. La solitude et l'ascétisme qu'elle s'impose concentrent et fortifient tous les ressorts de son âme ; elle y puise le courage nécessaire pour supporter une séparation qui est déchirante en soi, mais salutaire. Elle renonce au confort tant affectif que matériel, sauf qu'on comprend à la lecture de ses lettres qu'elle sacrifie en réalité l'accessoire pour mieux se recentrer sur l'essentiel. La frugalité de son existence, l'attention accordée aux choses simples, l'attirance presque instinctive pour les humbles témoignent d'une détermination inflexible à se dépouiller des artifices pour retenir de la vie ce qui compte vraiment au regard de ce qu'on se doit. Finalement, elle n'aurait sans doute pas pu mener ailleurs mieux qu'en Égypte, la terre des anachorètes, cette expérience originale. Le spectacle de la pauvreté qui l'environne la révolte moins que l'injustice ou l'arbitraire des puissants envers les faibles, parce qu'il flatte en elle cette aspiration intime, quasi spirituelle, presque rédemptrice, à se détacher de tout.

Le courrier et les journaux constituent dès lors les seuls liens qui rattachent Lady Gordon au monde extérieur. Elle lit l'*Athenæum* ou la *Revue des Deux Mondes,* elle commente les événements, suit de près l'actualité littéraire et culturelle. Elle se dit blessée dans son cœur de germanophile par la guerre austro-prussienne de 1866, elle s'émeut l'année suivante du sort du malheureux empereur Maximilien dont la nouvelle de l'exécution à Querétaro, le 19 juin, assombrit les festivités de l'Exposition universelle de Paris. Mais il est frappant de constater combien, dans les lettres qu'elle écrit à son mari ou à ses enfants, elle fait si peu cas d'elle-même. Sa correspondance n'est pas une forme détournée de journal intime ni un livre de mélancolie. Lady Gordon reste discrète sur l'évolution de sa maladie, sans doute pour ne pas alarmer les siens, certainement aussi parce qu'elle a décidé qu'il lui faut s'en tenir à la vie et écarter de son esprit toute autre inquiétude qui pourrait l'en distraire. Elle raconte son existence au quotidien, s'attarde sur ses faits et gestes, décrit l'organisation de sa maison, les tâches domestiques, évoque ses relations avec le voisinage. Ces *Lettres* sont une plongée dans l'Égypte profonde, celle qui échappe aux touristes distants ou aux voyageurs trop pressés ; elles tiennent à la fois de l'étude ethnologique, par l'attention accordée à la description des mœurs et coutumes, et du genre épistolaire, par l'aisance et la spontanéité du style. Chacune d'elles est un tableau vivant, haut en couleur, riche en sensations diverses. Et pourtant, la touche locale ne prend jamais les tons trop criards dont usent ordinairement les peintres orientalistes de l'époque.

D'ailleurs, Lady Gordon récuserait le qualificatif d'orientaliste, car elle se définit elle-même comme une Orientale immergée dans l'univers rustre des paysans égyptiens. Elle les observe, dépeint leurs qualités, ne passe pas sous silence leurs travers, mais elle ne les juge pas. Elle les accepte dans leur entier, parce que sa compréhension est totale et qu'aucun *a priori* ne vient fausser la perception qu'elle a de leurs caractères. Elle s'est prise d'une affection immédiate pour eux, s'estimant même une sorte de responsabilité morale qui la conduit à intercéder en leur faveur auprès des autorités, à user de ses relations ou de son savoir pour les protéger. Comme les Vierges de Miséricorde du Moyen Age, elle donne l'impression de les couvrir des pans de son manteau ; elle en parle comme une mère de ses enfants ou un prêtre de ses ouailles. Elle se dévoue à eux, mue par le sentiment d'une intense sympathie que ne lui dicte pas seulement la charité chrétienne, qui n'est pas faite que d'amour, mais qui répond aussi à l'urgente nécessité pour elle de ne plus s'éloigner désormais de la pureté des cœurs simples. Elle dépasse le stade de l'émotionnel ; sa relation avec l'Égypte et les Égyptiens, toute de proximité, devient fusionnelle, pour ainsi dire charnelle.

La correspondance de Lady Gordon a la solidité de son talent et l'attrait de sa personnalité. C'est pourquoi il nous plaît de donner à son livre la préséance sur les ouvrages de ses contemporains qui ont écrit sur l'Égypte, dans la mesure où elle est l'un des rares auteurs du siècle dernier à avoir traité de l'intérieur et sans complaisance un sujet que tant d'autres abordent de l'extérieur, parfois de façon plus brillante qu'elle, mais avec un ton et un regard beaucoup plus superficiels. Attachée à ce pays et à ses gens, Lady Gordon traite de questions trop graves à ses yeux pour se livrer à un simple exercice de style. Parce qu'elle ignore le temps dont elle dispose encore, elle vit pleinement l'instant. Elle place les gains de son combat contre la maladie dans une attention redoublée aux autres et aux choses, ce qui nous vaut l'un des témoignages les plus fidèles qui soient sur les Égyptiens. A force d'intimité avec eux, elle approfondit la connaissance des personnages dont elle raconte la vie au jour le jour. A côté des innombrables et répétitives descriptions de l'Égypte souvent stéréotypées, à côté des récits de voyages, laborieux ou alertes, mais toujours emprunts des mêmes enthousiasmes et des mêmes préjugés, à côté des travaux d'érudition qui réduisent l'Égypte à des catalogues de hiéroglyphes, les *Lettres* de Lady Gordon s'imposent comme une source majeure à quiconque s'intéresse de près à l'Égypte d'Ismaïl Pacha.

Ce pays engagé depuis bientôt un demi-siècle sur la voie de la modernité connaît alors de profonds bouleversements. Le khédive Ismaïl, qui accède au pouvoir en 1863, fait du développement économique de ses États un enjeu politique. L'Égypte reste, en effet, une province tributaire de l'Empire ottoman et Ismaïl Pacha caresse des rêves de souveraineté et d'indépendance. Il doit à l'habileté et à l'énergie farouche de son grand-père Méhémet-Ali (1769-1849), parfois surnommé le « Napoléon égyptien », de bénéficier d'une relative autonomie vis-à-vis de Constantinople. Mais sa situation demeure fort précaire. Il n'ignore pas que le moindre faux pas suffirait à froisser la susceptibilité du sultan et à tout remettre en question. Disposant d'une marge de manœuvre étroite, il lui faut jouer serré. Aussi compte-t-il beaucoup sur l'appui des puissances européennes, dont il sollicite le concours technique et financier, pour faire pression sur la Porte ; dans le même temps il se montre le plus obséquieux des courtisans auprès du grand vizir et des ministres turcs. Tandis qu'il se vent à la France et à l'Angleterre, il arrose de son or le gouvernement ottoman afin de s'assurer d'utiles mais coûteuses complicités.

Méhémet-Ali a ouvert à petite dose l'Égypte à l'influence étrangère. Avec infiniment moins de précautions, Ismaïl entreprend de l'occidentaliser au risque de bousculer ses habitudes et de lui faire perdre son identité, au moment délicat où se dessinent les premiers contours d'une conscience nationale. Il faut dire que depuis l'expédition française de 1798 l'Égypte est devenue un objet de curiosité et de convoitise. En la conquérant, les armées du Directoire l'ont mise à l'ordre du jour de l'Europe et l'ont sortie de la léthargie où elle somnolait depuis bientôt trois siècles. Les savants et artistes qui accompagnent Bonaparte ont posé les jalons de l'égyptologie moderne et relancé l'égyptomanie sur fond d'orientalisme. En l'espace de quelques décennies, elle devient une destination à la mode : on part en Égypte comme au XVIIIe siècle on faisait le voyage en Italie. Les vice-rois savent exploiter le filon et profiter de cet engouement pour attirer avec de mirifiques concessions les capitaux et les entrepreneurs. Ils lèvent des digues et des barrages, étendent les superficies irriguées, plantent du coton et de la canne à sucre, construisent des distilleries et des sucreries, des filatures et des arsenaux, des voies ferrées et des lignes télégraphiques. Ils ont commencé de percer l'isthme de Suez pour en faire un détroit. Le chantier du canal, lancé à l'initiative de Ferdinand de Lesseps en 1854 avec la complicité de Saïd Pacha (1854-1863) est en voie d'achèvement. En novembre 1869, la Méditerranée et la mer Rouge unissent leurs eaux en présence de l'Europe couronnée. Ismaïl Pacha donne à l'événement un retentissement international, sauf que le paysan du Delta ou de la Haute-Égypte n'a cure de l'ouverture d'une nouvelle voie maritime quand, pour lui, le prix à payer est l'oppression redoublée du fisc et la tyrannie accrue des fonctionnaires locaux. Tout va très vite, trop vite même pour le peuple qui souffre de cette évolution plutôt qu'elle ne lui profite. A l'Égypte en mouvement (encore ne concerne-t-elle que la classe dirigeante et les éléments extérieurs) s'oppose l'Égypte immuable, celle des fellahs dont la vie s'accorde éternellement au régime du Nil, le dieu-fleuve qui arrose depuis des millénaires l'étroite vallée verdoyante enserrée entre deux déserts. Les Égyptiens constituent une masse soumise et laborieuse dont le sort préoccupe assez peu le vice-roi, qui voit seulement en eux un réservoir presque inépuisable d'une main-d'œuvre servile et docile.

Lady Gordon découvre donc une Égypte marquée par les contrastes et les ruptures. A Boulaq, au Caire, où elle réside l'été mais ne se plaît guère, elle se désole des ravages qu'une occidentalisation mal digérée cause de manière irréversible à la ville arabe. Il lui tarde chaque année d'en repartir au début de l'automne, de remonter le Nil jusqu'à Louqsor, de retrouver ses villageois qui l'accueillent toujours avec les mêmes cris d'allégresse. Elle a fait de la Haute-Égypte son lieu d'élection, sa terre promise, son fief. Là-bas, rien n'a bougé depuis les pharaons, comme si l'histoire, au lieu d'avancer, reproduisait sans cesse le cycle des saisons au point d'atteindre à une sorte de sublime éternité. Elle décèle dans les gestes et les croyances populaires comme une survivance des rites de l'Égypte antique, car les siècles se superposent au lieu de s'effacer. L'Égypte lui semble « un palimpseste dans lequel la Bible est écrite par-dessus Hérodote et le Coran par-dessus la Bible ». Par suite d'un arrangement avec le consul général de France, Lady Gordon prend possession de la Maison de France, un vaste bâtiment qu'elle appelle par dérision son « palais » (Louqsor, en égyptien signifie palais), bâti sur le toit du grand temple dont seuls les sommets des pylônes et les têtes des colosses du portique émergent alors du sable. Dans la vallée, les villages aux masures de boue séchée, enchevêtrées les unes aux autres, ressemblent de loin à des empilades de dominos. Les fellahs eux-mêmes ont la couleur de la boue du Nil mélangée à la teinte chaude du sang qui circule sous leur peau. Lucie admire leur beauté plastique, modelée par « Prométhée qui les a formés de la matière universelle sous sa main et le soleil [qui] leur a soufflé la vie ». Son regard s'attarde à contempler les silhouettes des laboureurs presque nus qui poussent la charrue ou tirent l'eau du *chadouf.* Leurs corps tendus par l'effort lui rappellent les bronzes de Donatello.

Les visages sont tristes et fermés à la joie, mais ouverts à l'hospitalité. Ce peuple mélancolique, aimable comme des enfants, est accueillant et tolérant. D'emblée Lady Gordon se sent solidaire de cœur des Arabes. Elle refuse de rester l'étrangère, celle qui s'exprime dans une langue incompréhensible, qui vit différemment et se tient à l'écart. Elle veut se fondre dans leur communauté, devenir une femme arabe à part entière qui parle comme eux. Pour se faire adopter complètement, elle adopte leurs manières, dort sur une natte et apprend l'arabe. La rudesse d'une vie aussi rustique lui convient bien, car celle-ci emprunte à la vie poétique et pastorale des temps bibliques. « Je suis maintenant, plaisante-t-elle, une Arabe stupide et paresseuse. » La métamorphose s'est accomplie. La *sitt inglise,* la dame anglaise, est devenue une authentique *bint-el-beled,* une fille du pays. Les touristes anglais qu'elle rencontre lui sont désormais des étrangers et l'identification avec son peuple est si parfaite qu'elle va jusqu'à écrire un jour : « Nous sommes on ne peut plus misérables, nous autres pauvres fellahs. »

L'Égypte d'Ismaïl Pacha avance à marche forcée vers la modernité, tandis que la roue du progrès tourne et broie impitoyablement les pauvres. Les abus commis en son nom scandalisent Lady Gordon par la barbarie des méthodes employées pour contraindre les paysans à s'y plier, au mépris de l'homme et de sa dignité. Le despotisme oriental ignore les droits élémentaires de l'individu et fonctionne selon des règles qui heurtent la conscience occidentale. Dans les régions où la nature est rude, inhospitalière, la cruauté fait partie des mœurs parce que la vie y est un combat permanent. On trouve en l'homme de la férocité du fauve, cette absence de pitié du fort pour les êtres plus faibles. Au contact du monde sauvage qui l'environne, Lady Gordon apprend à réfréner en elle tout élan de sensiblerie. Comme elle ne peut accepter de laisser les gens souffrir autour d'elle sans réagir, elle s'improvise médecin de campagne. Elle soigne les ophtalmies, l'infection la plus courante, opère les blessés, panse les plaies, distribue les médicaments qui guérissent des fièvres. Sa réputation médicale s'étend rapidement aux villages des alentours ; on vient de loin consulter le *hakimeh* d'El-Ouksour et les femmes instruites prétendent même que son regard porte bonheur.

La *Sitt-el-Kebir* (la Grande Dame) découvre qu'indigence et souffrance physique vont de pair, que les corps des pauvres portent les stigmates de leur misère et des mauvais traitements que leur font subir les agents du khédive employés à rançonner les paysans ou à bâtonner les conscrits réfractaires au service militaire. Elle s'indigne que l'administration vice-royale ne se soucie pas davantage de la condition du fellah qu'elle traite comme une bête de somme ; l'homme et l'animal partagent une détresse commune, tributaires des mêmes corvées et condamnés tous deux à ployer sous le poids d'un labeur harassant. La terre d'Égypte est trop exigeante et elle demande trop de soins pour laisser un peu de repos à ceux qui la travaillent. La dure loi de la nature ajoute encore à la tyrannie des maîtres.

Les fellahs rendent au centuple à Lady Gordon l'amour qu'elle leur porte. Ils la baptisent et l'honorent du noble et beau nom de *Noor-a-la-Noor,* qui peut se traduire par « Lumière d'en haut ». Dans l'histoire des relations entre l'Orient et l'Occident au XIXe siècle, il n'est guère d'autre exemple de mariage « mystique » à ce point réussi entre une femme européenne et chrétienne et une communauté de paysans arabes et musulmans. Le soleil a bruni son visage, ses mains et ses pieds et l'a « si chaudement embrassée qu'elle ne peut plus maintenant retourner parmi son peuple », dira d'elle le matelot d'un équipage ami. Elle a perdu son teint pâle de dame anglaise et gagné la couleur de peau d'une fellahla. L'air chaud et sec du désert l'a revigorée ; elle a repris des forces, mais la maladie attend son heure pour se venger, quoiqu'elle n'ait jamais lâché son étreinte. En août 1868, un voyage malencontreux en Syrie, dont le climat est un véritable poison pour les phtisiques, a failli l'emporter. Elle ne se rétablit pas. Le

25 janvier 1869, de retour à Louqsor, elle avoue à son mari qu'elle est trop malade pour écrire. Elle redescend au Caire, où son fils la rejoint avant les fortes chaleurs de l'été. Le 15 juin, elle déclare que maintenant elle peut attendre patiemment la mort, entourée de gens qui sont assez bons pour lui rendre la vie confortable. Elle projette pourtant de passer l'automne à Esneth, où l'air, plus doux, dit-elle, irrite moins les bronches. Lady Gordon manque son rendez-vous avec le soleil de septembre.

La Noor-a-la-Noor s'éteint le 14 juillet 1869. Hélas ! son dernier vœu de mourir et d'être enterrée à Thèbes, auprès de ses fellahs, ne se réalise pas. Elle demande qu'on l'inhume au cimetière des Anglais de ce Caire si distant de l'Égypte qui l'a adoptée et qu'elle a tant aimée. Elle repose désormais dans une parcelle de sol égyptien concédée à ses compatriotes. Ainsi se trouve accomplie dans la mort et par la terre l'union des deux cultures qu'elle a tentée de réaliser durant les sept dernières années de sa vie, sans chercher jamais à se poser en exemple universel, mais toujours en se conformant à ses propres vertus morales et à l'extraordinaire générosité de son cœur.

PRÉFACE DE L'ÉDITION FRANÇAISE DE 1879

Les journaux anglais nous apprennent la fin d'une personne distinguée dont plus d'un voyageur en Égypte a conservé un aimable et reconnaissant souvenir. Nous n'oublierons jamais, pour notre part, le plaisir que nous avons senti en rencontrant lady Duff Gordon sur les ruines de Thèbes, dans ce petit village de Louxor dont elle était la Providence. C'était une singulière destinée que la sienne ! Jeune, belle, d'une santé florissante en apparence, elle avait été atteinte tout à coup des tristes symptômes de la phtisie avec tant de violence, que sa mort parut prochaine. Les longs voyages sur mer lui furent conseillés comme un remède suprême, et elle alla d'abord au cap de Bonne-Espérance où elle essaya de se fixer. Mais elle échangea bientôt cet exil contre celui de la Haute-Égypte et s'établit définitivement à Louxor, dans une maison occupée jadis par les ingénieurs français qui ont enlevé et transporté notre obélisque. Ce climat absolument sec, ce ciel toujours pur, arrêtèrent les progrès du mal et donnèrent à lady Gordon une prolongation d'existence considérable et imprévue. Mais c'était à condition de ne plus affronter le climat de l'Europe, et ce n'était même pas impunément que lady Gordon remontait jusqu'au Caire. Lady Gordon avait accepté sans arrière-pensée cette vie nouvelle, et elle montra la supériorité de son esprit par le parti définitif qu'elle sut prendre. Au lieu de rester l'œil fixé sur l'Angleterre et de languir dans l'oisiveté de l'exil, elle apprit l'arabe, s'intéressa à ce qui l'entourait et devint la compatriote de ce peuple docile et bienveillant qui connaît si peu l'Europe et qui en est si complètement ignoré. Lady Gordon n'était pas seulement populaire à Louxor et autour de Louxor par ses bienfaits ; elle faisait mieux encore que de secourir les pauvres, elle vivait avec eux, s'entretenait de leurs affaires, les protégeait au besoin contre les abus du pouvoir, et avait ainsi gagné le cœur de la population tout entière. On trouvait chez elle presque tous les soirs le prêtre musulman et le juge ; et c'était un échange continuel d'idées utiles et de bonnes pensées ; elle s'instruisait de l'Égypte à leur école, leur faisait connaître de son mieux l'Europe, et les encourageait dans la tolérance et dans la justice.

Cette façon élevée et originale d'accepter la maladie et l'éloignement, et d'en tirer tout le bien possible pour les autres et pour soi-même, avait assuré à lady Gordon le respect et la sympathie de tous ceux qui avaient l'honneur de la connaître ; mais ces sentiments furent ceux de tout le public, lorsque l'impression de sa correspondance eut répandu son nom en Angleterre. Les *Lettres du Cap* avaient déjà été lues avec intérêt, lorsque parurent en 1865 les *Letters from Egypt,* qui eurent plus de succès encore. Ces deux publications sont une trace durable de la vie de lady Gordon et témoignent de l'élévation de son esprit comme de la noblesse de son cœur.

Elle a laissé un exemple utile à tous les Européens qui peuvent se trouver forcés de vivre en Orient et qui trop souvent ne savent comment y employer leur existence ; malade, séparée des siens et de son pays, morte avant le temps, on peut le dire, pour l'Europe et pour la vie civilisée, lady Gordon nous a montré quel parti nous pouvons tirer, avec de l'esprit et du courage, des infirmités et des épreuves les plus capables en apparence de nous accabler.

Prévost-Paradol,
Journal des Débats,
30 juillet 1869.

Port de Livourne, 13 octobre 1862.

J'ai tant entendu parler de la cherté de la vie à Malte dans cette saison et de la beauté du Caire, que j'ai pris la détermination d'aller tout droit en Égypte. Nous sommes arrivés ici hier au soir. J'ai trouvé qu'il y avait le temps d'aller voir Pise et j'ai eu une journée délicieuse. C'était un *giorno di festa,* et les petites ruses des pauvres gens pour nous faire donner un peu d'argent à cette occasion valaient bien ce qu'elles coûtaient. A Pise, le *velturino* m'a assuré ceci : *« Ah ! cara signora ! siamo troppo sacrificati per il tarif*[1]. » Il appelait mon attention sur ses beaux vêtements, et il racontait qu'il avait eu le dessein de *« divertirsi con la sua innamorata, e lascio tutto per mostrar la città alla signora*[2] *» ;* le tout était débité d'un air si cajolant qu'on ne pouvait résister. Le batelier qui m'a ramenée à bord se lamentait en disant qu'il faisait déjà obscur. Qu'il avait peur, que le temps pourrait bien changer, et que son bateau pouvait être perdu (dans le port). *« Per l'amor di Dio, datemi cinque o quattro franchi*[3]. » J'ai refusé net, et au même instant il me suppliait de le reprendre le lendemain matin pour revenir.

Le Duomo, le Baptistère et le Campo-Santo de Pise étaient un monde nouveau pour moi, et la tour penchée est aussi jolie qu'elle est bizarre. Les tableaux d'Andrea del Sarto à eux seuls valent le voyage. Je n'ai jamais été plus enchantée des gens que je ne le suis ici ; ils sont tous beaux et aimables.

J'ai trouvé le climat de Marseille très mauvais. Depuis que je suis en mer, je me sens tout autre. Je n'avais pas idée qu'il pût y faire si chaud ; en ce moment on se croirait sous les Tropiques ; rien de froid dans l'air. Un artiste français m'a donné une lettre pour Lautner-bey, le médecin allemand du pacha [4], et une autre pour un ci-devant saint-simonien [5], un vieux peintre français qui est devenu musulman et qui vit au vieux Caire. J'espère qu'il pourra m'expliquer beaucoup de choses. Nous partons dans une heure ou deux.

Alexandrie, 27 octobre 1862.

Je suis arrivée ici en très bon état, mais j'ai perdu un jour à cause du *giorno di festa* à Livourne, où nous nous sommes embarqués avec une société fort singulière et très mêlée : des chanteurs français et des danseurs italiens pour Le Caire ; un grand d'Espagne qui ressemble à Don Quichotte ; des Algériens, des Égyptiens ; quatre dames levantines ; une pauvre Parisienne, personne agréable, mais trop choquée et trop ennuyée ; des « Méridionaux ». Pour moi, je représentais l'Angleterre. J'étais à bord aussi confortablement que me le permettait le désordre français. J'ai eu une cabine pour moi seule, et la cuisine était excellente ; les lits étaient propres, quoique durs. Mais j'ai trouvé le mouvement de l'hélice très douloureux ; cela ressemblait à la torture de la goutte d'eau.

Je vais au Caire dans quelques jours ; ici le bruit et la turbulence des gens me font peur, comparés aux voix douces et aux manières des Noirs du Cap. Le temps est magnifique en ce moment, mais la pluie nous menace. Il fait frais, mais tout est brillant après le morne Midi de la France. La différence de l'atmosphère entre l'Europe et l'Afrique est extraordinaire ; même Malte n'a pas la clarté de l'Égypte ; cependant, le ciel est plus nébuleux ici qu'au Cap, mais tout aussi beau, quoique dans un autre genre. J'étais enchantée de la cité Valette, qui m'a paru la plus belle ville que j'aie jamais vue ; tout y est beau et solide.

Je vais aller tout à l'heure avec l'aînée des dames levantines au harem de Saïd-pacha, où elle est reçue intimement. Elle a dit à la princesse que j'avais été bonne pour elle quand nous étions en mer et qu'elle était malade ; par suite, on m'a invitée à aller voir le harem.

La cherté de toute chose ici me fait peur. Il est impossible de se tirer d'affaire sans un domestique qui parle l'anglais. Le janissaire du consul général d'Amérique m'a proposé un garçon appelé Omar (surnommé « le père des douceurs ») que j'ai engagé. Il est enthousiaste du Nil, et si, au Caire, il se trouve un bateau à bon marché, Omar le prendra. Je ne crois pas que je gagne beaucoup à demeurer dans une ville orientale ; la poussière est intolérable, et le manque d'air dans les maisons est très malsain. La vie en plein air, qui était si saine au Cap, n'est pas possible ici. Ma toux est mauvaise, mais Omar affirme que j'en serai débarrassée et que je mangerai de grand appétit, aussitôt que j'aurai vu un crocodile.

Hier je suis allée, avec M. Thayer, le consul général d'Amérique, qui est aussi bon qu'il est agréable, et avec Hekekian-bey, visiter quelques palais ; oh ! qu'ils sont ignobles et misérables !

Un de ces palais est tout simplement une « notion yankee » apporté de New York en morceaux et mis en place sur le bord de la mer. J'ai demandé à un pauvre garçon qui travaillait là un morceau du pain (de sales gâteaux faits avec de la boue, de la paille et quelque grain qui m'est absolument inconnu) que les ouvriers qui étaient couchés autour du palais à demi fini, à demi en ruine, mangeaient, et je leur ai donné six sous. C'était touchant de voir avec quel empressement ils jetaient gâteaux sur gâteaux dans la voiture pour arriver à faire la valeur d'une si grosse pièce de monnaie. Contre mon attente, je ne trouve point ici de mendicité, mais seulement un extrême désir d'être payé jusqu'au dernier centime. Je souhaite n'avoir point à blâmer plus grand mal que celui-là dans un tel état de société. Quand je me trouve si souvent volée par des chrétiens et par des hommes civilisés, est-ce qu'un pauvre Arabe n'aura pas le droit de me soutirer quelques faddahs [6] ? Allah le défend !

Les gens n'ont pas une voix aussi désagréable que je le croyais. Tout le monde crie aussi fort qu'il peut, mais le diapason de l'organe est moins élevé et moins criard que celui des Français ou des Italiens. Je ne trouve rien ici de ces manières avenantes et faciles, rien de ce regard souriant auquel je m'étais accoutumée au Cap ; mais le peuple est remarquablement beau. Il y a des garçons qui sont faits comme le Mercure de Jean Bologna, avec des jambes superbes ; il y a des jeunes filles qui ne sont pas moins belles, malgré leur saleté et leur pauvre vêtement ; parmi les Bédouins, j'ai vu deux hommes les plus beaux, certainement, que j'aie jamais rencontrés de ma vie. Les chameaux aussi m'enchantent, de même que les dattiers.

D'un autre côté, tout est profondément mélancolique : les visages, l'aspect du pays, la saleté des gens, leur horrible misère et la cruauté avec laquelle on roue de coups les petits garçons et les petites filles chargés de faire ici le travail que les aides-maçons irlandais font chez nous. Telle est ma première impression de l'Égypte ; mais la description animée que me fait Omar du Caire et du Nil me fait espérer quelque chose de bien plus agréable. Si nous allons en Nubie, nous devons prendre un cadeau de sel qu'envoie à ses parents Shahin, le charmant domestique rouge de J... (car, par la forme et la couleur, il est exactement la reproduction d'une figure hiéroglyphique) ; nous avons aussi à leur donner de l'argent de sa part, s'ils en ont besoin. Shahin a le plus charmant petit frère, qui est toujours sur le pas de notre porte, et le sofa de bois du « bostandgi » (gardien de la porte) est pour nous le théâtre d'une étude intéressante. Un vieillard à barbe blanche enseigne à lire et à écrire à Shahin et à un cercle choisi d'amis. L'ardoise blanche de Shahin me paraît très bien tenue ; du moins mes yeux ignorants en jugent ainsi. Les enfants sont pour la plupart hideux et ils pleurent constamment.

Comme l'ânier hurlait parce que Omar avait changé la selle, Shahin l'a tranquillisé avec un soufflet qui aurait suffi à tuer un bœuf ; sur quoi tout le monde est devenu sur-le-champ content et heureux, surtout l'ânier, ce qui m'a paru singulier. Après avoir proféré des malédictions affreuses sur moi et sur ma petite selle, il est tout à coup devenu extrêmement aimable, et il a voulu absolument venir embrasser mes pieds et mes jambes, attention également désintéressée de sa part et peu désirée de la mienne.

Dans une cabane sous la fenêtre de notre chambre à coucher, il y a une pauvre femme qui se meurt de phtisie ; cette maladie paraît commune ici, à en juger par les figures qu'on voit et d'après les toux incessantes qu'on entend. Un petit enfant aussi est malade près de la pauvre femme. L'anxieuse affliction des amis est très touchante et tout à fait contraire aux on-dit vulgaires sur l'apathie et le peu de sensibilité des Orientaux. Les physionomies et la conduite de tous les gens prouvent dix fois plus de sympathie que n'en montrent les classes inférieures dans bien des parties de l'Europe.

Ce qui n'est pas agréable, c'est l'absence complète de toute apparence de joie et de toute gaieté, même sur les visages des jeunes gens et des enfants. Les Nègres eux-mêmes ne réussissent pas à vous montrer un franc sourire ; je n'ai encore pu entendre personne rire de bon cœur. On ne trouverait pas un contraste plus frappant que celui de mon serviteur actuel, Omar, aux yeux doux, mais anxieux, et à la taille élancée, avec Choslullah, mon cocher de l'année dernière au Cap. La tournure ferme et le sourire du Malais révélaient l'indépendance de son caractère aussi clairement que possible, tandis que ces jeunes gens, Omar et Shahin, sont d'une servilité de mine et de manières qui ne me plaît pas du tout.

Grand-Caire, 11 novembre 1862.

Je vous écris du beau milieu des merveilles des *Mille et Une Nuits*. Le Prophète (que la paix soit sur lui !) peut bien sourire quand du haut des cieux il regarde Le Caire. C'est une existence dorée, toute de soleil et de poésie, et je dois ajouter toute de bonté et de politesse. je suis arrivée par le chemin de fer [7] jeudi passé avec le consul général d'Amérique, et j'ai dû descendre à l'hôtel Shepheard [8] ; mais je ne ferai qu'y dormir. Hekekian-bey, un docte vieillard arménien, prendra soin de moi, et le consul américain se dévoue à mon service.

Dimanche, je suis allée à un baptême arménien et j'ai entendu Sakneh, la réconfortatrice des cœurs. Cette femme ressemble singulièrement à Rachel [9] par la taille et les manières ; son chant est délicieux d'expression et de passion. Il y avait à cette occasion une grande fantasia. Les gens mangeaient partout, dans la maison et dans les rues environnantes ! La musique arabe retentissait, les femmes criaient le zagharit, des domestiques nous servaient des douceurs, des pipes et du café, et ils avaient tout à fait l'air d'appartenir à la compagnie. J'étais absolument sous cette impression que j'assistais au mariage de Nour-ed-Din avec la fille du vizir.

Hier, je suis allée à Héliopolis [10] avec Hekekian-bey et sa femme, et nous y avons fait visite à une dame arménienne qui habitait la campagne non loin de là.

Mon domestique Omar est une perle ; il a découvert un bateau excellent pour notre voyage sur le Nil. Je disposerai d'un capitaine, d'un timonier, de huit hommes et d'un mousse, pour 625 francs par mois. Je suis allée aussi à Boulak, le port du Caire, où j'ai vu plusieurs bateaux, et où j'ai pu admirer la façon dont les voyageurs anglais savent payer leur insolence et leurs caprices. Des bateaux semblables au mien coûtent en général aux voyageurs, y compris les drogmans, de 50 à 65 livres. « Mais je vais bien battre ces gens-là », disait Omar. Le drogman [11], je suppose, empoche la différence. Le propriétaire du bateau, Sidi-Ahmed-el-Berberi, a demandé 30 livres, sur quoi j'ai touché de ma main ma poitrine, ma bouche et mes yeux, et par l'entremise d'Omar j'ai expliqué à mon interlocuteur que je n'étais pas, comme les autres Anglais, « faite d'argent », et que je pourrais donner 20 livres. Je m'en suis allée avec de nouveaux compliments pour en regarder d'autres ; j'en ai vu deux à 20 livres également ; mais ils n'étaient pas propres, et ils n'avaient pas de canot pour aller à terre. Pendant ce temps, Sidi-Ahmed m'a rejointe, et il m'a fait dire que, si je n'étais pas comme d'autres Anglais en fait d'argent, je différais d'eux aussi en politesse et que je m'étais abstenue de l'insulter, etc., etc. En conséquence, il me donnerait le bateau pour 25 livres. Le bateau était si complet dans tous ses aménagements, et il était tellement plus grand que les autres, que je pensai que cela ferait une importante différence pour la santé : je dis donc au propriétaire que, s'il voulait venir devant le vice-consul américain et répéter devant lui tout ce qu'il m'avait promis, le marché serait conclu.

Le consul général d'Amérique m'a donné des lettres pour chaque agent consulaire qui dépendait de lui, et deux marchands coptes que j'ai rencontrés à la fantasia de Girgeh et de Keneh m'ont déjà priée « d'honorer leur maison de ma présence ». Je puis croire que les agents, qui sont tous coptes, vont s'imaginer que je suis la République américaine en personne.

Nous avons eu jusqu'ici un temps aussi beau qu'au mois d'août en Angleterre. Il ne fait pas froid la nuit comme au Cap, mais l'atmosphère est loin d'être aussi claire et aussi brillante. J'ai été charmée de trouver que Hekekian et le vice-consul américain confirmaient tout ce qu'Omar m'avait dit quant à ce que je devais prendre avec moi, et quant au prix ; ils sont convaincus que je peux me fier à lui parfaitement. Il a réduit au quart tous les chiffres que les Anglais d'Alexandrie m'avaient indiqués. De plus, il fera la cuisine à bord : or, la cuisine est un trou à l'avant du bateau où le cuisinier doit rester assis, les jambes croisées ; il serait impossible même à une femme d'y entrer. Omar s'abstiendra de mettre dans les mets tout ce que sa religion ne lui permet pas de manger. C'est un garçon gai et aimable ; je crois qu'il aime assez l'importance que lui donne la charge de me soigner, et il n'est pas fâché de l'occasion qu'il a de montrer qu'il peut faire aussi bien qu'un drogman à 12 livres par mois. Un trait de caractère, c'est ce qu'il a fait pour sa petite femme ; l'argent de ses gages du premier mois et les deux livres ont servi à lui acheter un manteau. Voilà la caisse d'épargne des Arabes.

J'ai dîné chez Hekekian-bey hier après notre excursion. Il est très bon et très aimable, plein d'agrément, et de plus lettré. Il s'habille comme nous, parle l'anglais comme moi ; c'est déjà une sorte d'oncle.

Hier, pendant mon absence, Omar a conduit S... voir plusieurs mosquées. Dans une d'elles, il l'a priée d'attendre quelques instants pendant qu'il faisait une prière. S... et lui font des comparaisons entre leurs pays respectifs et ils sont très amis ; mais Omar est fort mécontent que je n'aie pas encore trouvé un mari pour S ... ; selon lui, c'est mon devoir envers une servante, ce qui, ici, veut dire « esclave ».

De tous les mensonges que j'ai si souvent entendu débiter sur l'Orient, le plus grand, c'est que les femmes sont de vieilles momies à trente ans. Pour les pauvres femmes fellahs cela peut être vrai, mais encore pas autant qu'en Allemagne, et dès à présent j'ai pu voir un nombre considérable de dames levantines encore très belles, ou du moins très bien conservées à cinquante ans. La dame à qui nous avons fait visite hier a quarante-huit ans, et sa fille en a bien plus de vingt. La mère est extrêmement belle, quoiqu'elle fût absolument négligée ; et la fille, avec ses deux enfants, dont l'aîné a quatre ans, semblait n'avoir que seize ans à peine. J'ai vu quatre ou cinq exemples pareils à la fantasia. Sakneh, la Grisi arabe, a cinquante-cinq ans. On me dit que sa figure est laide ; comme elle était voilée, nous n'avons aperçu que ses yeux, et quelquefois sa bouche un seul instant quand elle buvait un peu d'eau ; mais elle a la taille d'une souplesse de léopard, toute grâce et beauté, et une magnifique voix dans le genre de la voix de la Malibran [12], un peu dure, mais vibrante et expressive. J'aurais cru qu'elle n'avait que trente ans ou trente-cinq ans au plus. Quand elle improvisait, la finesse et l'élégance de ses manières étaient ravissantes, et j'étais toute prête à crier : « Masha-Allah ! » avec autant de véhémence que les Arabes. Les huit autres « ahlimeh » (c'est-à-dire « femmes instruites », que nous appelons almées, mot que nous croyons indécent) étaient plus jeunes, mais elles étaient laides et elles hurlaient. Du reste, Sakneh était traitée avec une grande considération et tout à fait en amie par les dames arméniennes avec lesquelles elle causait dans l'intervalle des chansons. Elle est musulmane, très riche et très charitable. On lui donne au moins 50 livres pour chanter pendant une soirée.

Il serait facile d'apprendre l'arabe pour le parler, car tous les gens prononcent si distinctement qu'on peut suivre les phrases entières et attraper les mots qu'on connaît lorsqu'ils reviennent. Je crois que je sais déjà quarante ou cinquante mots.

Le revers de la médaille dans ce pays est bien triste : des palais déserts et des cabanes encombrées d'habitants et qui ne seraient pas assez bonnes pour des bauges de porcs. « Un jour un homme voit son dîner, et le jour d'après il ne le voit pas », comme dit Omar. Les enfants sont répugnants à voir, à force de détestable nourriture, de saleté et d'un excessif travail ; cependant, les pauvres petits, avec leurs yeux malades et leurs ventres énormes, se développent, et ils deviennent de superbes jeunes garçons et de très belles jeunes filles, en dépit de tant d'obstacles. Les figures néanmoins restent toutes tristes ; elles ne sont pas du tout méchantes, mais elles sont dures comme les voix.

Une grande femme bédouine nous a rejoints hier dans un champ rien que pour nous donner la main et pour nous regarder. Elle portait une longue chemise blanche en toile grossière et un voile. Elle n'avait rien de plus. Elle fit beaucoup de questions à Hekekian-bey sur mon compte ; elle m'a regardé le visage et les mains, mais elle n'a pas même jeté un coup d'œil sur ma robe un peu habillée que les femmes du village avaient tant admirée. Après m'avoir donné la main d'un air de princesse, elle m'a souhaité de la santé et du bonheur, puis elle est partie à travers le cimetière en faisant de grands pas comme un revenant. Elle était en voyage toute seule ; et il y avait quelque chose de très solennel et de très touchant à la voir s'en aller dans le désert au soleil couchant, comme Agar. Tout est essentiellement biblique dans ce pays-ci. S... s'est écriée en chemin de fer : « Oh ! voilà Booz assis dans le champ de blé ! » C'était vrai, et il est assis là depuis bien des milliers d'années ! Dans un chant de guerre, Sakneh a chanté comme aurait pu faire Miriam la prophétesse quand elle prenait un tambourin dans sa main pour aller à la rencontre de l'armée.

Mercredi. – Mon contrat a été écrit et signé aujourd'hui par le vice-consul américain, et mon reis (capitaine) m'a baisé la main selon la règle ; ensuite je suis allée dans le bazar où je me suis assise sur bien des divans avant d'acheter les pots et la verrerie nécessaires. Le marché a duré plus d'une heure. Le cuivre coûte tant par « oka », ou livre ; la main-d'œuvre se paye en sus. Chaque pièce est pesée par un peseur public qui vous donne un billet. Voilà encore les *Mille et Une Nuits.* Le marchand et moi avons pris nos notes ensemble sur les chiffres, et il s'amusait autant que moi. Il m'offrit du café et une pipe qu'il fit venir d'une boutique voisine pendant qu'Omar dépréciait éloquemment la marchandise et en offrait la moitié de la valeur. Un marchand d'eau vint m'offrir de l'eau dans une coupe en cuivre ; je bus et je lui donnai l'immense somme de deux sous ; il distribua ensuite le contenu de sa peau de chèvre à la foule (il y a toujours une foule) en mon honneur. Il paraît que j'ai fait un acte pieux. Enfin nous appelâmes un garçon pour porter la batterie de cuisine, tandis qu'Omar portait en triomphe une énorme bouilloire un peu usée qu'il s'est procurée pour quatre shillings. Le jeune garçon avait un âne que j'ai monté à l'arabe, pendant que l'ânier portait tous les vases de cuivre sur sa tête. Nous formions une procession assez importante, et nous nous amusions beaucoup de la fureur des drogmans et des autres sangsues qui écorchent si bien les Anglais. Ils ont débité force insolences à Omar, parce qu'il avait gâté le métier en se faisant cuisinier et drogman tout ensemble.

Nous partons d'aujourd'hui en huit, et nous voulons remonter à la première cataracte aussi vite que possible, sauf à revenir très doucement.

Ce matin, je suis allée avec Hekekian-bey aux deux mosquées les plus anciennes. Des messieurs arabes nous ont parlé avec grande politesse en nous indiquant les choses les plus remarquables et en faisant écho à nos lamentations (que Hekekian leur traduisait) sur la négligence qui laissait tomber en ruines les monuments les plus beaux. La mosquée de Touloun [13] est exquise ; noble, simple, elle n'a en fait d'ornementation qu'une dentelle des plus délicates en bois et en pierre. Cette architecture arabe est encore plus belle que notre gothique. La mosquée de la citadelle [14] (de Mohammed-Ali), dont les Anglais ont brisé les lampes, est comme une belle église italienne moderne ; mais Abbas-pacha [15] a volé les colonnes d'albâtre et les a remplacées par du bois peint. La mosquée du sultan Hassan (qui date du quatorzième siècle) est, à ce qu'il me paraît, la construction la plus majestueuse que j'aie jamais vue, et la beauté des détails est tout à fait au-dessus de la compréhension européenne. Les immenses portes de son tombeau sont entièrement couvertes des plus riches ornements en émail, qu'on ne peut voir d'ailleurs qu'en les frottant avec un gant pour enlever la poussière qui les couvre. Personne n'a parlé comme il convient de la beauté de l'architecture arabe. La Hassanieyh est très supérieure à toutes les cathédrales gothiques, et l'ensemble est d'un goût des plus nobles. La vieille mosquée Touloun est un vrai bijou de perfection et de pureté parfaitement simple et ayant en même temps des détails de guipure et de broderie de pierre qu'on aurait envie d'embrasser, tant ils sont beaux ; mais le tout s'est effondré, et la grande cour est devenue l'habitation des pauvres gens.

Ainsi le Touloun est maintenant une immense maison des pauvres. *Quousque tandem ?* Je suis entrée dans trois de ces habitations. Plusieurs familles turques étaient campées dans une grande salle carrée, divisée avec soin en petits compartiments par de vieilles couvertures suspendues sur des cordes. Dans chaque division il y avait autant de morceaux de tapis, autant de couvertures et d'étoffes que le pauvre propriétaire avait pu en recueillir ; plus une petite malle. Dans un coin de la chambre se trouvait un petit fourneau, avec trois poêlons en terre ; tout cela pour je ne sais combien de personnes – et voilà tout. Ces pauvres gens ne possèdent aucune espèce de meubles ; mais toutes les murailles étaient scrupuleusement propres, et il n'y avait point de mauvaise odeur. Un petit garçon m'a prise par la main et, avec une pantomime fort expressive, il m'a montré l'endroit où il dormait, mangeait et faisait la cuisine.

Hekekian-bey ne pouvait entrer parce qu'il y avait des femmes ; mais, quand je suis sortie, un vieillard nous a dit qu'ils recevaient par mois trois pains (grands comme les biscuits de mer), quatre piastres (six sous) pour les adultes, des habits une fois dans l'année, et les jours de fête du potage fait avec des lentilles. Telle est ici la maison des pauvres. Une petite foule appartenant à cette maison s'étant amassée, j'ai donné six sous à un vieillard pour être divisés entre eux tous, c'est-à-dire entre dix ou douze personnes au moins, pour la plupart aveugles ou boiteuses. La pauvreté me fait saigner le cœur. Nous nous sommes quittés avec des saluts et des politesses comme des gens de la meilleure compagnie.

Je suis entrée alors dans une hutte arabe, appliquée contre les belles arcades de la mosquée. J'ai dû me baisser pour passer par la porte ; plusieurs femmes se sont pressées autour de moi et sont entrées avec moi. Cette hutte était encore plus pauvre que les autres, car il n'y avait ni morceaux de tapis, ni couverture ; mais il s'y trouvait un fourneau pire encore que ceux que je venais de voir et une espèce de chenil de pierres en guise de lit ; il y avait en outre une petite malle, et l'on voyait l'impression des formes humaines sur le pavé. Du reste, c'était propre et sans mauvaise odeur. J'ai donné six sous à la jeune femme qui nous avait conduits ; mais ici la rivalité entre Turcs et Arabes a fait explosion. Le partage de cette somme a soulevé une tempête de bruit, et nous avons dû laisser là les cinq ou six femmes arabes criant sous ce soleil brûlant.

Je vous prie de remarquer que S... est prête à confirmer par serment la vérité de l'assertion suivante, quelque contraire qu'elle puisse être à nos plus chères illusions : les Arabes sont habillés de loques, ils sont débraillés et couverts de poussière ; mais ils se lavent et ils ne répandent pas cette odeur révoltante qui vous affecte si désagréablement dans les pays les plus civilisés du continent. Je suis entrée dans une école de garçons pauvres, dans les plus misérables masures, dans les huttes de village, et je déclare que tout cela est plus propre que ne sont en Europe les habitations de la même classe, ou même d'une classe au-dessus. Ce qui est vrai, c'est qu'ici la saleté est de la poussière et non de la fange.

Vendredi. – Aujourd'hui je suis allée sur un âne visiter une mosquée située dans le bazar, qui est de ce style appelé par nous arabesque, c'est-à-dire le style de l'Alhambra. Le Mibrab [16] était très beau ; pendant que je l'admirais, Omar tira un citron de sa poche et en frotta la colonne de porphyre qui était d'un côté de l'arcade ; après quoi il m'a suppliée de vouloir bien lécher la colonne. « Cela guérit, me disait-il, de toutes les maladies. » Le vieux bonhomme qui nous montrait la mosquée m'a tirée anxieusement par le bras pour me persuader d'accomplir cette ridicule cérémonie ; un instant j'ai cru que je serais forcée de le faire. La base de la colonne était toute couverte du jus des citrons.

Je suis allée ensuite aux tombeaux des sultans mamelouks [17] ; un des plus grands présentait les plus superbes arcades avec des coupoles merveilleuses ; le tout en ruines. Il y a une vingtaine de ces nobles édifices, dont chacun est un trésor, qui tombent ainsi pièce à pièce.

Un autre tombeau que je suis allée visiter était, chose étrange, en parfait état de réparation. Je suis descendue de mon âne. Omar hésitait et il était un peu inquiet. Il a consulté la femme qui avait la clef, et, comme il n'y avait pas de pantoufles pour mettre par-dessus mes bottines, j'ai dû me dédommager en contemplant les marques des pieds de Mahomet sur deux pierres noires, et aussi une charmante petite mosquée qui était une espèce de Sainte-Chapelle. Omar fit sa prière avec grande ardeur ; après quoi il sortit à reculons, en saluant le Prophète à haute voix. A ma grande surprise, la femme se montra très contente des six sous que je lui donnai, et elle ne demanda pas plus d'argent. Quand j'ai fait cette observation, Omar m'a répondu qu'il ne croyait pas qu'aucun Européen fût jamais entré dans cette mosquée. Un gardien du sexe fort ne me l'aurait certainement pas permis.

Je suis revenue par d'innombrables ruelles et emplacements de tombeaux musulmans, entremêlés à ceux des mamelouks. C'était un spectacle très frappant. La nuit tombait ; j'ai pensé à Nasar-ed-Din-Ali [18], et j'aurais pu croire qu'un génie m'avait transportée à mille lieues de là, si je n'avais reposé cette nuit dans un de ces confortables petits édifices qui ont la forme d'un dôme.

Je dois finir ma lettre car la malle [19] part ce soir. Mon ami, le marchand copte, est venu pour me dire que son frère m'attendait à Keneh. Je ne trouve ici que de la politesse et partout un désir de plaire aux gens.

Mon bateau s'appelle le *Zenet-el-Bahreym* (la Fiancée du fleuve). J'ai arboré le drapeau anglais et je porte une petite flamme américaine comme signal à mes agents consulaires. Nous faisons voile mercredi prochain.

Sur le bateau, près d'Imbabeh, 21 novembre 1862.

Nous nous sommes embarqués hier, et, d'après la coutume des caravanes orientales, nous passons la journée dans un village vis-à-vis du Caire. C'est vendredi, et il serait malséant et malheureux de partir ce jour-là pour un voyage. Ce qu'on paye ici pour changer la monnaie est terrible : 4 shillings pour 1 livre sterling en petite monnaie égyptienne ; c'est la seule monnaie qui soit utile pour acheter le beurre, le lait, les œufs, etc.

Les scènes qui se déroulent sur le fleuve sont extrêmement divertissantes et curieuses ; tout y est vie et mouvement. Tous les bateliers sont pomponnés. Les hommes de mon équipage ont mis des pantalons blancs tout neufs en l'honneur de la « Sitt Inglise » (la dame anglaise). Naturellement, ils attendent de moi quelque compensation. Pauvres gens ! ils sont très comme il faut et très tranquilles dans leurs guenilles et leur misère ; leur drôle de petite chanson incessamment bourdonnée est assez jolie : « Ei-ya Mohammed, ei-ya Mohammed » *ad infinitum.* Elle est interrompue seulement quand un d'eux, plus énergique que les autres, crie à haute voix : « Y Allah ! » (Ô Dieu !).

Omar est allé au Caire chercher quelques bagatelles que nous avions oubliées. Pendant ce temps, j'ai expliqué à mon reis ce qu'il y avait à faire pour corriger certaines défectuosités à la porte de la cabine et à une fenêtre qui avait été cassée ; je me suis fait comprendre en six paroles arabes et par des gestes auxquels il répondit avec une promptitude merveilleuse.

L'air qu'on respire sur le fleuve est littéralement divin, bien différent de la sensation froide et humide que donne le quartier européen au Caire. C'est que l'Ezbekieh [20], le jardin public, où demeurent tous les employés européens, était, je crois, autrefois un lac, et il s'en ressent toujours.

J'irai jusqu'à la seconde cataracte aussi vite que possible, et au retour je reviendrai tranquillement. Hekekian-bey est venu passer la journée à bord hier, pour prendre congé. Je vous prie de dire à M. Senior que sa lettre d'introduction auprès de cet excellent homme a été un vrai bonheur pour moi. C'eût été un peu triste au Caire, si l'on peut y être triste, que de s'y trouver sans une âme à qui parler. Je regrettais de ne pas connaître de Turcs ni d'Arabes et de n'avoir aucune occasion de voir d'autres personnes que les marchands à qui j'achetais mes fournitures ; mais cela même était très amusant. Le jeune homme à qui j'ai acheté mes provisions était très beau, très élégant et très mélancolique.

Je voudrais que vous fussiez ici pour jouir de tout ce que je vois ; c'est si nouveau, si beau et en même temps si simple ! Le peuple vous plairait comme il me plaît. Pauvres gens ! Ce sont tout à fait des enfants, mais des enfants aimables. Je suis entrée dans un village et j'y devins une curiosité pour quelques-unes des femmes. Elles me firent entrer dans leurs maisons pour me montrer leurs couchettes, leurs cuisines, leurs poules, etc. ; un homme m'a suivie afin de tenir les enfants à distance ; mais personne n'a demandé de bakchich, ce qui prouve que les Européens sont une rareté en cet endroit. Le manque absolu de tout est terrible à voir ; naturellement, sous ce climat, ce dénuement importe moins. Mais la saleté dont on parle tant est simplement une complète pauvreté. Ces pauvres gens sont aussi propres que l'eau et la boue du Nil peuvent le leur permettre ; ils n'ont pas une seconde chemise ni un autre lit que de la boue desséchée.

Ma toux va mieux depuis cinq jours, sans aucune mauvaise rechute. C'est le premier répit que j'éprouve depuis bien longtemps. Le soleil est brûlant ; il vous rôtit à la lettre. Toutes les portes et toutes les fenêtres sont ouvertes dans la cabine, et nous avons une brise délicieuse !

Feshn, lundi 30 novembre 1862.

Depuis deux jours je jouis de cette charmante existence et je me porte certainement mieux. Je commence à manger et à dormir et je tousse moins.

Mon équipage est un grand amusement pour moi. Pour la plupart mes gens sont des hommes venus de la première cataracte [21], non loin d'Assouan, – des Noirs à peau lisse, doux, patients et gais. Le petit reis noir est un vrai type de bonté et de jovialité, badinant avec les filles quand nous passons devant les villages et toujours riant. Le timonier est d'une couleur moins foncée, il est aussi gai, et de plus remarquablement pieux. Il prie cinq fois par jour et il adresse des invocations à l'apôtre « Rasoul ». Il a été blessé par un clou rouillé au cou-de-pied d'une jambe et à la cheville de l'autre ; les plaies commençaient à suppurer. Je l'ai pansé avec des cataplasmes et ensuite avec de la charpie, enfin avec du taffetas d'Angleterre. Le succès a été complet, à la grande admiration de tout le monde, et le blessé a proclamé combien il se sentait mieux. « Louange soit à Dieu, et remerciements à la dame ! » Tous ses compagnons ont répété ses remerciements.

Le personnage le plus important du bord est le « aouled » (garçon) Ahmed, le plus plaisant et spirituel petit coquin qu'on puisse voir, toujours présent partout à la fois, avec une figure affreuse et un nez de carlin, une taille de Cupidon antique libéralement montrée, et une peau de velours brun foncé. Sa voix claire et perçante se fait toujours entendre par-dessus toutes les autres ; il fait la cuisine pour l'équipage ; il saute à bord avec une corde et donne son avis à tout propos. Il broie le café dans un mortier avec le bout d'un bâton qu'il tient entre ses pieds ; si je descends un instant à terre, il fait usage du même grand bâton pour marcher fièrement devant moi, en l'agitant et en *ordonnant* à tout le monde de s'écarter de mon passage. « Ya Ahmed » résonne toute la journée, dès que quelqu'un a besoin de quoi que ce soit, et le aouled est toujours prêt et toujours capable.

Mon favori est Osman, un grand Noir avec de longues jambes et de longs bras ; on le dirait extrait d'un tableau hiéroglyphique, chemise, coiffe et tout le reste. Il n'a d'ailleurs que ces deux vêtements. Mais comment tout le monde ici vient-il à bout d'avoir l'air si essentiellement propre et « respectable », suivant l'expression de S..., dans ce costume ? C'est là un vrai mystère. Osman travaille toujours, il est toujours de bonne humeur, quoique de préférence il soit silencieux ; en somme, c'est le marin capable, c'est l'homme du métier, sûr et estimable, s'il en fut. Puis nous avons aussi Ez-Zankaloni, qui vient d'auprès du Caire, vieillard au teint blanc, personnage précieux, conteur inépuisable d'histoires pendant la nuit et toujours en train ; plein de badinage et remarquable pour ses plaisanteries à froid. Il est très apprécié de l'équipage. Je voudrais bien comprendre ces histoires qui semblent délicieuses et qui sont remplies de sultans et de sorciers, sans omettre les « points » à effet, auxquels tout le monde s'écrie : « Masha-Allah ! » ou « Ah ! » (aussi long que vous le pouvez imaginer). Mais il vaut peut-être mieux que je ne comprenne pas ces bons mots. Il y a aussi un certain Sherif qui ne fait que rire, travailler et être obligeant ; il aide Omar d'une main et S... de l'autre ; il a l'air d'un grand enfant innocent. Les autres, qui achèvent la douzaine de l'équipage, sont de couleur, de grandeur et d'âge variés ; quelques-uns sont tout à fait vieux, mais tous sont très tranquilles et d'une bonne conduite.

Nous avons eu ou des vents contraires ou un calme plat pendant toute notre navigation, et les hommes ont dû remorquer beaucoup à la corde. Vendredi, j'ai proclamé une halte dans un village, l'après-midi, au moment de la prière, pour que les pieux musulmans eussent le temps d'aller à la mosquée. Ce petit congé a causé une universelle satisfaction, quoique seuls soient allés à la prière le reis, le timonier, Ez-Zankaloni et deux vieillards – les hommes du haut Nil ne prient jamais.

Osman s'est occupé d'acheter du sel au conducteur d'un autre bateau, et il l'amasse pour le porter à sa famille, car cette denrée est terriblement chère dans la Haute-Égypte. A Beni-Souef nous nous sommes arrêtés pour acheter de la viande et du pain. Il y a dans cette localité un boucher qui tue un mouton par jour. Je me suis promenée dans les rues, escortée par Omar, qui marchait devant, et par deux marins armés de grands bâtons, qui marchaient derrière, et j'ai fait sensation en conséquence. Beni-Souef est une triste petite ville qui a un misérable palais appartenant à Saïd-pacha.

Dimanche nous avons fait relâche à Bibeh, où j'ai aperçu une grande église copte [22], et je suis allée voir si l'on me permettrait d'y entrer. Le chemin passait devant la maison du chef du village ; et là, « sous la porte », était assis un patriarche entouré de ses domestiques et de son bétail. Au-dessus de la porte il y avait des croix et de curieuses constellations de points qui ressemblaient plus à des symboles mithriaques qu'à quelque chose de chrétien ; mais Girgis était copte (« kubtee »), quoiqu'il fût le chef élu d'un village musulman. Il s'est levé à mon arrivée ; il est venu à ma rencontre ; il a fait le salam, puis il m'a prise par la main et il a insisté pour que je vinsse voir sa maison et pour que j'entrasse au harem avant de visiter l'église. Sa vieille mère, qui semblait avoir cent ans, et sa jolie femme étaient très amicales pour moi ; mais, comme je dus laisser Omar à la porte, notre conversation fut bien vite finie, et Girgis m'a conduite au divan, en dehors des limites sacrées du harem. Naturellement, nous avons eu des pipes et du café, et il m'a suppliée de rester quelques jours, de manger avec lui chaque jour et d'accepter tout ce que sa main contenait. J'ai pris le lait qu'il m'a offert, et je l'ai invité à me faire visite sur le bateau, en lui disant que je devais entrer avant le coucher du soleil, quand le refroidissement se fait sentir, parce que j'étais malade. La maison était un curieux échantillon de l'habitation d'un homme riche. Je ne pourrais pas la décrire, et je ne l'essayerai même pas ; mais il me semble que sous ce toit je jouais une scène du Vieux Testament.

Nous avons visité l'église, qui ressemble à neuf ruches d'abeilles qu'on aurait réunies dans une caisse. En dedans, les neuf dômes reposant sur des piliers carrés étaient magnifiques ; Girgis faisait faire des réparations complètes, à ses dépens, et il en coûtera beaucoup, je crois, pour réparer et refaire les beaux vieux panneaux de bois d'un ouvrage si délicat et si compliqué. L'église est divisée en trois parties par des paravents ; celui qui est devant les trois dômes de l'ouest est impénétrable, il cache le Saint des Saints. Girgis a entrouvert la porte en fer à cheval pour me laisser regarder à l'intérieur ; mais il m'a expliqué qu'aucune femme ne pouvait franchir le seuil de la porte. Tout était en désordre à cause des réparations qui continuaient activement, nonobstant qu'il fût dimanche ; mais Girgis a pris un gros paquet, l'a embrassé et me l'a montré ; je ne pouvais pas imaginer ce qu'il contenait, et j'hésitai à le faire demander par un interprète musulman. A la droite de ce sanctuaire était le tombeau d'un saint mahométan avec une clôture tout autour, sous le dôme voisin. Nous y sommes entrés. Girgis embrassait la tombe d'un côté, pendant que, de l'autre, Omar lui faisait ses salam. C'était un spectacle très agréable ! Mais ici l'on était bien plus exigeant à propos de nos souliers qu'on ne l'était dans les mosquées. Omar voulait attacher des mouchoirs de poche autour de mes bottines comme il l'avait fait au Caire ; mais le prêtre s'y opposa, et il me fit ôter ma chaussure et marcher avec mes bas au travers des briques et des débris de mortier. J'aurais bien voulu entendre le service, mais il n'avait lieu qu'au coucher du soleil, et, autant que j'aie pu le comprendre, c'était la même cérémonie le dimanche que tous les autres jours. La « harim », la femme de Girgis, était assise derrière un troisième paravent, le plus éloigné du paravent sacré. C'est là aussi que se trouvaient les fonts baptismaux fermés à clef et ayant en petit la forme d'un tombeau mahométan. (Harim a ici le même sens que *Frauengimner* en allemand, et ce mot signifie « une femme respectable ». Girgis a parlé de moi à Omar en me traitant de harim.) Les coptes n'ont qu'une seule femme, mais ils enferment cette épouse unique encore plus étroitement que les Arabes. Les enfants étaient ravissants et très différents des petits marmots arabes ; les hommes aussi étaient très beaux. Ils ne paraissaient pas du tout me reconnaître comme une coreligionnaire, et ils me demandèrent si, dans notre religion anglaise, les frères et les sœurs ne pouvaient pas s'épouser entre eux.

Le prêtre m'a invitée à boire du café dans sa maison tout près de l'église, et là je me suis assise « sous la porte », donnant dans une espèce de grande caverne, à deux pieds au-dessus du sol, et couverte de nattes ; à gauche de la porte s'est assemblée une foule de coptes qui se sont accroupis tout autour. Bientôt le maçon qui réparait l'église nous a rejoints ; c'était un beau gros vieux mahométan tout barbu. Il nous a raconté comment le cheik enterré dans l'église de Bibeh lui était apparu trois nuits de suite au Caire, et lui avait ordonné de quitter son travail et d'aller réparer son église ; en effet, il était venu et avait offert son labeur sans rémunération, pourvu que les coptes lui fournissent les matériaux. Il parlait avec un orgueil évident, comme un homme qui a reçu quelque commission divine ; les coptes ont confirmé ses dires, et tout le monde a paru très satisfait du miracle.

J'ai demandé à Omar s'il croyait que ce fût vrai. Pour lui, il n'y avait aucun doute ; il connaissait le maçon pour un homme qui avait beaucoup de travail au Caire. Girgis ajouta que, pendant plusieurs années, il avait essayé inutilement de faire venir un homme pour ces réparations. C'est chose rare qu'un saint mort depuis longtemps trouve le moyen d'être également agréable aux chrétiens et aux musulmans ; mais voici qu'un solide et vieux « vrai croyant » vient travailler dans le sanctuaire où les coptes n'ont pas voulu permettre à une coreligionnaire de pénétrer !

Pendant que nous écoutions ces merveilles, les moutons et le bétail qui rentraient le soir sont venus se fourrer parmi nous. Le prêtre vénérable ressemblait tant au patriarche Abraham, et toute la scène était si pastorale et si biblique, que je me figurais que mon désir de vivre à quelques milliers d'années en arrière était accompli. On m'a priée de rester en ce lieu plusieurs jours, et, quand j'ai répondu que c'était impossible, Girgis m'a dit qu'alors je devrais m'arrêter à Feshn, où il possédait une belle maison et un beau jardin ; il ajouta qu'il viendrait à cheval à ma rencontre, et qu'il me donnerait toute une troupe de fellahs pour remorquer plus vite mon bateau. Les yeux d'Omar étincelaient de plaisir en me traduisant cette invitation ; mais il répondit qu'il savait que la Sitt pousserait des cris à propos des fellahs qu'elle verrait maltraiter, comme si on lui faisait du mal à elle-même. Il a affirmé à Girgis que la coutume anglaise ne souffrait pas que les gens pussent travailler sans être payés ; ce qui évidemment parut fort absurde à tout le monde.

Gebel-Cheik-Embarak, mardi.

Je me suis arrêtée hier soir à Feshn, mais, apprenant ce matin que mes amis coptes n'étaient attendus que cet après-midi, je n'ai pas voulu passer toute la journée en cet endroit, et nous avons continué notre voyage en luttant contre le courant et le vent. Si je savais parler arabe, quelques jours passés avec Girgis et sa famille m'auraient amusée beaucoup, et j'aurais pu apprendre un peu leurs idées ; mais l'anglais d'Omar est trop imparfait pour autre chose que les objets les plus élémentaires. Ce qui me frappe le plus, c'est l'esprit de tolérance que je trouve partout. Les gens disent : « Ah ! c'est votre coutume ! » et ils n'expriment aucune espèce de condamnation ; les mahométans et les chrétiens paraissent être parfaitement bien ensemble, comme le prouve mon histoire de Bibeh. J'ai encore à voir le fanatisme dont on parle tant ; jusqu'à présent je n'en ai saisi aucun symptôme. Il y a treize familles coptes à Bibeh, et une population mahométane considérable : ils ont donc élu Girgis pour leur chef, et ils baisaient sa main de grand cœur quand notre procession passait à travers les rues. Omar m'assure que Girgis est un homme excellent et très aimé. Les villages ressemblent à de petites élévations sur des fonds de boue taillée en morceaux carrés. Les meilleures maisons ne sont ni peintes, ni blanchies, ni enduites de plâtre, ni en briques ; elles n'ont ni fenêtres, ni toits visibles. Au premier abord on n'a pas l'idée que ce soit là une habitation humaine ; mais l'œil s'accoutume bientôt à l'absence de tout ce qui constitue une maison en Europe ; l'impression de misère s'efface et l'on aperçoit combien ces huttes sont pittoresques, avec leurs palmiers, avec les hauts pigeonniers et, par-ci par-là, un dôme qui s'élève au-dessus de la tombe d'un marabout.

Les hommes qui travaillent sur le bord du fleuve sont absolument de la même couleur que la boue du Nil, avec la teinte chaude du sang qui circule sous la peau. Prométhée les a formés de la matière universelle sous sa main, et le soleil leur a soufflé la vie. Pauvres gens ! Même les bateliers qui sont, eux aussi, en guenilles, disent : « Ah ! fellahin ! » avec une pitié dédaigneuse, quand ils me voient regarder les villageois qui travaillent.

L'autre jour nous avons dépassé quatre immenses chalands, remorqués par un bateau à vapeur ; ils étaient remplis de quelques centaines de ces malheureux qui sont arrachés à leur village pour aller travailler à l'isthme de Suez ou à quelque palais du vice-roi au prix d'une piastre nominale (un sou et demi) par jour [23] ; ils doivent se fournir eux-mêmes le pain, l'eau et un manteau. Un homme de mon équipage, Abd-er-Rasoul, sauvage noir qui a l'emploi de sauter sur le bord de l'eau quand la corde s'emmêle ou quand on a besoin de quelque chose, a reconnu de ses parents d'un village près d'Assouan. Il y eut de part et d'autre de grandes exclamations, et le pauvre Abd-er-Rasoul a eu l'air triste toute la journée. Son tour peut venir bientôt. Quelques hommes de l'équipage ont dit spontanément qu'ils étaient sûrs que ces fellahs souhaiteraient bien de travailler pour une Sitt Inglise, comme Abd-er-Rasoul leur avait dit qu'il le faisait. Pensez cependant quels gages magnifiques le propriétaire du bateau peut donner à douze hommes, après avoir déduit ses profits sur vingt-cinq livres sterling par mois – l'intérêt de l'argent étant énorme !

Quand je dis que mon équipage est noir, ne croyez pas qu'il s'agisse de Nègres ; ce sont des Arabes élégants qui tous ont de très bonnes manières. Le noir de ces hommes est transparent, avec des reflets ambrés par-dessous, aux rayons du soleil, tandis qu'un Nègre semble bleu à côté d'eux.

J'ai appris beaucoup par les confidences d'Omar ; il me raconte ses affaires domestiques, et il me parle des femmes de sa famille, ce qu'il ne ferait pas avec un homme. Il a refusé d'en souffler un mot à son frère, haut et puissant drogman qui accompagnait le prince de Galles [24]. Cet homme était venu nous trouver à l'hôtel au Caire, et, quand il s'adressa à Omar, celui-ci lui tourna le dos. J'en ai demandé la raison, et Omar m'a répondu que son frère avait une femme, « une femme vieille qui était avec lui depuis longtemps et qui était une très bonne femme ». Elle avait eu trois enfants qui étaient tous morts ; tout d'un coup le drogman, qui est bien plus âgé qu'Omar, a déclaré qu'il voulait divorcer et épouser une jeune femme. Omar lui a dit : « Non, ne faites pas cela, gardez-la chez vous comme chef du ménage. » Mais son frère a persisté et il a épousé une jeune Turque ; sur quoi Omar a pris sa pauvre vieille belle-sœur qui vit avec lui et sa jeune femme, et il a rompu toutes relations avec son magnifique frère.

Thèbes, 20 décembre 1862.

Le voyage, jusqu'ici, a été long et souvent interrompu, mais il me plaît beaucoup. J'ai vu et entendu une foule de choses curieuses. Je n'ai fait relâche ici que pour mes lettres, et je vais continuer ma route aussitôt pour Ouadi-Halfah, car il fait toujours froid, et je pourrai jouir mieux des ruines quand je reviendrai dans un mois environ ; certes j'aimerais mieux à présent le climat des Tropiques. Le plus vieux voyageur sur le Nil n'a jamais connu un hiver aussi froid ; c'est comme un mois d'octobre piquant d'Angleterre avec des journées chaudes de temps à autre.

Je ne saurais dépeindre toute l'amabilité des coptes. Les hommes que j'ai rencontrés à une soirée au Caire, comme je vous l'ai dit, ont écrit à tous leurs amis et parents pour leur recommander d'être bien polis envers moi. Les attentions de Wasif ont consisté le premier jour à me prêter son superbe âne, et à m'accompagner toute la journée. Le matin suivant est arrivée une caravane conduite par son commis, jeune copte très comme il faut, et formée de cinq esclaves noirs, portant un mouton vivant, un énorme panier de pain délicieux, un monceau de boules de beurre crémeux, un grand chaudron en cuivre plein de lait, et une cage de volailles. J'étais confondue et j'ai essayé de donner un bakchich au commis, mais il l'a refusé péremptoirement. A Girgeh, un certain Mishrehgi m'attendait, et il paraissait au désespoir parce qu'il n'avait eu que le temps de réunir quelques centaines d'œufs, deux dindes, une quantité de beurre et un broc de lait. A Keneh, un autre copte, Aïssa (Jésus), m'a aussi prêté son âne, et il m'a envoyé trois boîtes de dattes délicieuses de La Mecque, présent qu'Omar s'est permis de trouver mesquin. De pareilles attentions sont particulièrement agréables ici où les bonnes provisions de bouche sont très difficiles à trouver autrement qu'à l'état de cadeau. Tous ces braves gens m'ont fait promettre de les revoir à mon retour et de dîner chez eux ; Wasif voulait même, à cette occasion, exécuter une fantasia et avoir des danseuses.

Comme vous aimeriez les femmes arabes dans les villages ! J'ai erré seule l'autre jour, pendant que nos hommes raccommodaient le gouvernail, et j'ai rencontré une troupe de femmes portant des jarres d'eau. Il n'y a pas de créatures plus douces ni plus attrayantes, elles sont tout sourire et grâce.

Une femme très belle a montré le village, en faisant signe de manger, et elle m'a pris la main pour m'y conduire. Je suis allée avec elle tout en admirant la marche de mes compagnes. Omar s'est mis à courir pour nous rejoindre, et il s'est étonné de ce que je n'eusse pas peur. J'ai souri en lui disant qu'elles étaient bien trop jolies et qu'elles avaient l'air trop bon pour faire peur à qui que ce soit. Ce propos les a beaucoup amusées. Toutes voulaient que j'allasse manger chez elles, et j'y étais fort disposée ; mais le vent était propice, le bateau attendait, et j'ai dit adieu à mes belles amies. Elles ont demandé si nous avions besoin de quelque chose – du beurre ou des œufs – car elles le donneraient avec plaisir ; ce n'était pas leur coutume de jamais vendre, à ce qu'elles ont dit. A un petit enfant tout nu j'ai offert une pièce de monnaie, mais sa mère ne lui a pas permis de la prendre.

Jamais je n'oublierai les douces et charmantes créatures de ce petit village, non plus que la politesse pleine de dignité d'un vieux tisserand chez lequel je suis entrée pour regarder son métier, et qui désirait aussi de « placer un morceau de pain devant moi ». Voilà la vraie vie poétique et pastorale de la Bible ; mais cela n'existe que dans les villages où les Anglais n'ont pas encore paru. Heureusement qu'ils ne descendent pas à terre dans les petits endroits. Thèbes est devenue une ville de bains anglaise. Il y a ici à cette heure neuf bateaux, et leur grand objet à tous est de « faire le Nil » aussi vite que possible. C'est une course jusqu'à Ouadi-Halfah ou Assouan. Les Anglais restent tous ici pour y « faire Noël », comme dit Omar ; mais j'irai de l'avant, et je ferai mes dévotions de Noël avec les coptes à Esneh ou à Edson. J'ai découvert que leur apparente répugnance à permettre qu'on assiste à leurs services religieux tient à cette idée que nous autres Anglais ne voulions pas les reconnaître comme chrétiens.

J'ai parlé dans une lettre précédente d'une curieuse histoire de miracle. Il paraît que je me suis trompée (et Murray aussi) en disant que le saint est mahométan. Il n'est rien de moins que Mar Girgis, c'est-à-dire notre saint Georges lui-même. Pourquoi saint Georges a-t-il choisi un maçon musulman ? Je suppose qu'il le sait mieux que moi. Dans huit jours je serai en Nubie.

Si je te conduisais dans la rue, ô mon adorée !
Le voile cacherait ton visage divin ;
Ceux qui verraient tes mouvements gracieux
Chancelleraient comme les gens ivres de vin.

Si même le cheik pieux, qui prie
Pour marcher toujours dans la voie étroite,
Est forcé de cesser ses prières, et sur la trace
De tes pieds enchanteurs il faut qu'il s'égare.

Ô vous qui allez en bateau à Dumat,
Traversez, je vous prie, le fleuve à Budallah,
Cherchez ma bien-aimée et priez-la
De ne pas m'oublier – je vous implore, Allah !

Telle est la chanson qu'entonne Ali-Aslini, le plus négligé des hommes de mon équipage, mais c'est un chanteur charmant et un bon garçon ; ses chansons sont toutes sentimentales, excepté l'une d'entre elles qui est comique et où il maudit le « cheik-el-beled », le chef du village. « Que les puces le dévorent ! » – imprécation horrible, comme je ne le sais que trop bien, car, après une visite faite aux moines coptes de Girgeh, je suis rentrée au bateau avec des milliers de ces animalcules. S... disait qu'elle égalait Ramsès le Grand, tant le massacre de cet actif ennemi avait été énorme.

Thèbes, 11 février 1863.

En arrivant ici hier soir, j'ai trouvé votre lettre. Écrivez-moi de nouveau courrier par courrier au Caire, où j'espère rester quelques semaines à mon retour. Un vieux drogman très intelligent que j'ai connu à Philæ m'a offert de me prêter des meubles pour une maison ou pour une tente dans le désert. Comme j'hésitais, il m'a dit qu'il était assez riche ; que ce n'était pas son métier de louer des meubles ni d'être payé pour ses services par des gens plus riches que lui, et que, si je n'acceptais pas son offre dans le même esprit qu'il me la faisait, il en serait blessé. Voilà ce que j'ai rencontré dans tout ce qui est arabe, rien que de la bonté et de la politesse. Je dirai adieu à l'Égypte avec un vrai regret ; entre autres choses, me séparer d'Omar, qui a été mon ombre durant tout ce temps, sera une sensible douleur pour moi ; j'éprouve une vraie affection pour lui, tant il est parfaitement bon et honnête.

Nous avons eu l'hiver le plus froid qu'on ait jamais

vu en Nubie, avec des vents âpres du nord-ouest ; mais, lorsque, par grande fortune, le vent ne soufflait pas, le climat était délicieux. Si le millenium nous arrive jamais, je passerai volontiers la meilleure partie du mien sur le Nil. L'autre jour, en flânant à Assouan, dans cet endroit si poétiquement mélancolique, dans cette carrière de granit de la vieille Égypte et cette sépulture des martyrs musulmans, j'ai rencontré sur le bord du fleuve, en retournant au bateau, une compagnie de marchands d'esclaves qui venaient charger leurs chameaux pour aller au Sennaar [25], avec les marchandises apportées par eau. Ils faisaient leur cuisine, et ils m'ont invitée à dîner. Oh ! vraiment, c'était délicieux d'être assise sur une natte au milieu des chameaux et d'étranges ballots de marchandises, de savourer du pain chaud et mollet, du lait caillé et des dattes offertes avec une courtoisie si majestueuse. Nous sommes devenus tout à fait intimes en vidant ensemble notre coupe de sorbet (sucre brun et eau) en cuir. De superbes hommes noirs comme le jais, avec des traits aussi beaux que ceux du jeune Bacchus, nous décrivaient les pays lointains d'une manière qui aurait charmé Hérodote. Ils m'ont proposé d'aller avec eux : « Nous avons assez à manger », disaient-ils. Omar et moi étions presque tentés d'accepter.

Il est inutile de parler des ruines. Tout le monde en a dit, je suppose, tout ce qu'on en peut dire ; mais Philæ a surpassé mon attente. (Il n'est pas étonnant que certains contes arabes soient si romantiques, ainsi que ceux qu'on débite sur Abou-Simbel, et bien d'autres lieux.) Ce qui est déplorable, c'est le griffonnage des noms sur les monuments ; de belles peintures sont presque effacées sous les Tomkins et les Hobson. Ce qu'il y a de pis encore, c'est le prince Puckler Muskau qui a gravé son nom et son *Ordenskrenz* (décoration) en lettres démesurément grandes sur le sein du géant auguste et pathétique qui est assis à Abou-Simbel.

J'ai mangé des mets fort étranges avec d'étranges gens dans des endroits bien curieux ; j'ai dîné avec une famille nombreuse fort respectable (l'huile de ricin a mis mon goût à forte épreuve) ; j'ai assisté à un mariage nubien, où j'ai vu une danse magnifique ! J'ai fait grande liaison avec un homme très considéré chez lui, à Kalabsheh, attendu qu'il a tué de sa main plusieurs percepteurs de taxes et plusieurs sergents recruteurs non autorisés. Il était d'ailleurs très comme il faut et très bon, et il m'a portée une fois au haut d'un endroit tellement escarpé que je n'aurais jamais pu le gravir sans son aide.

A ce propos, je puis dire que l'ascension de la cataracte n'est rien que du bruit et des cris ; mais la descente est quelque chose de magnifique. « Fantasia ketir », comme nous disait mon excellent petit pilote nubien. Mes marins étaient tous sans cesse en prières, et ils avaient horriblement peur. Je dois confesser aussi que mon pouls battait plus fort que d'ordinaire, mais que je ne crois pas que ce fût par crainte. Au-dessous de la cataracte, je me suis arrêtée pour voir une fête religieuse, et je suis allée à un tombeau consacré, sous la conduite d'un derviche remarquablement beau et gracieux, vrai type du noble et élégant Bédouin. Il me protégeait au travers de la foule qui, n'ayant jamais vu une femme européenne, me serrait à m'étouffer. Le saint homme poussait les vrais croyants sans miséricorde pour me faire de la place. Il était très heureux de voir que je n'avais pas peur des Arabes. J'ai souri et lui ai demandé si de son côté il n'avait pas peur de nous. « Oh non ! » Il aimerait beaucoup, disait-il, venir en Angleterre. Quand il y serait, il travaillerait pour manger et pour vivre, et puis il irait s'asseoir et dormir dans l'église. J'ai éprouvé une véritable honte d'avoir à dire à mon dévot ami que, parmi nous, la maison de Dieu n'est pas la maison du pauvre étranger. Je l'ai invité à manger avec moi, mais il observait un ramadan préliminaire (le jeûne ne commence que la semaine prochaine). Il m'a amené sa sœur, belle personne, fort richement habillée, et il m'a invitée à lui faire visite et à manger de son pain, de son fromage et de son lait. Tel est l'accueil qu'on trouve partout, quand on quitte la grande route et qu'on évite les parasites qui font la chasse au bakchich. Il y a bon nombre de gentlemen pieds nus, vêtus d'une simple chemise et d'un manteau, qui sont toujours prêts à vous faire des politesses que vous pouvez leur rendre avec un regard poli et un salut. Si vous allez jusqu'à leur offrir une tasse de café et une place près de vous pour s'asseoir à terre, vous leur procurez un grand plaisir. Vous leur en faites encore bien plus si vous mangez de bon appétit avec eux le dourah et les dattes, ou le pain et le lait caillé.

A Kom-Ombo, nous avons rencontré un « rifain » (derviche) avec son panier plein de serpents apprivoisés. Après un instant de conversation, il a offert de m'initier à son art ; nous nous sommes donc assis, et il m'a tenu la main, comme on le fait pour le mariage. Omar était assis derrière moi et il m'a répété les mots comme mon « wekil ». Le rifain a entortillé un cobra autour de nos mains jointes et il m'a dit de cracher dessus ; il a fait la même chose ; alors j'ai été proclamée à l'abri de tout danger, et j'ai été enveloppée de serpents. Mes mariniers ont poussé des gémissements, et Omar a frissonné quand les serpents dardaient leurs langues. Le derviche et moi nous avons souri comme des augures romains. Je n'ai pas besoin d'ajouter que les reptiles n'avaient pas de dents.

Il vaudrait la peine d'aller en Nubie rien que pour voir les petites filles. Jusqu'à douze ou treize ans, elles sont strictement habillées d'un collier de grains en verre et d'une frange en cuir de quatre pouces de large autour des reins. On ne peut rien imaginer de plus absolument parfait que leurs formes ni de plus doucement innocent que leurs regards. Les femmes sont drapées comme des statues grecques, et leurs tailles sont aussi élégantes. Leurs physionomies sont dures et passablement hardies ; mais elles ont des cheveux fort beaux, nattés comme on le voit sur les sculptures égyptiennes et trempés dans l'huile de ricin. La couleur de leur peau est d'un brun riche de sépia, semblable à du velours qui ne serait pas tondu. Elle est très foncée et le sang rouge de feu se voit au travers ; cette couleur est entièrement différente de la couleur des Nègres. La petite fille de mon pilote est venue dans le costume dont je viens de parler, portant sur sa tête un cadeau de poissons tout apprêtés et des œufs. Elle avait quatre ans et elle était fort intelligente. Je lui ai donné des biscuits secs et quelques figues ; la chère petite s'est assise avec ses jambettes repliées sous elle, et elle a mangé avec une grande délicatesse. Elle y a mis beaucoup de temps ; quand elle a eu fini, elle a soigneusement enveloppé ce qui restait des biscuits dans une petite loque arrachée à une voile, pour les rapporter à la maison. J'aurais désiré voler cette enfant, tant elle était charmante. Une autre fillette de treize ans était si belle, que je crois que même la prude la plus jalouse lui aurait pardonné sa beauté si douce et si pure. Cependant les femmes nubiennes, quoique bien plus belles, n'ont pas le charme des femmes arabes ; et les hommes, si j'en excepte ceux de Kalabsheh et ceux du pays lointain, ne sont pas des gentlemen aussi accomplis que les Arabes.

Je resterai ici encore dix ou quinze jours et m'en

retournerai doucement pour arriver au Caire le 20 mars, dernier jour du ramadan. J'ai tant vu de choses que, comme M. de Conti, « je voudrais être levée pour l'aller dire ».

Je vous prie d'écrire bientôt et de me donner des nouvelles de tout le monde. Omar a voulu savoir tout ce que le monsieur a dit à propos du « aouled » et de la « bint » (le garçon et la fille) ; il prend grand intérêt à tout ce qu'on lui dit d'Eton. Il pense que l'« abou-el-aouled » (père des enfants) enverra un mouton au « fekee » qui donne des leçons à son fils.

J'ai une grande envie de vous ennuyer de contes de voyageur. J'ai appris ici un code de convenances tout à fait nouveau ; cela a du bon et du mauvais comme le nôtre. Ainsi, quand j'ai dit : « Mon mari », Omar a rougi et il m'a reprise doucement ; quand mon âne est tombé dans la rue, Omar a pleuré de dépit, et, quand j'ai conté cet accident à Hekekian-bey, il en était indigné. « Pourquoi dire ça, madame ? c'est une honte ! » – un faux pas en somme.

« Adieu, cher. » Non, cela est inconvenant ; je dois dire : « Ô mon maître ! » ou : « Père de mon fils ! »

Le Caire, 9 avril 1863.

J'ai éprouvé une forte attaque de bronchite, et j'ai traversé toute la vieille, longue et ennuyeuse histoire de la toux et de l'extrême faiblesse. Omar a sagement envoyé chercher Hekekian-bey, qui est venu tout de suite, amenant avec lui Deleo-bey, le chirurgien en chef des troupes du pacha et le médecin du harem en même temps. Il a été plein de bonté pour moi, venant me voir deux ou trois fois par jour. Il ne veut rien accepter, sous prétexte qu'il est officier du pacha. Je lui enverrai d'Angleterre quelque cadeau.

Quant à Hekekian-bey, c'est tout simplement le bon Samaritain. Ces Orientaux vous rendent leurs bons offices avec un tel air de contentement qu'on paraît leur faire une vraie faveur en leur permettant de vous servir. Hekekian vient tous les jours avec sa belle vieille figure et avec un budget de nouvelles – c'est-à-dire tout le commérage sur le sultan [26] et sur ce qu'il fait.

Je me suis levée pour la seconde fois aujourd'hui. Le temps est froid et il y a deux jours de pluie ! J'attends une belle journée pour sortir. On me dit que les illuminations d'hier soir étaient superbes. Le bazar turc était splendide. Le Mahmal [27] part demain : imaginez-vous que je puisse manquer ce spectacle ?

J'ai une esclave noire, une vraie esclave. J'ai regardé ses petites oreilles et je me suis étonnée qu'elles n'eussent pas été percées pour recevoir des anneaux. Elle s'est figuré que je voulais qu'elles fussent percées. Elle était assise à terre près de moi, et en un instant elle s'est mise debout et elle m'a montré son oreille qu'elle venait de percer avec une grande épingle : « Est-ce bien, madame ? » Cette pauvre créature a huit ans. Je me suis presque trouvée mal sur le coup. Quel esprit de terreur avait réduit ce jeune esprit à une telle résolution ? Elle m'a avoué que, dans les premiers jours, elle croyait que j'allais la manger ; maintenant sa peur est que je ne la laisse derrière moi. Elle chante une chanson sauvage pleine de joie à la vue du tableau de A... ou de la petite Sitt. Elle a été envoyée de Khartoum comme cadeau au consul général d'Amérique, qui n'a pas de servante chez lui. Il était venu me chercher pour aller la voir, et, quand j'ai vu la pauvre créature tout épouvantée des brusques traitements de la cuisinière et du palefrenier, j'ai dit que je la prendrais pour le moment. Elle chante toute la journée de jolies petites chansons kordofan [28]. Elle n'avait jamais touché une aiguille, et en quinze jours elle a appris à coudre très vite et assez bien. Elle pleure tout haut quand Omar lui dit qu'elle n'est pas mon esclave. Elle est très tranquille et très douce, pauvre petite sauvage ! mais elle est plus noire que l'ébène. La servilité absolue de ce pauvre petit être me renverse d'étonnement ; elle n'a pas l'ombre de volonté à elle.

Je suis prête à faire tout ce qu'on trouvera le mieux pour cet été. Deleo-bey ne peut donner son opinion, car il ne connaît presque rien hors de l'Égypte, et je crois qu'il pense que l'Angleterre est comme la Norvège. Seulement ne me forcez pas à aller dans une horrible vallée de montagnes, pour y respirer ces détestables vapeurs. J'entends tomber les gouttes des Eaux-Bonnes [29], quand j'ai froid ou quand j'ai le cauchemar en dormant.

Le Caire, 13 avril 1863.

J'ai été malade de nouveau. Le fait est que le printemps en Égypte m'éprouve beaucoup ; j'ai redescendu le Nil un mois trop tôt. On exagère beaucoup la chaleur. Aujourd'hui est la première journée chaude que nous ayons eue, jusque-là j'ai grelotté.

Je suis sortie deux fois en voiture, et j'ai vu le chameau sacré qui porte le saint Mahmal à la première station hors de la ville. Il n'y a pas de termes pour décrire le départ du saint Mahmal et des pèlerins pour La Mecque. Je suis restée assise sous une tente de Bédouins pendant des heures entières, dans une espèce de rêve. C'est le plus beau spectacle d'hommes et de bêtes, de couleur et de mouvement ; leur premier campement est dans un endroit magnifique, au milieu des dômes et des minarets qui surmontent les tombeaux ruinés des sultans mamelouks.

On est profondément ému quand on pense aux privations que tous ces hommes vont affronter. Les yeux d'Omar étaient pleins de larmes, et sa voix tremblait d'émotion quand il parlait, en me montrant le Mahmal et le cheik-el-gebel, qui conduisait le chameau sacré, nu jusqu'à la ceinture et avec ses cheveux flottants.

Je suis restée longtemps à admirer le beau « peuple libre ». Les Bédouins et les Maugrabins [30], ainsi que leurs femmes à l'air si noble, sont magnifiques, et les cavaliers irréguliers turcs et arabes, si supérieurs à la cavalerie régulière, sont sauvagement pittoresques. Rien n'est plus beau que de voir un Bédouin et sa femme traverser les rues du Caire. La main appuyée sur l'épaule de son mari, et daignant à peine couvrir sa figure hautaine, la femme bédouine regarde de haut en bas l'Égyptienne voilée qui porte tous les fardeaux et qui marche derrière son seigneur et maître.

La piété musulmane est bien différente de ce qu'imaginent les Européens ; elle est pleine d'émotions tendres, et beaucoup plus sentimentale que nous ne nous le figurons, en même temps qu'elle est étonnamment énergique. Pendant que j'étais si malade, j'entendais habituellement Omar à la porte qui priait : « Ô Dieu, faites-la guérir ! Oh ! que Dieu lui permette de dormir ! » aussi naturellement que nous dirions : « J'espère qu'elle aura une bonne nuit. » J'ai trouvé beaucoup d'affection ici. Hekekian-bey venait me voir tous les jours, et le docteur Deleo-bey m'a prodigué ses soins avec la plus parfaite douceur. C'était étrange et comme un rêve de voir le vieux Hekekian et mon docteur parler turc à côté de mon lit. Je reverrai toujours le bon Samaritain avec son tarbouch, sa barbe blanche et ses longs yeux.

La venue du sultan est une sorte de mystère. Personne ne sait ce qu'il veut. Le pacha a ordonné que toutes les femmes du peuple resteront enfermées chez elles. Pour les femmes arabes, elles ont leur franc parler, et elles pourront crier tout haut leurs griefs au grand sultan. J'ai peur de ne point voir Sakkarah ni les Pyramides, car les forces ne reviennent que lentement après une maladie comme celle que je viens de subir.

Je vais faire une visite à la famille du vieux peintre français devenu mahométan. Il a une femme arabe et de grandes filles. C'est un agréable vieillard, et il connaît quantité de légendes arabes ; je tâcherai de lui persuader de les écrire et de me laisser les traduire en anglais.

Le sultan part aujourd'hui. Lui et toute sa suite n'ont rien mangé que ce qui est venu de Constantinople ; même l'eau qu'il buvait lui en a été apportée. J'ai su cela d'Hekekian-bey, qui était naguère le propriétaire de l'eunuque devenu le « kislar-azi » du sultan : Hekekian a donc eu l'honneur de baiser la main de son ancien esclave.

Si quelqu'un essaie de vous faire croire des sornettes à propos de la civilisation en Égypte, moquez-vous-en. La vraie vie, le vrai peuple, sont précisément ce qu'ils sont dans les descriptions de ce livre véridique des *Mille et Une Nuits*. La tyrannie est toujours la même ; le peuple n'a pas changé, et il est charmant. Si je savais parler la langue, je pourrais pénétrer dans la société arabe par l'entremise de deux ou trois personnes différentes, et y voir plus de choses que beaucoup d'Européens qui ont passé ici toute leur vie. Les Arabes sont très sensibles au moindre préjugé qu'on montre contre eux ; mais, quand ils se croient en sûreté sur ce point, ils se plaisent à voir l'amusement d'un étranger.

Omar a imaginé le projet merveilleux, si seulement j'étais en santé et assez forte, de me mettre dans un « talstraouan » et de me conduire à La Mecque, en me faisant passer pour sa mère et me donnant pour une Turque. Pour un homme et un Européen, ce serait impossible, mais une femme entreprenante y réussirait facilement avec un complice muslim. Figurez-vous ce que serait ce pèlerinage.

Dans peu de jours je dois aller à Alexandrie. Voici comment les Arabes comprennent la concurrence : un propriétaire de bateau a déclaré qu'il y avait si peu de demandes, et que les affaires allaient si mal à cause du chemin de fer, etc., etc., qu'il voulait avoir le double de ce qu'on payait autrefois. En vain Omar a essayé de lui prouver que ce n'était pas la manière d'avoir de l'occupation. « Maleysh ! » (N'importe !). N'est-ce pas bien oriental ? Dans la Haute-Égypte, où il n'y a pas de chemin de fer, j'aurais pu le louer pour la moitié de ce qu'il demande ici. Tout ce que vous m'avez raconté de plus espagnol en Espagne est ici en pleine vigueur ; cela me rappelle aussi l'Irlande à tout moment. Les mêmes causes produisent les mêmes effets.

Aujourd'hui souffle le vent du khamsin (vent brûlant du désert). Il fait très chaud ; la chaleur est tout autre que celle du Cap. Ici, c'est étouffant et sombre ; pas de soleil. En somme, le climat est beaucoup moins brillant que je ne m'y attendais ; il est très inférieur à celui du Cap. Néanmoins je souscris entièrement au proverbe arabe qui dit : « Qui a bu une fois de l'eau du Nil voudrait en boire toujours. » S... dit que toute l'eau après celle-ci ressemble à de la mauvaise petite bière auprès de la bonne et douce ale.

Omar insiste pour que, le khamsin fini, j'aille voir l'arbre et le puits où Sittina Maryam (la Vierge Marie) s'est reposée avec Saïdna Aïssa (le Seigneur Jésus) dans ses bras, pendant la fuite en Égypte[31]. L'endroit est vénéré également par les chrétiens et par les musulmans ; c'est un lieu renommé pour y faire des festins et des fêtes en plein air, très goûtés des Arabes.

Ce serait chose charmante de vous avoir au Caire. Maintenant j'ai des vases et des terrines et tous les ustensiles nécessaires d'un ménage, si j'en excepte un tapis et quelques matelas ; vous pourriez camper avec moi à l'arabe. Comme Le Caire vous plairait ! Vous jetteriez quelques regards sur les jalousies en treillage ; vous resteriez bouche béante comme un « jhashim » (un niais) à vous extasier dans le bazar ; vous deviendriez fanatique dans les mosquées ; vous ririez à voir les gros Turcs à énorme corpulence et les cheiks si solennels sur leurs ânes blancs ; vous boiriez du sorbet dans les rues ; vous monteriez follement à âne ; vous lanceriez un coup d'œil à la dérobée pour découvrir sous des voiles noirs de beaux yeux, et vous seriez enivré de tout cela. Je suis devenue un très bon cicérone pour cette glorieuse et vieille cité. Omar est dans le ravissement à l'idée que le Saïd-el-Kébir (le grand maître) peut venir ici. Masha-Allah ! Comme nos cœurs seront épanouis !

Quand je sors sur mon vigoureux âne, conduit par le robuste Assan et suivi par Omar, je me dis constamment : « Ah ! si notre maître était ici, qu'il serait heureux ! » (« Mari » n'est plus un mot convenable.) Je suis allée hier revoir les tombeaux des sultans. Omar a été témoin de la destruction de quelques-uns des plus beaux de ces édifices, c'est-à-dire des tombeaux et des mosquées des sultans mamelouks que Saïd-pacha avait l'habitude de canonner pour son amusement et pour exercer son artillerie. Omar était alors enrégimenté dans le corps des enfants d'artillerie des chameaux, qui est maintenant dissous. Ainsi le pacha ajouterait à la barbarie le piquant du sacrilège.

Notre rue et nos voisins vous divertiraient. Vis-à-vis de nous habite un teinturier chrétien qui doit être le septième frère du barbier admirable ; il a la même impertinence, la même loquacité et la même passion pour s'immiscer dans les affaires de tout le monde. Je voudrais le voir un peu bien battu, quoiqu'il nous donne une comédie perpétuelle. Les Arabes à côté de nous et les Levantins en face sont assez tranquilles : mais comment font-ils pour manger tous ces concombres qu'ils achètent à l'homme qui les crie tous les matins, comme « des fruits cueillis par des filles charmantes dans leur jardin encore tout couvert de la rosée matinale » ?

Plus je vois les bas quartiers du Caire, plus j'en suis enchantée. Quant à la beauté particulière de cette ville, il n'y a guère de mots pour l'exprimer. Les villes les plus vieilles de l'Europe sont uniformes et régulières en comparaison ; le peuple est on ne peut plus agréable. Si vous souriez de quelque chose qui vous plaît, aussitôt vous provoquez les sourires les plus bienveillants et les plus significatifs en retour. Les gens d'ici vous donnent l'hospitalité rien qu'avec leurs visages, et si vous bégayez quelques mots de leur langue : « Masha-Allah ! Comme la Sitt Inglise parle bien l'arabe ! » Les Arabes sont assez intelligents pour comprendre l'amusement d'un étranger, et pour en prendre leur part ; ils s'amusent à leur tour et sont extraordinairement libres de tous préjugés. Quand Omar m'explique leurs idées sur diverses choses, il ajoute toujours : « Les Arabes pensent de cette façon ; je ne sais pas s'ils ont raison. »

La manière dont les marchands arabes se servent du télégraphe électrique et l'empressement des fellahs à adopter les charrues à vapeur sont vraiment merveilleux. Ce sont des enfants très spirituels et charmants ; un rien les divertit, un rien les met dans une fureur qui dure cinq minutes et qui ne laisse pas la moindre rancune. Une bonne moitié des mensonges et des fraudes dont on les accuse vient de simples malentendus et d'ignorance. Quand j'ai engagé Omar, il avait d'abord cette prétention que dix ou vingt livres n'étaient rien pour ma dignité ; mais, aussitôt que je lui eus fait comprendre que le maître était un bey qui n'avait qu'un salaire et pas de bakchich à donner, il devint aussi soigneux de mes intérêts que si c'était pour lui-même. Les Arabes nous voient arriver ici et y faire ce que font seulement leurs plus opulents pachas – louer, par exemple, un bateau pour nous tout seuls –, et naturellement ils en concluent que nos richesses sont inépuisables. La plupart du temps ce n'est que par peur qu'ils mentent. Ils n'osent pas soutenir une différence d'opinion contre un Européen, et ensuite ils mentent pour sortir des embarras qu'une aveugle obéissance leur a souvent créés.

Quant aux prix exagérés que demandent les marchands, c'est la coutume ; le marchandage est comme une cérémonie à laquelle il faut se soumettre. Il appartient à l'acheteur ou au patron d'offrir un prix ou de fixer les gages – c'est l'inverse de l'Europe. Si vous demandez le prix de quelque objet, on vous répond, au hasard, par un chiffre fabuleux. On pourrait dépenser ici quelques centaines de livres sterling dans les bazars avec grand agrément. Les tapis, les couvertures aux belles couleurs, etc. sont à bon marché et fort jolis. Le

Caire, ce sont les *Mille et Une Nuits.* Il y a bien un peu de vernis européen par-ci par-là ; mais le gouvernement et le peuple n'ont pas changé depuis que ce tableau si fidèle de leurs coutumes a été écrit.

Les chrétiens sont bien plus renfermés, bien plus réservés et plus circonspects que les Arabes ; les Européens les ont tellement repoussés qu'ils sont doublement méfiants avec nous. Il est aussi déplaisant pour un Européen d'être appelé « Nazaréen » qu'il devait l'être à un gentilhomme hébreu de distinction d'être appelé « Juif ». Mais, pour moi, j'ai dit hautement : « Je suis une Nazaréenne, grâce à Dieu ! » Et ma franchise a été approuvée par les musulmans aussi bien que par les coptes. On voit ici des choses fort bizarres en fait de religion : des musulmans viennent prier sur le tombeau de Mar Girgis (saint Georges) et aux lieux où s'est reposée la Sittina Maryam avec le Saïdna Aïssa, et il y a des miracles tout récents qui sont d'une origine et d'un caractère également mixtes.

Si vous avez quelque pouvoir sur un artiste de votre connaissance, envoyez-le travailler ici : aucune plume ne pourrait décrire la beauté pittoresque du Caire ni les formes superbes de la population dans la Haute-Égypte et surtout en Nubie. J'étais extasiée de voir quel magnifique animal est l'homme. La petite fille qui courait derrière mon âne à Thèbes, habillée en statue grecque, « Ouard-esh-Sham » (la Rose de la Syrie), était une fête perpétuelle pour nos yeux. C'est de même ici ; quelle grâce et quelle douceur ! Et qu'un bon coup d'eau du Nil dans une amphore est exquis quand il est présenté à vos lèvres par une femme gracieuse autant que bienveillante ! « Puisse cette eau vous être salutaire ! » vous dit-elle en riant avec ses belles dents et ses beaux yeux.

Les jours de la beauté du Caire sont comptés : les

superbes mosquées tombent pièce à pièce ; les fenêtres en treillage pourrissent, et elles sont remplacées par des vitres européennes et par des jalousies ; seuls le peuple et le gouvernement restent immuables.

Le Caire, 21 mai 1863.

Je suis arrivée ici samedi soir. C'est aujourd'hui mercredi, et déjà je me sens beaucoup mieux. J'ai attaché à mon établissement un excellent âne et son maître, un certain Hassan qui est charmant. Ils vivent à la porte. Hassan nettoie l'escalier et il fait des commissions pendant la grande chaleur de la journée. Je me promène de très bonne heure, à six ou sept heures du matin, et je ne sors de nouveau que le soir vers cinq heures. L'air est maintenant délicieux ; pendant quelques heures il fait très chaud ; mais la chaleur n'est pas suffocante, et le vent ne vous gèle pas comme à Alexandrie. Toute la journée et toute la nuit j'ai les fenêtres ouvertes, et cette quantité d'air frais et chaud est le meilleur des remèdes. J'ai laissé la petite Zeyneh mon esclave à Alexandrie, avec la femme de chambre de J... qui l'aime beaucoup et qui m'a priée de la lui laisser « comme compagnie » et pour l'aider dans leur déménagement. Zeyneh s'est cramponnée à moi ; elle m'a fait promettre que je reviendrais, mais elle était contente de rester avec E... à qui elle rend toute son affection. C'était un plaisir de la voir si heureuse et si enchantée d'être mise au lit avec un baiser. Son ci-devant maître turc, dont elle dit qu'il était « battal » (méchant), l'appelait « Salames-Sed » (la Paix du maître) ; mais elle assure que dans son village elle était appelée Zeyneh, et c'est le nom que nous lui donnons. Elle est engraissée, et, si c'est possible, elle est devenue plus noire. La femme la plus âgée de Hageb, le confiseur, prend beaucoup d'intérêt à elle parce que son sort a été le même.

L'inconvénient de mon logement ici, c'est le bruit ; nous sommes sur la route du chemin de fer, et il n'y a pas un instant de silence, excepté aux heures les plus chaudes de la journée, lorsqu'on n'entend rien dans les rues que le tintement rafraîchissant des coupes d'airain du « sakka » (porteur d'eau) quand il vend son eau, ou peut-être aussi du « erksons », espèce de coco, ou de la caroube et du sorbet au raison sec. L'erksons est un peu amer et d'ailleurs très bon ; j'en bois beaucoup, car ici il faut boire. Un « goulleh » d'eau est bientôt fini. Un goulleh est une jarre poreuse à large bouche, et l'eau du Nil bue à l'aide du goulleh seul, sans l'intervention du verre, est délicieuse.

Ma maisonnette est très propre et très confortable, mais elle est tout à fait comme un « appartement » français, à l'exception de la cuisine et de quelques arrangements domestiques qui sont exclusivement arabes. Omar va chaque matin au marché avec un âne (j'y suis allée aussi et je me suis beaucoup amusée) ; il fait la cuisine et il sort avec moi dans l'après-midi. Je lui ai dit que je l'avais recommandé et que j'espérais lui trouver un bon emploi lucratif ; mais il a déclaré que, tant que je resterais en Égypte, il n'irait chez qui que ce soit, quelle que fût la différence qu'il y aurait entre les gages. « Le pain que je mange chez vous m'est doux ! » a-t-il dit, antithèse inconsciente et jolie au mot connu de Dante.

J'ai fortement conseillé à son frère Hadji-Ali de fonder un hôtel à Thèbes, et il a déjà essayé d'y trouver une maison ; mais il n'y en a actuellement qu'une seule. L'hiver prochain, il y aura un bateau à vapeur deux fois par semaine pour Assouan, la lointaine Syène de Juvénal, qui y est mort en exil.

Ma vieille blanchisseuse m'a fait adresser par Omar une prière fervente pour m'inviter à aller dîner un jour chez elle, puisque mon retour avait rendu Le Caire si charmant. Quand on veut bien manger leur nourriture, ces gens sont enchantés : il est donc entendu que « j'honorerai sa maison de ma présence » un de ces jours. Bonne vieille Hannah !

Si j'en avais le moyen, je ferais faire un dessin d'une vieille mosquée que j'aime passionnément et qui tombe en ruine ; trois palmiers croissent au beau milieu. A vrai dire, je pourrais faire faire un livre entier, car tout est exquis, mais, hélas ! tout s'en va. Le vieux quartier copte est entamé, et d'affreuses maisons françaises, mesquines comme celle que j'habite, se fabriquent instantanément ; avec le temps superbe qu'il fait ici, une cour arabe avec son mastaba et sa fontaine serait infiniment préférable !

Des gens se querellent en ce moment dans la rue. Comme ils parlent ! Comme ils gesticulent ! Et tout le monde place son mot ! Un jeune garçon a renversé le plateau d'un marchand de gâteaux. « Nal-abouk ! » (maudit soit ton père !) Le marchand demande six piastres pour le dommage qui lui a été causé et tout l'entourage donne son opinion *pro* ou *contra.* Nous sommes tous à regarder par les fenêtres. Ma voisine de vis-à-vis, la jolie Arménienne, se penche dehors, tout en allaitant son bébé ; sa coiffure et ses boucles d'oreilles de diamants reluisent pendant qu'elle rit comme une enfant. Le teinturier chrétien prend aussi une part très active dans ce tapage qui, comme toute querelle arabe, aboutit à néant ; cela s'évapore en grands gestes de théâtre et une avalanche de paroles. C'est curieux que dans les rues ils fassent tant de bruit ; prenez les mêmes hommes assis dans un café ou n'importe où, ce sont les êtres les plus tranquilles de la terre. Un seul parle à la fois, les autres écoutent et n'interrompent jamais ; vingt hommes réunis ne font pas autant de bruit que trois Européens.

L... est mon proche voisin ; il vient souvent me faire visite, et nous discutons les actes du gouvernement. Son cœur saigne d'une douleur désintéressée pour les souffrances du peuple. « Est-ce qu'ils ne méritent pas d'être convenablement gouvernés, d'avoir un peu de bonheur et de prospérité ? Ils sont si dociles, si faciles à contenter ! N'est-ce pas un excellent peuple ? » Voilà ses expressions quand il me raconte quelque nouvelle iniquité. Il va sans dire que la moitié de ces méfaits sont commis sous prétexte d'améliorations et de civilisation, et les Européens applaudissent en s'écriant : « Oh ! on ne peut rien faire sans le travail forcé. » Aussi fait-on marcher les pauvres fellahs par brigades comme des forçats ; leurs familles meurent de faim et – qui le croirait ? – la population va en diminuant. Il n'est pas étonnant que le cri se répète de plus en plus : « Que la reine d'Angleterre vienne et nous prenne sous son sceptre ! »

Vous savez que je ne vois pas les choses tout à fait comme nos compatriotes ; mon point de vue est tout autre et mon cœur est avec les Arabes. Je me soucie bien moins d'ouvrir le commerce avec le Soudan, ou de construire de nouveaux chemins de fer, que de voir les personnes et les propriétés en pleine sécurité ; et il n'y en a aucune ici ni pour les unes ni pour les autres, hormis pour les Européens, bien entendu.

Ismaïl-pacha [32] a obtenu du sultan la permission de prendre quatre-vingt-dix mille feddans de notre terre inculte pour lui-même à titre de propriété personnelle. C'est très bien. Mais le dernier vice-roi avait donné, il y a huit ans, certaines terres incultes à plusieurs Turcs qui étaient ses employés, dans l'espoir de fonder une aristocratie foncière et de les amener à consacrer leurs capitaux à la culture. Ils l'ont fait, et maintenant Ismaïl prend leurs terres, qu'ils ont fort améliorées, et il leur donne feddan pour feddan de sa terre nouvelle. (Il ne faudra pas moins de cinq années pour les mettre en rapport.) Il les force à signer un acte volontaire d'échange, ou bien ils sont envoyés à F'zoughli (Sibérie chaude), d'où personne ne revient. J'ai vu l'autre jour un Turc qui a été ruiné par ce procédé.

Le sultan avait aussi laissé une forte somme d'argent qui devait être distribuée entre les institutions religieuses et charitables musulmanes, juives et chrétiennes. Ces institutions n'ont pas reçu un faddah. Il est vrai que le sultan et sa suite ont dévalisé le pacha et le peuple ; cependant, d'après tout ce que j'entends dire, le sultan a le désir de faire le bien. Ce qui est nécessaire ici, ce sont les bras pour labourer la terre. Les gages sont très élevés ; naturellement la nourriture augmente de prix ; le travail forcé inflige plus de souffrance qu'auparavant, et la population décroît avec d'autant plus de rapidité. Il me paraît que c'est là un état de choses où l'on ne peut pas dire que les travaux publics doivent se faire au prix de n'importe quel sacrifice.

Peut-être la richesse augmentera-t-elle, si, en attendant, le peuple n'est pas anéanti. De plus, chaque nouveau pacha se construit un nouveau palais immense, tandis que ceux de ses prédécesseurs tombent et s'écroulent. Les fils de Méhémet-Ali sont allés jusqu'à couper les arbres de son beau jardin botanique pour planter des haricots : c'est ainsi que l'argent est constamment gaspillé et même plus complètement perdu que si on le jetait dans le Nil, car alors les fellahs ne seraient pas forcés de dépenser de l'argent, si nécessaire pour l'agriculture, à fabriquer de hideuses baraques qu'on décore du nom de palais. Ce qui m'indigne, c'est d'entendre des Anglais dire que « le bâton est la seule manière de conduire les Arabes », comme s'il y avait le moindre doute que c'est la façon la plus facile de conduire un peuple quelconque, du moment qu'on peut l'employer impunément.

Le Caire, 24 mai 1863.

Ce matin, je me suis rendue à une grande église copte toute nouvelle et encore inachevée. Omar m'a accompagnée dans la galerie d'en haut destinée aux femmes, et il allait discrètement se retirer après m'avoir vu casée dans l'endroit convenable ; mais les femmes coptes ont commencé à lui parler, et elles lui ont fait des questions sur moi pendant tout le temps que j'ai regardé l'étrange scène d'en bas.

Je crois qu'ils célèbrent toujours les anciens mystères. Le choc des cymbales, le chant ou plutôt le murmure entièrement différent de tout ce que j'aie jamais entendu, les étranges chapes couvertes de devises plus étranges encore, c'était un ensemble extraordinaire. A la fin tout le monde est parti ; je suis alors descendue et j'ai ôté mes chaussures pour visiter l'église. Pendant ce temps, une porte de côté s'est ouverte et une procession a défilé : c'étaient un prêtre habillé de la robe noire habituelle et du turban noir des coptes, portant un chandelier qui avait la forme d'un trident ; un autre ayant des cymbales ; nombre de petits garçons et deux jeunes ecclésiastiques en chapes jaunes (lesquelles faisaient un contraste fort bizarre avec leurs tarbouchs bien connus de la vie de tous les jours, qu'ils avaient gardés sur leurs têtes) ; chacun d'eux portait un petit enfant et un immense cierge. Trois fois ils firent le tour de l'église, frappant avec fureur sur les cymbales et chantant un air de gigue ; les chers petits enfants marchaient devant le prêtre avec un joli petit air solennel et important. Puis tous se sont arrêtés devant le sanctuaire, et le prêtre a dénoué un large ruban colorié qui était roulé autour de chacun des bébés, tout en récitant quelque chose en copte, et finalement il a touché leurs fronts et leurs mains avec de l'eau. C'est là une cérémonie qui suit le baptême, après je ne sais combien de jours ; mais le prêtre noue et dénoue les rubans. Que signifie ce symbole ? Je ne peux pas le deviner.

Un vieillard m'a donné ensuite un gâteau de pain et un à Omar ; le pain était rond avec un dessin cabalistique dessus. D'un côté de la nef de l'église il y avait un groupe de femmes strictement voilées ; c'étaient les mères des bébés, qu'elles reçurent des hommes en chapes jaunes à la fin de la cérémonie. Un de ces jeunes hommes était très beau et, lorsqu'il était debout, souriant et regardant l'enfant qu'il tenait, les traits de son visage accentués par la lumière des torches, il aurait fait un superbe tableau. L'expression pouvait paraître plus douce que celle de saint Vincent de Paul, parce que son sourire disait qu'il aurait pu jouer avec l'enfant aussi bien que prier pour lui. Dans ce pays, on voit combien une expression parfaitement naturelle est plus belle que la magnifique expression artificielle donnée par les peintres ; c'est si spontané que personne ne prend des airs de piété. Le musulman a l'air sérieux, même guerrier, quand il prie tout debout. Le chrétien garde sa figure de tous les jours. Quand le musulman se met dans un état de délire religieux, il se prend trop au sérieux pour songer à faire des grimaces ; c'est plutôt épouvantable. Je ne crois pas que les coptes aient de ces ardeurs. Mais la scène de ce matin était d'autant plus touchante que personne ne cherchait « à se conduire selon les convenances ». Un petit acolyte a regardé à la dérobée dans la coupe sacramentelle, et il a bu les dernières gouttes qui y étaient restées, de l'air le plus innocent du monde ; personne ne l'a grondé. Les petits enfants fort tranquilles couraient de tous côtés dans le sanctuaire. Ils sont privilégiés jusqu'à sept ans ; eux, les prêtres et les aconylhets sont les seuls qui y entrent. C'est un joli commentaire de ces mots : « Laissez les petits enfants... »

Rien ici ne me frappe plus que la façon dont on est constamment forcé de se rappeler Hérodote. Le christianisme et l'islam de ce pays sont remplis des anciennes pratiques et des superstitions du culte antique. Les animaux sacrés ont tous pris du service auprès des musulmans ; à Minyeh, un de ces saints personnages régnait sur les crocodiles. J'ai vu à Gebel-Cheik-Haridi le trou du serpent des Asclépiades [33]. J'ai donné à manger aux oiseaux qui autrefois dévoraient le cordage des bateaux où l'on refusait de leur donner quelque pâture ; ils sont maintenant les serviteurs du cheik Noumeh, et ils continuent de venir à bord par centaines pour chercher le pain qu'aucun reis n'oserait leur refuser. Barbaste [34] n'a pas perdu son influence, et les chats y sont sacrés comme autrefois ; au Caire, on leur donne la nourriture aux dépens du public dans la cour du kadi, et les chats se comportent avec une bienséance remarquable quand le « serviteur des chats » leur sert leur pitance.

Entre les dieux, Ammon-Ra, le dieu du soleil et le grand tueur de serpents, s'appelle Mar Girgis (saint Georges), et Osiris tient ses fêtes deux fois par an avec autant de notoriété que jadis à Tantah dans le Delta, sous le nom de Saïd-el-Bédaoui. Les femmes fellahs font toujours des sacrifices au Nil, et elles se promènent autour d'antiques statues, pour avoir des enfants.

Voilà quelques-unes des choses anciennes, et dans la vie domestique il y en a bien d'autres. Les cérémonies aux naissances et aux enterrements ne sont pas musulmanes : elles sont celles de l'ancienne Égypte. Les femmes pleurent pour les morts comme on le voit dans les sculptures anciennes, et c'est là un usage qui est directement contraire aux injonctions du Coran. Toutes les cérémonies sont païennes, et elles choqueraient un musulman indou autant que sa répugnance à manger avec un chrétien choque un Arabe.

Ce pays est un palimpseste dans lequel la Bible est écrite par-dessus Hérodote, et le Coran par-dessus la Bible. Dans les villes, c'est le Coran qui est le plus visible ; dans l'intérieur du pays, c'est Hérodote. Je soupçonne que ceci est encore plus marqué et plus curieux parmi les coptes, dont les églises ont la forme de temples anciens ; mais les coptes sont bien moins accessibles que les Arabes, de sorte que je suis moins au fait de leurs coutumes.

Au Caire, on se rappelle naturellement davantage les *Mille et Une Nuits* tant aimées. À vrai dire, Le Caire, c'est les *Mille et Une Nuits.* J'ai connu ce teinturier chrétien qui habite vis-à-vis de moi et qui se querelle constamment, depuis son enfance ; et mon charmant domestique Omar Abou-el-Halaoueh (le Père des douceurs) est le type de tous les aimables « jeunes premiers » des contes arabes. J'ai l'intime conviction qu'il est Bedr-ed-Din-Hassan, que de plus il sait faire des tartes à la crème, et qu'il n'y a pas de poivre dans ses gâteaux. Les tartes à la crème ne sont pas des meilleures, mais l'agneau farci de pistaches réalise tous les rêves des plus fins gourmets, et des dattes et de l'eau du Nil c'est vraiment délicieux, surtout quand on les réunit comme les olives et le vin.

C'est vendredi que commence le grand Bairam [35], et tout le monde achète des moutons et de la volaille à l'avance ; tout musulman pauvre mange aux dépens de ses riches voisins. C'est le jour où les pèlerins font l'ascension du mont Arafat à La Mecque pour écouter le sermon qui termine le Hadji.

Le Mouled-en-Nebi, la fête du Prophète, a lieu le mois prochain ; j'espère la voir aussi. J'ai été fort heureuse de voir ici tant de choses, et surtout de la vie de famille. Des derviches et des dévots qui auraient pu raisonnablement me maudire ont été très spécialement polis envers moi.

Je suis de plus en plus au regret de ne pouvoir parler et faire des questions moi-même. Les coptes parlent rarement des langues étrangères, et je n'aime pas à faire des questions par l'intermédiaire d'un musulman. Omar et Hassan sont allés à cinq heures ce matin au tombeau de la Sittina Zeyneb, une petite fille du Prophète, pour la voir (elle reçoit tous les dimanches) et dire le fat'hah sur sa tombe.

Alexandrie, 19 octobre 1863.

Me voilà de retour. Nous avons eu un voyage déplorable ; le temps était bon, mais le bateau était exécrable. J'ai compétence pour décrire les horreurs du passage, la faim, la suffocation, la saleté, et tant de canailles hautes et basses à bord. Le seul gentleman était un pauvre Maure qui se rendait à La Mecque ; il avait fourré sa femme et ses enfants dans une chaudière de rechange sur le pont. Je l'ai vu laver ses enfants le matin. « Que c'est dégoûtant ! » s'est écrié un spectateur français. Si quelque Oriental se lave, c'est un « sale pourceau ». Ce n'est pas étonnant ! Un homme délicieux qui était assis non loin de moi sur le pont a murmuré entre ses dents serrées, quand le soleil est venu de notre côté : « Voilà un tas d'intrigants à l'ombre, tandis que le soleil me grille, moi ! »

Mais en arrivant vendredi à midi j'ai été consolée par la vue de S... qui était venue en barque à ma rencontre, et qui avait l'air d'être aussi fraîche, aussi brillante et aussi heureuse que possible. Elle amenait aussi le fidèle Omar rayonnant de joie et d'affection. Il avait refusé l'offre d'aller comme messager accompagnant les malles d'ici à Suez et retour ; il avait également refusé une place auprès d'une dame anglaise qui lui aurait donné des gages considérables ; son frère voulait lui persuader d'accepter, mais Omar a déclaré qu'il ne voulait pas me quitter. « Je crois que Dieu me l'a confiée pour que je la soigne ; comment puis-je la quitter ? Je ne pourrai plus parler à Dieu, si je fais des méchancetés pareilles ! » Il vous embrasse la main, et le couteau que vous lui avez envoyé l'enchante ; mais il est encore plus content de penser que ma famille sait son nom et qu'elle est satisfaite de mon domestique. Omar est allé me chercher une dahabieh pour remonter au Caire, car on me dit que le voyage, moitié en chemin de fer, moitié en bateau à vapeur, est très fatigant, et que la vue du Nil débordé est magnifique : nous serons donc cinq ou six jours en route, au lieu de huit heures.

Zeyneh a beaucoup grandi ; elle paraît être très active et très vivace ; mais elle est devenue un peu bruyante et un peu brusque, parce qu'on lui a permis de s'associer avec un homme et un garçon nubiens et de sortir sans voile, ce que dans mon harem je ne permettais pas. Mais elle est aussi affectueuse qu'auparavant, et elle est enchantée à l'idée de venir avec nous.

Alexandrie, 20 octobre 1863.

Omar a trouvé un bateau pour douze livres tout équipé, ce qui n'est pas plus cher que le chemin de fer, maintenant qu'il faut faire la moitié du voyage par bateau à vapeur et une partie à âne ou à pied. Rester deux heures et demie assise au bord du fleuve, cuisant sous le soleil, et marcher ensuite deux milles en portant son bagage, ce n'est pas fort amusant. Je prendrai ma vieille blanchisseuse Haggeh-Hannah avec moi dans le bateau, car la pauvre vieille a été moulue de son voyage ici. J'ai acheté des couvertures, mais elles sont bien renchéries depuis l'année passée. Tout a presque doublé de prix, par suite de l'épizootie et du débordement du Nil [36]. On n'a jamais vu une inondation comme celle-ci. Est-ce que le dieu bleu garde rancune à Speke de l'avoir dérangé dans sa retraite ? Le spectacle de l'inondation sera magnifique, je crois. Mais le dommage causé aux récoltes et même aux meules de blé et de fèves de l'année passée est affreux : on navigue entre les palmiers, au-dessus des champs de coton submergés.

Ismaïl-pacha a montré beaucoup d'activité, mais pendant son règne, qui est encore très court, il y a eu autant de calamités que sous Pharaon, et le malheur rend un homme impopulaire. L'épizootie est terrible ; elle commence maintenant à sévir au Caire et dans la Haute-Égypte. On me dit que la perte en bétail est estimée à douze millions de livres sterling. Les gazelles dans le désert ont ressenti le mal, mais il n'a atteint ni les chevaux, ni les ânes, ni les chèvres.

Omar a excusé la stupidité des Arabes qui pensent que le renchérissement de toutes les choses nécessaires à la vie est la faute du gouvernement ; il était étonné d'apprendre que bien des Européens ne sont pas plus sages que les Arabes.

Kafr-el-Zayat, 31 octobre 1863.

Nous avons quitté Alexandrie jeudi vers midi et nous avons eu un bon vent sur le canal Mahmoudieh [37]. Mon petit bateau vole comme un oiseau, et mes hommes sont excellents ; ce sont des marins hardis et soigneux. Je n'en ai que sept, mais ils travaillent bien, et, en cas de besoin, Omar quitte les tasses et les casseroles et manie vigoureusement une corde et une perche. Nous avons marché toute la nuit, et, à quatre heures, hier, nous avons franchi l'écluse de Fum-el-Mahmoudieh où nous avons repris le vieux Nil qui courait comme un torrent. Le fleuve est magnifique, « sept hauteurs d'hommes », dit mon reis, au-dessus de la ligne ordinaire ; le fleuve a déjà baissé de cinq ou six pieds, et il a laissé une triste scène de destruction de chaque côté. Mais on assure que le Nil rend au triple tout ce qu'il prend. Les femmes travaillent à refaire leurs huttes de boue, et les hommes relèvent les digues. Un Français m'a raconté qu'il était à bord d'un des bateaux à vapeur du pacha ; il a passé près d'un village submergé par les eaux, où il y avait deux cents personnes réfugiées sur les toits et criant au secours. Le pourrez-vous croire ? Le bateau a continué sa route ; on les a laissés se noyer. Il a fallu un témoin oculaire pour me faire croire à cette effroyable cruauté.

Tout aujourd'hui nous avons eu un temps délicieux ; le ciel est si beau qu'on ne peut rien mettre en comparaison. Nous venons d'avoir une peine affreuse à tourner une courbe du fleuve, et nous nous sommes embarrassés dans nos manœuvres avec un gros bateau qui portait du bois. Mon équipage était d'une telle véhémence que j'ai dû sortir de la cabine en enjoignant impérieusement à tout le monde de bénir le Prophète. Cependant le service du bateau a exigé que les hommes se risquassent à descendre dans le courant ; ils poussaient, ils hâlaient, ils luttaient, plongés jusqu'à la ceinture dans l'eau et la boue, tandis qu'Omar brandissait une perche en criant : « Islam, el Islam ! » Ces exhortations ont donné de nouvelles forces aux pauvres diables ; nous sommes retournés rapidement sur nos pas et nous avons repris le vent. Nous nous sommes arrêtés ici pour la nuit, et demain nous passerons sous le pont du chemin de fer. Jusqu'à Tantah, à huit milles d'ici, et en bien d'autres endroits plus haut que Tantah, le chemin de fer est submergé.

Le Caire, 14 novembre 1863.

Me voilà enfin, après quelques difficultés, dans mes anciens quartiers de la maison du consul général de France. Le matin de mon débarquement j'étais très malade, mais cela va mieux. Je suis arrivée au Caire dans la nuit de mercredi 4 novembre, j'ai dormi dans le bateau et le lendemain je suis descendue à terre.

Le passage sous le pont du chemin de fer à Tantah (qu'on n'ouvre que tous les deux jours) était très curieux et fort joli. Quel encombrement et quel concours de bateaux – deux ou trois cents au moins ! Le vieux Zeydam, mon timonier, s'est faufilé avec ma petite cange sous le nez des grosses barques, et il a franchi les portes du pont avant même qu'elles fussent bien ouvertes. Nous avons regardé tout à notre aise la presse et la confusion derrière nous ; nous étions de quelques milles en tête de la flottille. Puis nous nous sommes engravés. Zeydam était furieux ; mais, en une heure, nous nous sommes tirés d'affaire et nous avons de nouveau dépassé toutes les autres embarcations. A ce moment a commencé pour nous le spectacle de la dévastation : des villages entiers disparus, submergés et effondrés, de la boue sur de la boue ; les habitants, avec leur bétail, campés sur des éminences de sable, ou sur les digues ; de longues rangées de tentes improvisées et tout en loques. Pendant que nous passions au-dessus des endroits précédemment habités, le coton pourrissait partout, et les extrémités desséchées des plantes craquaient sous la proue du bateau. A un endroit où nous avons fait halte pour acheter du lait, une pauvre femme s'est écriée : « Du lait ! Et d'où voulez-vous le tirer ? De mon sein ? » Cependant elle a pris notre casserole pour aller en chercher dans une autre famille. Personne n'en refuse, du moment qu'il s'en trouve une goutte de trop, tout le monde s'imaginant que l'épizootie est une punition du Ciel parce qu'on a mal agi envers des étrangers, sans qu'on sache d'ailleurs qui a commis ce crime. Ils n'ont pas voulu fixer de prix pour le lait, ni recevoir plus que l'ancien taux. Mais ici tout a doublé de valeur ; la viande qui était à 4 groushs et demi [38] est maintenant à 8. Même différence pour les œufs, etc. Le coton coûte 12 groushs la livre. Hier j'ai eu besoin d'acheter des matelas pour Omar et Zeyneh, et les lamentations d'Omar sur la dépense excessive furent des plus bruyantes. Il voulait coucher sur les dalles, plutôt que de faire dépenser trois napoléons pour un lit ; à ce prix, le lit se composait d'un matelas et de la couchette faite de cannes de palmier, légère et confortable.

Zeyneh s'est très bien conduite depuis qu'elle est avec nous. Je crois que le petit Nubien l'induisait à être paresseuse et méchante. Bientôt elle sera un drogman accompli, car elle apprend l'arabe avec Omar et l'anglais avec nous. A Alexandrie, elle n'entendait qu'une espèce de *lingua franca* mélangée de grec, d'italien, de nubien et d'anglais. Elle demande, par exemple : « How piccolo bint ? » (Comment va la petite ?) Voilà un bel échantillon d'alexandrin.

Jeudi soir je suis allée jusqu'à l'Abbassyeh [39] où j'ai rencontré tous les écoliers retournant chez eux pour y passer leur vendredi. C'était un charmant spectacle : les petits Turcs sur de beaux chevaux avec des housses de velours, et deux saïs courant à leurs côtés ; les enfants arabes emmenés les uns par des pères orgueilleux, sur des ânes magnifiques, les autres par des domestiques de confiance, d'autres encore par de pauvres mères qui, à califourchon sur des ânes peu fringants, avaient leurs chers poupons devant elles sur la selle ; on voyait encore deux ou trois gamins réunis sur le même âne, et enfin une foule à pied. Que de jolies figures ! Tous étaient habillés en blanc à l'européenne avec des tarbouchs rouges.

La nuit dernière nous avons eu un mariage en face de notre maison. Le marié est un joli petit garçon de treize ans à peu près ; il avait à ses côtés deux amis du même âge habillés comme lui d'une robe et d'un turban écarlates. Ils étaient entourés d'hommes qui portaient des cierges et qui chantaient ; d'autres les précédaient, portant des flambeaux étincelants ; le jeune marié s'avançait comme Agag, doucement et avec affectation, ayant d'ailleurs l'air timide et charmant.

Mon pauvre Hassan (l'ânier) est malade. Son père est

venu avec l'âne pour me servir ; il essuyait continuellement ses larmes avec la manche de sa chemise en soupirant douloureusement : « Ya Hassan meskeen ! Ya Hassan ibnee ! » (Ô pauvre Hassan ! Ô mon fils Hassan !) ; puis avec un ton de résignation : « Allah kerim ! » (Dieu est miséricordieux !) J'irai le voir ce matin, et je lui ferai recevoir un médecin de force, car Omar prétend qu'il est très mal. Il y a quelque chose qui déchire le cœur dans la souffrance patiente et impuissante de tout ce peuple.

Dimanche. – Abou Hassan nous a dit que son fils allait beaucoup mieux : je ne suis donc pas allée le voir, ayant plusieurs choses à faire, et Omar étant très occupé à préparer un « festin de Balthazar », car j'ai du monde à dîner. Le temps est délicieux, comme un superbe été en Angleterre ; mais il y a beaucoup de maladies, et j'ai peur qu'il n'y en ait davantage encore, parce qu'on enfouit le bétail mort de l'épizootie dans l'enceinte de la ville. Il en coûte cent groushs pour enfouir un bœuf hors des murs. Les bras sont rares, la nourriture est chère, les rues ne sont pas nettoyées, et il est difficile d'avoir de l'eau. Mon sakka vient très régulièrement, et il nous fait une faveur de nous fournir de l'eau. Tout ceci doit peser terriblement sur les pauvres. La femme de Hekekian-bey avait soixante-quatorze têtes de bétail sur sa ferme ; il ne reste qu'un misérable bœuf, et de sept autres qui tiraient de l'eau pour leur maison en ville il n'en survit qu'un seul aussi, et encore celui-là est-il très malade.

Je viens de me pencher en dehors de la fenêtre pour regarder deux noces coptes, très gaies et très jolies ; il y avait beaucoup de cierges et de mash'als (flambeaux). La mariée, habillée en blanc, voilée et resplendissante de diamants, était conduite par deux hommes et précédée d'une très agréable musique ; deux petites filles, dans des habarahs écarlates, l'accompagnaient comme demoiselles d'honneur. C'est plus gai, mais moins imposant qu'un mariage musulman.

Le Caire, 16 novembre 1863.

J'ai acheté pour quarante-cinq francs une très jolie armoire à serrer mes effets, peinte tout entière à la façon des plafonds arabes, avec des dessins et des couleurs d'un châle des Indes. On fait des offres de semblable travail pour vingt ou trente francs, très beaux et de beaucoup d'apparence, qui ne font pas mal quand ils sont réunis.

Haggi-Ali est venu ici m'offrir ses tentes, si je veux aller à Thèbes et ne pas vivre sur le bateau, afin que je ne sois pas dépendante des maisons qui s'y trouvent, au cas où il s'élèverait quelque difficulté. Je crois qu'avec de bonnes tentes je pourrais être très confortablement installée entre les tombeaux des Pharaons ou dans la vallée d'Assasief. Il ne fait jamais trop chaud sur les hauteurs à Thèbes, tout au contraire ; du côté de la vallée qui est exposé au soleil, on est rôti et étourdi de la chaleur au mois de janvier, mais à l'ombre c'est délicieux. J'aimerais assez changer ma vie de bateau pour une vie de Bédouine, avec mes moutons, mes volailles et mes chevaux autour de la tente, et avec une petite suite de vassaux en guenilles. J'ajoute que ce serait meilleur marché.

Le Caire, 21 novembre 1863.

Le vieux père de mon pauvre Hassan, qui est malade, m'a donné aujourd'hui une bonne occasion de connaître les sentiments arabes à l'égard des femmes. Je lui ai demandé si Abd-el-Kader[40] viendrait ici, comme je l'avais entendu dire ; il ne le savait pas, mais il m'a demandé à son tour si Abd-el-Kader n'était pas « Akou-el-Benat » (le Frère des filles) ? J'ai répondu prosaïquement que je ne savais pas s'il avait des sœurs. « Les Arabes, ô madame, appellent "Frère des filles" l'homme à qui Dieu a donné un cœur pur pour aimer toutes les femmes comme ses sœurs, et la force et le courage pour se battre et les protéger. » Omar a proposé l'expression de « parfait gentilhomme » comme l'équivalent du titre donné à Abd-el-Kader par Abou-Hassan. Le galimatias européen parlant « du sourire des belles », etc., est bien mesquin à côté d'« Akou-el-Benat ». Mais il y a plus : les Arabes conservent un peu de cette chevalerie dans la vie commune ; Omar m'a raconté quelques petites tribulations de famille qui prouvent qu'il n'est pas peu sous l'empire de la femme.

Voici une autre histoire : un homme s'était marié à Alexandrie, et pendant la première semaine il apportait les provisions de bouche de chaque jour ; peu après il négligea ce soin, et il revint à la maison en n'ayant qu'un citron à la main. Il demanda son dîner : alors sa femme disposa le tabouret et le plateau, la cuvette et la serviette, et sur le plateau elle plaça le citron coupé en deux : « Eh bien, et le dîner ? – Le dîner ! Vous voulez un dîner ! Et d'où, s'il vous plaît ? Quel homme êtes-vous de prétendre avoir des femmes quand vous ne pouvez pas les nourrir ? Je vais de ce pas trouver le kadi pour nous faire divorcer. » Et c'est ce qu'elle fit comme elle le disait. L'homme doit pourvoir à toutes les nécessités du harem ; si la femme possède quelque argent ou si elle en gagne, elle le dépense en toilette. Si elle fait à son mari une calotte ou un mouchoir, il doit lui payer son ouvrage. Tout n'est pas rose pour ces tyrans orientaux – sans parler de la licence effrénée de propos permise aux femmes et aux enfants. Zeyneth maltraite Omar, et je ne peux pas lui persuader de mettre un frein à ses emportements. « Comment voulez-vous que je lui dise quelque chose ? C'est un enfant. » Il va sans dire que les enfants sont insupportables, et les femmes, je pense, le sont à peu près autant.

Hier, un de mes pauvres voisins a perdu son petit garçon ; il est descendu, comme d'habitude, dans la rue pour recueillir les condoléances de ses amis. Il se tenait debout sous ma fenêtre, la tête appuyée contre le mur, sanglotant et pleurant à ce point que littéralement ses pleurs arrosaient la poussière. Il était trop désolé pour déchirer son turban ou se lamenter dans les formes, mais il frappait ses deux mains et il criait : « Ô mon fils ! » Le marchand de haricots qui habite vis-à-vis a fermé sa boutique, mais le teinturier n'a fait aucune attention à ces gémissements, et il continuait à fumer sa pipe. Quelques personnes ont passé sans rien dire, mais bon nombre se sont groupées autour du pauvre père en silence et avec l'air affligé. Parmi elles se trouvaient deux coptes, bien habillés et montés sur de beaux ânes ; ils ont mis pied à terre, et tout ce monde a attendu que le pauvre père s'en retournât chez lui, où vingt hommes l'ont accompagné d'un air respectueux. Qu'il nous semble étrange qu'on descende dans la rue et qu'on invite les passants à vouloir bien pleurer avec vous !

L'autre jour j'étais chez Hekekian-bey quand il a reçu de Constantinople un paquet de son ancien esclave, maintenant eunuque en chef du sultan. Ce paquet contenait une belle photographie de Shureyk-bey (c'est ainsi que s'appelle l'eunuque), dont la figure, quoiqu'il soit nègre, est très intelligente et d'une expression charmante ; il y avait en outre un cadeau de livres anglais avec des illustrations, et de la musique imprimée, composée par le sultan Abdul-Azis lui-même. *O tempora ! O mores !* Il y avait une valse ! Shureyk-bey était habillé aussi tout à l'européenne, sauf le tarbouch.

Le plus sale et le plus décharné des chiens de la rue m'a adoptée comme cet Irlandais qui écrivait à lord Lansdowne qu'il l'avait choisi pour son patron ; il garde la maison et il me suit dans les rues. On le paye de sa peine avec les restes de la cuisine, et S... m'a coûté un nouveau pot d'étain en permettant au chien de boire dans notre vieux pot, qu'on employait pour puiser l'eau à la grande jarre, oubliant que ni Omar ni Zeyneh ne pouvaient boire après la pauvre bête.

Lundi. – Hier je suis allée au port du Caire, Boulak, pour voir Hassan-effendi à propos des bateaux. Il est parti en voyage sur le Nil ; je suis restée quelque temps avec sa femme, dame turque qui parle parfaitement l'anglais, et elle m'a appris bien des choses curieuses. Les femmes turques commencent à porter des corsets et les modes de Constantinople changent avec une rapidité vertigineuse. Comme toutes les femmes orientales que j'ai vues, mon hôtesse se plaignait de maux d'estomac, tout en sachant très bien qu'elle devrait sortir d'avantage et aller plus souvent à pied – mais la coutume ! *« E contro il nostro decoro. »*

J'ai vu Deleo-bey, qui me conseille de ne pas penser à vivre sous la tente ; le jour il y fait trop chaud, et la nuit est trop froide. Je prendrai donc un bateau, à la condition de le garder quatre mois ou de le renvoyer à Thèbes, si je trouve à me caser. Ces jours-ci il fait un peu frais le matin ; c'est comme en Angleterre dans un beau temps d'été. Je sors sur mon âne avec une robe légère et un petit manteau blanc ; mais, vers le milieu du mois, le froid commencera à se faire sentir davantage.

Mardi soir. – Depuis que je suis ici, ma toux a presque disparu, et la bonne nourriture me fait aussi du bien. Omar trouve le moyen d'acheter d'excellent mouton, et comme il est un parfait cuisinier, j'ai un bon dîner tous les jours ; je trouve que cela fait une grande différence. J'ai découvert aussi que quelques-uns des poissons du Nil sont succulents : le « bayad », qui atteint six ou huit pieds de long, et qui est très gras, est délicieux, et on me dit qu'il y en a d'autres encore meilleurs ; les anguilles aussi sont délicates et fort bonnes. Ce qu'il y a de pis, c'est que tout a doublé de prix depuis l'année dernière ; on ne peut naturellement pas manger du tout de bœuf ; les bœufs de travail sont tous morts, et en même temps la main-d'œuvre est renchérie. Le débordement du Nil était un petit malheur à côté de l'épizootie.

Il est superflu de dire qu'il existe une légende à ce sujet. Un certain « cheik-el-beled » (syndic) d'un endroit qui n'est pas nommé a perdu son bétail ; comme il est riche, il a défié Dieu, disant que cette perte lui était indifférente, et il a acheté d'autres bœufs. Ceux-ci sont morts à leur tour, mais le cheik est resté dans son impénitence et ses défis ; il n'a pas cessé d'acheter qu'il ne fût ruiné ; maintenant son corps s'enfonce tout entier dans la terre, malgré les efforts de ses amis qui creusent et piochent autour de lui nuit et jour, sans s'arrêter un instant.

Il est curieux de voir combien les légendes arabes ressemblent aux légendes allemandes. Toutes celles qui se rapportent au gaspillage gratuit du pain sont presque identiques. Si un morceau de pain est sale, Omar le donne soigneusement au chien ; si le morceau est propre, il le conserve dans un tiroir pour en faire des miettes à paner les côtelettes ; pas un morceau ne doit tomber à terre. Les Arabes sont insouciants quant aux choses autres que le pain. *Das liebe Brod* (le cher pain) est sacré. (*Vide* « Deutsche Sagen », par Grimm). Constamment je suis frappée de la ressemblance avec les coutumes allemandes. Une noce fellah ressemble beaucoup à une noce de paysans en Allemagne ; seulement le tir des fusils et l'exposition des biens du ménage ont lieu sur des chameaux à la place d'une charrette.

Boulak, le soir, 26 décembre 1863.
À bord d'un bateau à vapeur de rivière.

Après bien des délais et des tracas infinis, nous sommes enfin à bord, et nous ferons voile demain matin. Après que tout eut été agréablement réglé, Ismaïl-pacha fit venir tous les bateaux à vapeur au haut de Er-Rodah, près Minyeh ; en même temps, il ordonna qu'un général turc parût devant lui à l'instant même d'une façon ou d'une autre. Par suite de cet ordre, Latif-pacha, le chef des bateaux à vapeur, me fit sortir de la meilleure cabine. Si je n'étais venue moi-même et si je n'avais pris de force possession d'une cabine sur le gaillard d'avant, les domestiques du général turc n'auraient pas permis à Omar d'embarquer le bagage. Omar au désespoir a attendu sur la digue toute la matinée. Mais j'arrivai à quatre heures et j'ordonnai aux « hammals » (portefaix) de porter les effets dans la cabine sur l'avant ; j'allai ensuite à bord où le capitaine arabe me plaça avec la pantomime bien connue, en mettant la main d'abord à son œil droit et ensuite au sommet de sa tête. Une fois que j'ai été installée, ma cabine est devenue un harem, et je puis braver l'effendi turc avec toute chance de succès. J'ai eu une cabine d'une grandeur convenable, avec des divans assez propres sur trois côtés pour S... et pour moi. Omar veut coucher sur le pont, et le cuisinier couchera où il pourra. Une pauvre dame turque doit habiter une sorte de trou à poussière à côté de ma cabine. Si elle me paraît décente, je la recevrai charitablement. Il n'y a d'autres meubles d'aucune sorte que les divans ; nous apprêtons nous-mêmes notre nourriture ; nous avons apporté notre éclairage, nos pots, nos cuvettes, nos lits, en un mot, chaque chose. Si je n'étais déjà une si parfaite Arabe, je trouverais tout cela très misérable, mais d'après la façon dont tout marche cette année, je m'estime très heureuse que ce ne soit pas encore plus mal.

Les bateaux de passagers qu'on nous avait promis sont ce qu'on nous avait promis et rien de plus. On me demandait trente-cinq livres d'une mauvaise dahabieh [41] pour aller seulement jusqu'à Thèbes. L'affluence des voyageurs est énorme. Heureusement la nuit est très chaude, et nous pouvons faire tous nos petits arrangements sans avoir froid. Il n'y a pas de porte à la cabine, de sorte que nous allons y clouer un vieux châle, et comme jamais personne ne regarde dans un harem, cette clôture peut suffire. Le bateau n'est pas tout à fait aussi propre qu'un bateau anglais, mais il l'est au moins autant qu'un bateau français. Tous les gens de bord sont arabes : le capitaine, l'ingénieur et les hommes de service. Un flot d'Anglais est une nouveauté pour eux, et le capitaine est malheureux de voir que les choses ne sont pas à la française pour moi. Nous avons deux dahabiehs à remorquer.

Figurez-vous un peu la reine d'Angleterre ordonnant à tous les bateaux à vapeur sur la rivière de remonter jusqu'à Windsor ! Le général turc nous quitte à Minyeh, et nous aurons le bateau à nous seuls ; voilà ce que le capitaine vient de me dire tout à l'heure. Quelle étrange combinaison dans ce flot de gens sur le vieux père Nil ! Deux Anglaises, une Levantine (Mme B.), un Français, des Turcs, des Arabes, des Nègres, des Circassiens et des indigènes de Darfour, tous en un bloc ; peut-être les autres bateaux contiennent-ils quelque autre élément non moins étrange. Il y a sept femmes dans la chambre de la machine et parmi elles la femme d'un bey ; elle aurait bien voulu partager ma cabine, mais notre bon vieux capitaine ne le lui permit pas. Les Turcs sont de Constantinople et ne savent point parler arabe ; ils font des grimaces en buvant cette eau de rivière toute bourbeuse, et j'avoue que je préférerais aussi l'avoir filtrée.

A bord du bateau à vapeur près d'Assiout,
4 janvier 1864.

Nous avons quitté Le Caire dimanche passé au matin, et nous formons une étonnante et bien drôle de société. On m'avait promis pour moi seule le bateau tout entier, mais, grâce aux caprices d'Ismaïl-pacha, notre petite embarcation fut obligée de faire la besogne pour trois ; c'est-à-dire que nous dûmes emmener des passagers, remorquer la dahabieh de M. M... et même remorquer aussi le plus vieux, le plus sale et le plus bizarre des bateaux nubiens, sur lequel le jeune fils du sultan de Darfour et l'envoyé du sultan, un joli Noir de Dongola (il n'était pas Nègre), étaient venus rendre visite à Ismaïl-pacha. La meilleure cabine fut prise par un vieux pacha turc, sournois et borgne, en sorte que j'eus la cabine de l'avant ; heureusement, elle était assez grande.

J'y dormis sur un divan, S... sur un autre, et Omar à mes pieds. Il avait essayé de coucher sur le pont ; mais les Arnautes du pacha étaient de trop mauvaise compagnie, et le capitaine me pria de « me couvrir la figure » et de laisser dormir mon domestique à mes pieds. En outre, il y avait un pauvre effendi turc, vieux, asthmatique, qui voyageait pour recueillir les taxes ; puis enfin beaucoup de femmes et d'enfants dans la chambre où se trouve la machine. C'eût été intolérable sans la sincère politesse du capitaine arabe, un régulier « vieil esprit » ; grâce à son attention et à ses soins, tout cela ne fut que très amusant. A Beni-Soueff, la première ville au-dessus du Caire – soixante-dix lieues à peu près –, nous ne trouvâmes plus de charbon. Le pacha y avait passé et il avait tout pris. Ainsi, nous n'avions plus qu'à jouer des talons sur la rive toute la journée, avec la perspective d'en faire autant toute une semaine.

Le capitaine m'amena en visite H. R. H., de Darfour, et il me pria de lui faire entendre raison sur le délai, parce que moi, étant Anglaise, je devais savoir mieux que personne qu'un bateau à vapeur ne peut marcher sans charbon. H. R. H., qui est un gentil petit Nègre fort impérieux, de onze à douze ans environ, habillé d'un caftan en soie jaune et d'un burnous écarlate, interrompit tout court le bon vieux capitaine en lui disant : « Comment, c'est une femme ! Elle ne peut me parler ! – Wallah ! Wallah ! Quelle manière de parler à une dame anglaise ! » s'écria le capitaine, qui était sur le point de perdre son sang-froid. Mais j'eus alors une heureuse idée et je produisis une boîte pleine de confitures françaises, qui changèrent tout de suite les vues du jeune prince. Je lui demandai s'il avait des frères : « Qui peut les compter ? Ils sont comme les souris. » Il nous avoua que le pacha ne lui avait donné que peu de présents ; évidemment il n'était pas content. Quelques hommes de sa suite avaient l'air des plus formidables bêtes sauvages sous forme humaine que j'eusse jamais vues, de vrais bouledogues, des ours féroces, noirs comme de l'encre, roulant des yeux roux, et, grands dieux ! quelles mâchoires, quels gosiers, quelles dents ! D'autres ressemblaient à des singes, avec des bras pendants jusqu'aux genoux. Quant aux Arnautes illyriens qui sont à bord de notre bateau, ils sont d'une blancheur répugnante comme du poisson mort ou comme des noyés ; pas la moindre nuance de rouge jamais sur cette peau de suif. Nous avions aussi des Grecs, qui nous quittèrent à Minyeh (la seconde grande ville).

Le vieux pacha nous a quittés ce matin à Er-Rodah. Le capitaine ordonna sur-le-champ de transporter tous mes effets dans la cabine qu'il venait de quitter, et il fit sortir l'effendi turc, qui désirait fort de rester avec nous. L'effendi disait qu'il était vieux et malade et que ma société lui serait fort agréable ; puis il ajouta qu'il était honteux devant les gens du bord d'avoir été mis à la porte par une Anglaise. Aussi je fus très polie à son égard, et je le priai de passer la journée et de dîner avec moi ; ce moyen terme arrangea tout. Après que nous eumes dîné, il s'en alla tout réjoui dans la cabine de l'avant et il me laissa dans l'autre. J'ai donc une véritable cabine, un salon et une antichambre, et nous y sommes assez agréablement. Seulement les puces !... Jusqu'à présent je n'avais jamais su ce que les puces pouvaient être.

Désormais j'envoie tous les jours un plat de ma table au capitaine ; comme je prends la place de pacha, il est de ma dignité d'en agir ainsi ; comme j'occupe la cuisine et que je brûle le charbon du bateau, je puis bien un peu faire dîner le capitaine à mes dépens. Dans la journée je monte sur le pont et je m'y assieds dans sa cabine ;

nous causons tant bien que mal sans aucun interprète. Le vieux camarade se donne soixante-sept ans, mais il a l'air de n'en avoir que quarante-cinq. Il a précisément la tournure et les manières d'un de nos marins. Il a fait quatre fois naufrage. La dernière fois c'était dans la mer Noire, pendant la guerre de Crimée [42] ; il y fut fait prisonnier par les Russes et envoyé à Moscou, où il est resté trois ans, jusqu'à la paix. Il a avec lui un charmant petit garçon de onze ans, et il me dit qu'il a douze enfants en tout, mais qu'il n'a qu'une femme. Il est aussi rigide monogame que le docteur Primerose : ainsi il m'assurait qu'il ne se remarierait pas, si sa femme venait à mourir, et que, de son côté, sa femme ne lui donnerait pas non plus de successeur.

Il y a beaucoup de coptes à bord, d'une classe plutôt basse que haute ; ils ne sont pas agréables. Les chrétiens, quand ils sont des messieurs, sont fort agréables, mais la basse classe est vraiment bien plus basse que ne le sont les musulmans. On éprouve un sentiment de dégoût insurmontable lorsqu'on les voit tous ensemble manger au milieu du charbon, et ensuite s'accroupir dans ces ordures et tirer leurs chapelets pour prier, sans même se laver les mains. Tout cela est horriblement sale quand on les compare au musulman qui ne monte sur le pont que proprement lavé et qui se tient droit et ferme en faisant ses prières. De plus, ces chrétiens sont grossiers dans leurs manières et dans leurs conversations ; ils n'ont pas le respect des Arabes pour les femmes. Je ne parle, bien entendu, que des gens vulgaires et non point des coptes bien élevés. Il est vraiment plaisant d'entendre les Grecs insulter les coptes, les appeler voleurs, hérétiques, schismatiques de l'Église grecque, ignorants, avides, rusés, impudents, etc., etc. ; bref, ils font ainsi toute la description de leurs charmantes personnes elles-mêmes.

Je suis toute surprise de voir que les hommes du bord conduisent si bien leur besogne. Le bateau est presque aussi propre qu'un bateau anglais ; on y fait également force de voiles, et la machine est en excellent état. L'ingénieur en chef, Ahmed-effendi, ainsi que le capitaine et tout l'équipage, portent des habits anglais et ils emploient l'universel : *« Très bien ! – All right ! – Turn her head ! – Full speed ! – Half speed ! Stop her !... »* etc. J'étais très amusée d'entendre : *« All right ! – Go ahead ! Fat'hah ! »* tout cela prononcé d'un seul souffle. Nous récitons toujours ici le Fat'hah. C'est le premier chapitre du Coran, presque identique à la prière dominicale, soit qu'on parte pour un voyage, soit que l'on conclue un marché, etc. Cette récitation était très fréquente.

Le climat a déjà changé ; l'air est sensiblement plus sec et plus clair, et la température bien plus chaude ; cependant nous ne sommes pas encore à Assiout. J'ai remarqué l'année passée que le point où le changement de climat était le plus marqué, c'est à Keneh, quarante lieues au-dessus de Thèbes. Mais cette année les digues sont affreusement rompues et emportées par les inondations ; le Nil est à présent beaucoup plus haut qu'il ne l'était l'année passée six semaines plus tôt. A Beni-Soueff, qui était alors le grand marché des bestiaux, pas un buffle n'a été laissé, et nous n'avons pu obtenir une goutte de lait ; mais, depuis que nous avons quitté Minyeh, nous revoyons le bétail, et j'entends dire que la maladie ne s'étend pas jusqu'au haut de la rivière. Omar m'assure que les pauvres gens à Beni-Soueff se plaignent de la sécheresse et qu'ils craignent la disette, parce qu'ils ne peuvent plus irriguer la terre faute de bœufs.

J'ai consenti à dix napoléons pour ma traversée, mais j'en donnerai quatre ou cinq de plus en bakchich, parce que j'ai causé beaucoup d'embarras avec tous mes bagages, ma literie, mes ustensiles, mes provisions, etc., pour quatre mois, et les gens du bateau ont été plus que polis, ils ont été des plus obligeants et des plus attentifs pour nous. Une mauvaise dahabieh aurait coûté quarante livres : j'y gagne donc encore beaucoup.

Rien ne peut surpasser la sottise, l'incertitude et la négligence de l'administration. Au Caire, pas de charbon dans les bateaux annoncés comme faisant voile à tel jour et retardant de trois semaines ; pas d'ordre, pas de soin pour la commodité de qui que ce soit, si ce n'est celle du pacha. Mais les subordonnés à bord des bateaux font leur œuvre parfaitement bien. Nous ne marchons que la moitié aussi vite que nous devrions le faire, parce que nous avons deux très lourdes dahabiehs à remorquer au lieu d'une. Du reste, il n'y a pas de temps perdu. Aussi longtemps qu'il fait jour nous marchons, et nous partons de nouveau aussitôt que la lune se lève.

Les gens à bord m'ont élevée en rang ; ils m'appellent « El-Emireh », vieux titre arabe qui est l'équivalent, d'après ce que me dit l'ingénieur, de : « Ladyship ». Sitti, ajoute-t-il, est la même chose que « Mistress ». Je ne sais où l'ingénieur a pu acquérir ces idées au sujet des préséances anglaises.

5 janvier 1864.

Cette après-midi nous avons quitté Assiout. Le capitaine avait annoncé que nous partirions à dix heures (d'après le compte arabe) : je ne suis donc pas entrée en ville, mais j'ai envoyé Omar acheter des provisions. Les hommes de Darfour sont tous partis, en déclarant qu'ils voulaient s'arrêter et en annonçant qu'ils couperaient la tête au capitaine, s'il partait sans eux. Hassan-effendi, le Turc, était furieux, et il menaçait de télégraphier ses plaintes au Caire, si le bateau ne partait pas tout de suite. Le pauvre capitaine était dans une triste impasse ; il en a appelé à moi. J'étais à ce moment assise paisiblement sur le tronc d'un palmier avec de pauvres fellahs (dont il sera question ci-après). Je répondis par la phrase la plus longue que j'aie jamais composée en arabe, et je lui ai fait remarquer qu'il était le capitaine et que, sur le bateau, nous étions tous obligés de lui obéir.

« *Masha-Allah !* Une femme anglaise vaut dix hommes en fait de bon sens ; ces Inglises n'ont qu'une parole pour eux-mêmes et pour les autres. Cette emireh est prête à obéir comme un mamelouk quand au contraire elle doit commander. Whew ! » ajouta-t-il en hochant la tête d'une manière expressive.

Sur la route il y avait une foule de pauvres fellahs qui avaient été pris pour devenir soldats et envoyés à Girgeh pour attendre l'arrivée du pacha [43]. Ils étaient restés là depuis trois semaines, quand on les a envoyés à Syouah. Le pacha voulait les voir et choisir lui-même les hommes qui lui conviendraient. Encore huit jours se passèrent à Syouah, et puis ils furent renvoyés à Assiout. Huit jours encore s'écoulèrent ; pendant ce temps Ismaïl-pacha s'en est retourné au Caire, et ces pauvres gens pourront attendre indéfiniment, car personne n'osera rappeler au pacha leur misérable existence. Wallah ! Wallah !

Pendant que je me promenais sur la rive avec M. et Mme M... qui m'ont rejointe, une personne s'est approchée et les a salués ; l'apparence de cette personne m'a beaucoup intriguée. Ne m'appelez pas Persane, quand je vous dirai que c'était une jeune dame bédouine fort excentrique. Elle avait dix-huit ans, elle était habillée en homme, petite et très féminine, assez jolie, à cela près qu'elle était borgne. Ses vêtements étaient riches, et elle portait des bijoux de femme, une montre et une chaîne à l'européenne. Ses manières étaient excellentes, sans la moindre gêne, mais pas le moins du monde impudentes ni fanfaronnes. On m'a dit, et j'ai pu m'en convaincre aussi en l'entendant, que son langage était parfait, chose fort estimée parmi les Arabes. Elle n'est pas mariée, aime beaucoup les voyages, et préfère la société des hommes parce qu'elle-même est très intelligente : elle a donc son dromadaire et elle voyage toute seule. Personne n'en paraît étonné, personne ne fait de grands yeux là-dessus ; quand j'ai demandé si c'était convenable, notre capitaine a été tout surpris de ma question. « Pourquoi pas ? Si elle ne désire pas se marier, elle peut bien aller seule ; si elle en a le désir, elle peut se marier. Où est le mal ? Elle est libre. » Cette dame exprimait ses opinions très librement, autant que j'ai pu le comprendre. Mme M... avait entendu déjà parler d'elle, et elle m'assura qu'elle est très admirée. Mme M... avait entendu dire qu'elle était une espionne du pacha ; mais l'équipage sur le bateau prétend que la vérité est qu'elle est allée au-devant de Saïd-pacha pour se plaindre de quelque moudir tyrannique, qui a maltraité et emprisonné des fellahs ; c'est une démarche téméraire pour une jeune fille. Quoi qu'il en soit, cette personne m'a paru la chose la plus curieuse que j'aie vue jusqu'ici.

Déjà il fait beaucoup plus chaud ; il est neuf heures du soir, nous marchons à la vapeur, et je suis assise dans ma cabine avec la fenêtre tout ouverte. Pour la première fois, j'ai aujourd'hui tiré mon manteau sur ma tête pour me défendre contre le soleil : il me brûlait ; c'est là une chose délicieuse, car nous sommes le 5 de janvier. Notre capitaine nous affirme que, pendant les trois ans qu'il a été prisonnier à

Moscou et à Bakshi-Seraï, il n'a jamais vu le soleil ; c'est dur pour un Égyptien. Fort heureusement nous avons laissé toutes les puces dans l'autre cabine, au profit du pauvre vieux Turc, qui, me dit-on, en souffre beaucoup. Les divans étaient tout neufs et les puces ont dû être apportées dans le coton, car il n'y a pas un être vivant de cette espèce dans le reste du bateau.

Girgeh, 7 janvier 1864.

Nous venons de faire relâche ici pour la nuit. Aujourd'hui nous avons embarqué trois forçats enchaînés. Deux d'entre eux sont en route pour Feyzoghlou ; l'un est condamné pour calomnie et parjure, et l'autre pour homicide ; le travail forcé pour toute la vie dans ce climat en aura fait de lui bientôt. Le troisième est un petit voleur de Keneh qui a été pendant une année aux fers à la douane d'Alexandrie, et qu'on envoie maintenant pour qu'il paraisse avec les chaînes dans son village natal. Les causes célèbres de ce pays seraient curieuses à connaître ; la manière de ces peuples de commettre leurs crimes est très différente de la nôtre. Si je découvre quelqu'un qui puisse me bien raconter quelques cas, je les écrirai. Omar m'en a raconté plusieurs, mais il se peut qu'il n'en connaisse pas tous les détails assez exactement.

J'ai fait d'autres recherches sur la demoiselle bédouine : elle est plus vieille qu'elle n'en a l'air, car elle voyage constamment depuis dix ans ; elle est riche et fort respectée ; elle est reçue dans toutes les meilleures maisons, où elle reste toute la journée avec les hommes ; puis elle dort dans le harem. Elle est allée jusque dans l'intérieur de l'Afrique et à La Mecque ; on me dit qu'elle parle turc et qu'elle est fort aimable, pleine de connaissances intéressantes sur tous les pays qu'elle a visités. Il faudra que je la recherche, aussitôt que je pourrai parler ; elle aime la société des Européens.

Voici une addition aux traditions populaires : quand le marchand de café allume son fourneau de grand matin, il faut deux tasses du meilleur café, bien sucrées, et il les répand sur le fourneau en disant : « Que Dieu bénisse et favorise cheik Shadili et ses descendants ! » La bénédiction du saint qui a inventé le café, je la connais très bien et je la répète souvent ; mais la libation m'est toute nouvelle. Vous voyez que la vieille religion perce encore çà et là, même à travers la foi sévère de l'islam. Si je pouvais vous raconter tous les détails d'un mariage arabe et plus encore d'un mariage copte, vous croiriez que je vous dévoile les mystères d'Isis.

J'ai appris que le forçat condamné pour calomnie avait accusé (avec vingt-neuf autres qui ne sont pas arrêtés) le cheik-el-beled de son village d'avoir tué son domestique, et qu'il avait produit une corbeille pleine d'ossements comme preuve ; mais le cheik représenta l'homme vivant, et son détracteur fut condamné aux travaux forcés à vie. La procédure caractérise bien la ruse enfantine de ce pays. J'ai aussi demandé si le voleur qui a été traîné par les rues chargé de chaînes pourra trouver du travail, et l'on m'a répondu : « Oh ! certainement : n'est-il pas un pauvre diable ? Pour l'amour de Dieu, tout le monde sera prêt à l'aider. » C'est l'incertitude absolue de la justice qui amène naturellement ce résultat. Notre capitaine était très choqué d'apprendre que, dans mon pays, nous n'aimions pas à employer un forçat libéré.

El-Ouksour, lundi.

Toute l'après-midi s'est passée à Keneh, où j'ai dîné avec le consul anglais, un bon vieillard arabe qui a invité également notre capitaine. Nous nous sommes assis à terre, autour de son plateau de cuivre, en mangeant avec nos doigts ; le capitaine, qui était à côté de moi, choisissait les meilleurs morceaux avec ses doigts tout bruns, et il me les donnait à manger. Après dîner, le consul français, qui est copte, m'a fait inviter à une fantasia chez lui ; j'y ai trouvé M. et Mme M..., le moudir, quelques autres Turcs et un Italien fort mal élevé. Je me suis égayée à voir les danseuses ; mais j'aimais mieux les manières patriarcales du vieux Saïd-Ahmed que celles du copte francisé. Au commencement, la danse m'a paru singulière et assez ennuyeuse. Une des jeunes filles était très belle, mais elle était froide et n'excitait aucun intérêt ; une autre qui chantait était aussi jolie et fort attrayante. La danse consistait en contorsions plus ou moins gracieuses, très étonnantes comme tours de force gymnastiques, mais rien de plus. Cependant le capitaine s'adressa à une « latifieh », fille laide et à l'air gauche, pour qu'elle montrât à la Sitt ce qu'elle savait faire ; ce fut comme une révélation pour moi. La laide fille sauta sur ses pieds et elle fit le « serpent du vieux Nil ». La tête, les épaules et les bras étaient tendus violemment en avant, la taille et les hanches étaient avancées sur les genoux pliés. L'attitude tout entière était celle d'un cobra sur le point de s'élancer.

Saïd-Ahmed me donna donc une fantasia ; il avait craint d'abord que je n'eusse des messieurs avec moi, ayant éprouvé de grands ennuis de la part de deux Anglais qui s'étaient si mal conduits envers les jeunes danseuses qu'il avait dû les mettre à la porte, après les avoir d'abord accueillis avec cordialité.

Notre cortège pour retourner au bateau était très étrange. Mme M... ne pouvant pas monter sur une selle arabe, je lui ai prêté la mienne et j'ai enfourché mon âne ; nous sommes partis à la course avec les hommes qui couraient devant, tous portant des « meshals » (corbeilles en fer pleines de feu sur des longues perches) et des lanternes, le capitaine criant : *« Full speed ! »*, et d'autres phrases anglaises de cette espèce, en vrai vieux loup de mer qu'il est.

Nous sommes arrivés ici hier au soir, et ce matin Mustapha-agha et le nazir sont venus pour me conduire à mon palais. C'est que j'ai une grande maison délabrée au-dessus du temple de Khem [44]. Que je voudrais donc vous avoir ici, avec les enfants pour le remplir ! Nous avons eu une vingtaine de fellahs pour nettoyer la poussière qui s'est accumulée depuis trois ans, et ma chambre a un air magnifique avec des tapis et un divan.

La petite fille de Mustapha a su trouver son chemin pour venir ici quand elle a su que j'étais arrivée ; c'était un plaisir de la voir jouant sur le tapis avec une poupée et des dragées, faisant un festin pour la poupée sur un plat, arrangeant ses dragées à la façon arabe ; une petite créature si tranquille et si brune ! Elle ressemble extraordinairement à R... avec l'addition du jus de noix de coco. Elle était ravie du portrait de R... et elle l'a embrassé.

La vue autour de ma maison est magnifique de tous côtés ; j'ai le Nil en face vers le nord-ouest avec une étendue splendide de verdure ; une ligne de montagnes dans le lointain, couleur orange foncée, vers le sud-est, où j'ai une spacieuse terrasse couverte.

Mustapha est venu tout à l'heure m'offrir un cheval, et il m'a invitée à aller à la mosquée durant deux ou trois nuits à mon choix pour voir l'illumination en l'honneur d'un grand cheik, descendant de Sidi-Hussin ou Hassan. J'ai demandé si ma présence ne choquerait pas quelque bon musulman, mais Mustapha n'a pas voulu entendre parler d'une telle idée. Le soleil se couchait pendant qu'il était avec moi, et il m'a demandé si je n'avais aucune objection à ce qu'il priât en ma présence. Sur ma réponse négative, il a dit ses quatre « kekahs », accroupi très confortablement sur mon tapis.

Mon voisin le plus riche (de l'autre côté de la cour toute pleine d'antiquités) est un gentil petit copte qui lui-même a l'air d'une statue antique ; je pourrais voisiner avec sa famille. Il m'a envoyé du café aussitôt que je suis arrivée, et il est venu de sa personne pour aider à l'emménagement. Je suis invitée à El-Mutanah, à quelques heures en amont du fleuve, pour faire visite aux M..., et à Keneh chez Saïd-Ahmed. Je le suis aussi chez le chef des marchands du lieu, qui a négocié le prix d'un tapis pour moi dans le bazar, et qui a déjà paru me prendre en affection. C'est précisément un de ces beaux marchands de grande race et d'un certain âge qui commence toujours un conte dans *Les Mille et Une Nuits*. Un charmant couple d'Anglais m'ont donné à déjeuner dans leur bateau.

Quand je pourrai parler, j'irai voir un harem arabe. J'ai fait des questions à Mustapha sur la demoiselle arabe ; il en parle en très bons termes. Il me fera savoir si elle doit venir ici, et il lui offrira l'hospitalité de ma part ; du reste, il ne savait pas son nom. On l'appelle « El-Hajiyeh », c'est-à-dire la pèlerine.

plan régulier "bastide"
fondé sur l'emplacement
d'un ancien village en 1231
par le comte de Provence
Raymond Béranger IV
à la suite d'un traité avec les
syndics élus de la vallée
– d'abord Barcelonne origine
de la famille Béranger
Barcelonnette 5 siècles et ? plutôt
1368 passe au Comté de Savoie

Souffre des guerres de L. 14
assiégée par le maréchal de
Berwick (1670 - 1734) fils
naturel de Jacques II d'Angleterre
naturalisé français – obtenu
par le traité d'Utrecht le
rattachement de l'Ubaye à la

El-Ouksour, jeudi.

Maintenant que je suis établie dans mon palais thébain, le lieu me paraît de plus en plus beau, et je suis toute triste que vous ne puissiez pas être ici pour en jouir. La maison est fort grande et les murs sont épais, ce qui est aujourd'hui fort nécessaire, car il règne un ouragan ; mais dans l'intérieur de la maison il ne fait pas du tout froid. J'ai des fenêtres et des portes vitrées dans quelques chambres ; c'est une ravissante habitation. Deux petits hiboux fort drôlets et gros comme mon poing vivent dans le mur sous ma fenêtre ; ils viennent me regarder en marchant sur la pointe des pattes et m'observant avec curiosité comme les hiboux sur les hiéroglyphes ; ils aboient comme des jeunes chiens. Un magnifique horus (le faucon sacré) fréquente mon balcon. J'ai sacrilègement tué hier soir un autre de mes dieux du temple, un serpent venimeux. Omar en est quelque peu consterné ; il a peur que ce ne soit « le serpent de la maison », car l'islam n'a pas détrôné les « *dii lares* et tutélaires ».

Plusieurs hommes sont venus raccommoder l'escalier qui était en ruines et qui consiste en immenses blocs de pierre. Un de ces hommes s'est écrasé le pouce et j'ai dû l'opérer. C'est extraordinaire de voir jusqu'à quel point ces gens supportent la douleur ; il n'a pas sourcillé et il est parti tout content en remerciant Dieu et la dame. J'ai étudié aujourd'hui l'« Alif bay », l'alphabet, sous la direction de cheik Yousouf. C'est un jeune homme gracieux et à l'air très doux, avec un teint brun foncé, et de fort belles manières dans son costume fellah – chemise brune de laine grossière, libdeh ou calotte en feutre et châle rouge commun autour de sa tête et de ses épaules. C'est une tâche assez dure que d'apprendre à écrire à l'envers.

Il était curieux de voir cheik Yousouf rougir timidement la première fois qu'il est entré ; l'émotion se montre tout autant sous la peau couleur de café des Arabes que chez le plus blond des Européens. Il en est tout autrement chez le mulâtre et le Malais, qui sont moins foncés, mais qui ne changent jamais de couleur. Un photographe qui vit ici m'a montré des photographies prises sur le Nil Blanc. Une jeune Négresse de sa collection est si belle, que je le prierai de m'en faire une copie pour vous l'envoyer. Cette femme n'est pas parfaite comme les Nubiennes, mais elle est magnifiquement forte et majestueuse. Si je peux trouver ici une belle fellahah, je la ferai photographier, pour vous montrer à vous autres Européens ce que peut être le buste d'une femme. Je ne l'avais jamais su avant de venir ici : c'est la plus belle chose du monde, glorieusement indépendante des corsets et des autres supports de ce genre.

El-Ouksour, 20 janvier 1864.

Durant toute la semaine, nous avons eu des vents perçants, et j'ai dû rester au lit. Aujourd'hui, il fait de nouveau beau temps. J'ai monté le double poney du vieux Mustapha, et je suis allée me promener avec lui à sa ferme où j'ai déjeuné avec de la crème caillée délicieuse et du fatireh dans un village tout près de là, au grand enchantement des fellahs. C'était une scène plus biblique que jamais ; les gens étaient tous parents de

Mustapha ; on eût dit un beau songe en voyant Sidi-el-Omar, le chef de l'établissement, et les jeunes gens revenant des champs avec les troupeaux, les chameaux et les ânes.

Tout ce monde est de haute lignée. Une espèce de « rôle de bataille » est tenu pour conserver la généalogie des Arabes nobles qui sont venus avec Amrou, le premier conquérant arabe et lieutenant d'Omar. Pas un de ces hommes bruns qui ne possèdent pas deux chemises ne donnerait sa fille, brune comme lui, au plus grand pacha de Turquie. Cette noblesse campagnarde m'intéresse infiniment plus que les habitants des villes, quoique Omar, qui est tout à fait un bourgeois et se pique d'être « délicat », méprise leur orgueil de gueux, comme autrefois les citoyens de Londres méprisaient les « Écossais jambes nues ». L'air de parfaite égalité, sauf le respect que chacun porte au chef de la tribu, avec lequel les villageois traitaient Mustapha, et qu'il leur rendait amplement, donnait à tout cela une belle tournure de gentilhommerie. Ces gens-là ne sont pas éblouis par le prestige d'apparence, et ils sont plus réellement virils que les habitants du Caire. Je suis déjà sur un pied d'intimité avec les familles campagnardes qui habitent près d'El-Ouksour. Le nazir (magistrat) est un homme agréable, et mon cheik Yousouf, qui est du plus noble sang (puisqu'il est descendant d'Abou-el-Hadji lui-même), est non moins charmant.

Il y a ici un Allemand fort intelligent qui est consul d'Autriche et qui dessine bien. Je suis allée chez lui, et j'ai été tout étonnée d'entendre un joli petit garçon demander : *« Soll ich den Kaffee bringen ? »* (Dois-je apporter le café ?) Ils sont tous affolés du désir d'apprendre des langues. Mustapha me prie d'enseigner l'anglais à sa petite fille Zeyneh.

22 janvier 1864.

Hier, je suis allée à El-Karnak avec le saïs de Mustapha qui courait à mes côtés – un soleil superbe et chaud, et un air délicieux. En entendant jaser le saïs, sa langue allant aussi vite que ses pieds, je me suis sentie fort envieuse de ses poumons. Mustapha m'a rejointe, et il a insisté pour que je rendisse visite au tombeau du cheik. C'était au profit de ma santé, parce que lui et le cheik Yousouf voulaient dire un fat'hah à mon intention ; seulement, ce jour-là, je devais m'abstenir de boire du vin. J'ai fait quelques difficultés à cette proposition à cause de la différence de religion ; mais le cheik Yousouf, qui est survenu, a dit qu'il supposait que j'adorais Dieu et non pas des pierres, et que des prières sincères étaient bonnes partout. C'eût été bigoterie évidemment de ma part, si j'eusse encore refusé : dans la soirée, je suis donc allée avec Mustapha.

C'était un spectacle curieux ; le petit dôme était illuminé avec autant d'huile que la mosquée avait le moyen d'en payer, au-dessus des tombeaux d'Abou-el-Hadji et de ses trois fils. Un vieillard magnifique, ressemblant au père Abraham lui-même et habillé de blanc, était assis sur un tapis au pied du tombeau ; c'était le chef de la famille d'Abou-el-Hadji. Il m'a fait asseoir à côté de lui et s'est montré très poli. Puis le nazir est arrivé avec le kadi, un Turc qui voyage pour affaires du gouvernement, et quelques autres messieurs qui se sont assis autour de nous, après avoir baisé la main du vieux cheik. Tout le monde parlait à la fois ; c'était, en somme, une soirée en l'honneur du cheik défunt.

Un groupe d'hommes étaient assis à l'autre bout de la mosquée, la figure tournée vers le Kiblah, et ils jouaient d'une « taraboukeh » (espèce de petit tambour tendu sur un entonnoir de poterie et donnant un son spécial) ; ils avaient aussi un tambourin sans clochettes (seggal) et de petites cymbales retentissantes (crotales) qui s'ajustent entre le pouce et un des doigts. Ils chantaient sur cet accompagnement des chansons en l'honneur de Mahomet et des vers tirés des psaumes de David. De temps en temps, une personne de la compagnie cessait de parler et priait un peu en disant son chapelet.

Le vieux cheik envoya chercher du café, et il me donna la première tasse : c'est une concession extraordinaire. À la fin, le nazir proposa de dire un fat'hah pour moi, que tout le monde à l'entour a répété à haute voix, puis chacun m'a dit : « Que Notre Seigneur Dieu te bénisse, te donne la santé et la paix, à toi et à ta famille, et te conduise en santé à ton maître et à tes enfants ! » Chacun ajoutait : « Amin » et me donnait le salam avec la main. J'ai rendu le salut et j'ai dit : « Que Notre Seigneur te récompense, toi et tous ceux qui sont bons envers les étrangers ! » On a trouvé que je faisais une réponse très convenable.

Ensuite nous sommes partis, et le digne nazir m'a accompagnée chez moi pour fumer une pipe, prendre un verre de sorbet et se donner le plaisir de parler de sa femme et de ses huit enfants qui sont à Tum-el-Bahr, excepté deux garçons qui sont au Caire à l'école. Les fonctions gouvernementales auxquelles on est nommé sont si précaires qu'il ne vaut pas la peine de transporter sa famille ici, la dépense étant trop lourde pour un salaire de quinze livres par mois avec la chance d'être rappelé de jour en jour.

Je dois ajouter qu'au Caire et dans la Basse-Égypte ce serait impossible pour un chrétien d'entrer dans le monument funéraire d'un cheik – surtout à son jour de fête et dans la nuit d'un vendredi.

29 janvier 1864.

La semaine passée a été très froide ici, le thermomètre à 59 et 60° Fahrenheit avec un vent perçant et un soleil qui brillait. J'ai été forcée de garder le lit pendant trois ou quatre jours, car un palais sans portes ni fenêtres dignes de ce nom est encore peu confortable, quoiqu'il vaille mieux qu'un bateau. Hier et aujourd'hui cela va mieux ; il ne fait pas beaucoup plus chaud, mais l'air est différent.

La « mouled » (fête du cheik) s'est terminée samedi dernier par une procession où la nouvelle couverture du tombeau et l'ancien bateau sacré étaient portés sur les épaules des hommes. Tout cela paraissait sortir des tombes royales ; seulement c'était poudreux et misérable au lieu d'être magnifique. Ces fêtes des morts sont celles auxquelles fait allusion Hérodote comme étant célébrées en l'honneur de celui « de qui il n'ose prononcer le nom », – « de celui qui dort à Philæ » ; le nom seul est changé, et la momie est absente.

Pendant une semaine, tout ce qui possède un cheval et sait le monter est venu « faire fantasia » chaque après-midi pendant deux heures avant le coucher du soleil ; c'était fort joli. Les gens d'ici prouvent leur sang par la manière dont ils montent à cheval.

Les trois derniers jours, tous les étrangers ont été régalés de pain et de viande cuite, aux dépens des habitants d'El-Ouksour. Chaque maison a tué un mouton et fait une fournée de pain. N'ayant pas assez de domestiques pour en faire autant, j'ai envoyé cent piastres (à peu près quinze francs) aux serviteurs d'Abou-el-Hadji à la mosquée pour payer l'huile brûlée sur le tombeau... J'étais malade au lit, mais on m'a dit que mon cadeau avait fait grand plaisir, et qu'on avait de nouveau bien prié pour moi.

L'évêque copte est venu me voir ; c'est un vieux moine ivrogne. Il a envoyé chercher du thé, disant qu'il était très souffrant ; je suis allée le voir et j'ai bien vite aperçu que sa maladie provenait d'un excès d'araki.

Il a un charmant esclave noir, un chrétien, qui est très lié avec Omar, et qui lui a envoyé un beau dîner tout cuit ; entre autres choses, il y avait un poulet rempli de blé vert, qui était excellent. Omar reçoit constamment ses dîners – du pain, des dattes, des poulets ou des pigeons cuits et des fatereh avec du miel, le tout enveloppé chaudement dans une serviette.

J'ai administré l'autre jour une pilule et une potion à un vieux bonhomme ; mais ses *dura ilia* n'ayant pas voulu recevoir l'avertissement, il est revenu pour en avoir d'autres, et je lui ai donné de l'huile de ricin. Je ne l'ai pas revu depuis, mais son patron fellah Omar m'a envoyé du beurre excellent en échange de ma cure. Je trouve que ces gens-là montrent une grande intelligence en refusant de consulter un « hakim » (docteur) arabe, quand ils peuvent trouver un Européen qui veut bien leur faire de la médecine. Maintenant les malades demandent tout d'abord si les docteurs du gouvernement ont été instruits en Europe pour apprendre le « Hekmeh » ; en cas de négative, ils n'en veulent pas. Pour de « pauvres sauvages » et des « païens », ce n'est pas trop bête. J'ai dû interrompre mes leçons à cause de ma souffrance, mais hier soir cheik Yousouf est venu de nouveau. J'ai surmonté quelque difficulté. Mon Dieu ! que les pauvres enfants doivent souffrir en apprenant leur A, B, C ! C'est un alphabet terrible, et les shekel ou points voyelles sont désespérants.

Vous pouvez vous imaginer combien nous sommes naturalisées quand je vous dirai que j'ai reçu une offre sérieuse de mariage pour S... Mustapha-agha, le personnage le plus riche et le plus considérable d'ici, m'a priée de « la lui donner » pour son fils aîné Saïd, charmant garçon de dix-neuf ans ou tout au plus de vingt ans. Il m'a assuré que naturellement elle garderait sa religion et ses habitudes. J'ai dit qu'elle était trop âgée ; mais ce n'était pas une objection pour eux. Elle devra objecter que son père ne le permet pas, car une belle offre mérite un refus poli. Les propositions de mariage pour S... seraient une véritable étude ethnologique. Mustapha m'a demandé ce qu'il devrait me donner à moi-même pour sa dot.

Un jeune Anglais, à qui ma mère a donné des lettres pour moi, m'a rencontrée hier dans la rue. Je l'ai reconnu tout de suite à sa ressemblance avec sa mère. Lui et ses amis dessinaient les ruines. Demain ils partent pour remonter le fleuve ; quand ils redescendront, je leur offrirai un dîner à la façon arabe, et ils y mangeront avec leurs doigts. Je n'ai pas de couteaux ni de fourchettes pour plus de deux personnes : j'emprunterai donc un plateau de cuisine et je servirai mon dîner à l'arabe.

Je voudrais bien leur donner une fantasia, mais ce n'est pas convenable de la part d'une femme d'envoyer chercher des danseuses, et, comme je suis l'amie du « maour-maour » (magistrat de la police), du kadi et des gens les plus respectables du lieu, je ne peux pas faire ce qui à leurs yeux serait inconvenant. C'est déjà bien assez qu'ils tolèrent mon visage sans voile et mon intimité avec les hommes ; c'est « la coutume de mon pays », et ils n'y trouvent pas de mal.

Je suis si enchantée de ma maison, que je commence sérieusement à penser si je ne ferais pas bien de rester ici tout le temps ; Le Caire est devenu si cher et il y a là tant de bestiaux morts enfouis que je suppose que je serai mieux ici. Il y a un immense vestibule si grand et si froid maintenant qu'on ne peut l'habiter ; mais, en été, ce sera parfait. Je ne pourrais avoir au Caire qu'un logement très petit ; ici je vivrai fort à l'aise pour très peu de chose et j'épargnerai la dépense d'un bateau ; en outre, la tranquillité absolue me convient mieux que les voyages. Mon cher vieux capitaine du n° 12 m'apportera du café et des bougies ; si je m'applique assez pour apprendre à parler aux gens du peuple, j'aurai beaucoup de compagnie.

L'épizootie ne s'est guère étendue au-delà de Minyeh d'une manière fâcheuse ; ici il n'y en a pas eu un seul cas. La nourriture est excellente et est en ce moment à un prix qui n'est que la moitié des prix du Caire ; en été ce sera la moitié des prix actuels. Mustapha me presse de rester et il me propose des pique-niques de plusieurs jours dans les tombeaux voisins, comme un grand amusement.

Je vous envoie une photographie de mes deux palmiers bien-aimés sur le bord du fleuve juste au-dessus de Philæ. Je vous envoie aussi le cachet et les noms d'Abraham et de toute la famille entière dans le tombeau de Machpelah. Je n'ai pas besoin de vous prévenir que c'est un talisman (hegab).

El-Ouksour, 7 février 1864.

Pendant trois semaines l'hiver d'ici a été assez froid ; tout le monde a eu du rhume et de la toux – je veux dire les Arabes. Pour moi, je n'ai pas été très bien, mais j'ai échappé à un rhume violent. Le thermomètre est maintenant à 64° Fahrenheit, et la température est fort agréable. Il fait toujours chaud au soleil, mais cela n'empêche pas que l'air n'ait été très vif et qu'il ne gerce les lèvres et le nez, voire même les mains. C'est assez curieux qu'une température qui serait de l'été en Angleterre vous fasse grelotter à Thèbes ; « el-hamdulillah », c'est fini maintenant !

Mon pauvre cheik Yousouf est très affligé de la maladie de son frère, qui est aussi un jeune cheik (*id est :* instruit en théologie et capable de prêcher dans une mosquée). Cheik Mohammed est revenu de ses études à El-Azhar au Caire pour mourir ici, à ce que je crains.

D'après son désir je suis allée chez lui avec cheik Yousouf, pour voir si je ne pourrais pas lui faire quelque bien. Je l'ai trouvé respirant avec difficulté et très malade ; je lui ai donné un médicament calmant et je lui ai mis des cataplasmes de moutarde. Sachant que cela lui faisait du bien, j'y suis retournée pour recommencer. Toute la famille et une foule de voisins sont venus aussitôt pour me regarder faire. Le malade était couché dans une petite chambre obscure entourée de murs de boue, plus mal, selon nos idées, qu'un mendiant ne le serait en Angleterre ; mais les gens d'ici ne sentent pas ce défaut de confort, et on apprend à trouver tout naturel de s'asseoir avec de parfaits gentlemen dans des endroits pires assurément que ne sont nos étables.

J'ai mis quelques couvertures contre le mur, et j'ai placé mon bras derrière le dos de cheik Mohammed pour qu'il pût se reposer pendant qu'on lui mettait les cataplasmes ; alors il a posé sa tête couverte de son turban vert sur mon épaule et bientôt il a soulevé sa figure pour être embrassé comme un enfant plein d'affection.

Je l'embrassai, et un vieux mollah fort pieux se mit à dire : « Bismillah ! » (Au nom de Dieu !) en inclinant la tête pour montrer son approbation.

Le vieux père de cheik Mohammed (un magnifique vieillard à turban vert) m'a remerciée avec effusion, en priant le Ciel pour que mes enfants pussent trouver partout secours et bonté.

Je suis allée à cheval, il y a quelques jours, visiter un village et voir un fermier nommé Omar ; j'ai dû naturellement manger chez lui, et le peuple était enchanté de me voir là toute seule, car ils sont accoutumés à voir les Anglais armés et entourés de gardes. Sidi-Omar a insisté pour m'accompagner chez moi ; ici c'est une politesse à faire. Il a donc entassé toute une meule de fourrage vert sur son agile petit âne et il s'est hissé dessus sans selle ni bride (ce fourrage était pour Mustapha-agha). Nous sommes ainsi retournés au trot à travers les champs d'orge tout verts, au grand étonnement de quelques jeunes Anglais qui étaient par là à la chasse. Nous formions certainement un singulier couple, moi à cheval avec ma selle et ma bride européennes, mon amazone, mon chapeau surmonté d'une plume, et Sidi-Omar avec sa chemise brune, ses jambes nues, son turban blanc, guidant son âne avec son chibouque. Nous en rîmes nous-mêmes de bon cœur.

Demain ou après commence le ramadan (jeûne) à la première vue de la lune nouvelle ; c'est un grand ennui, parce que tout le monde est alors de mauvaise humeur. L'année passée, Omar n'a pas observé le ramadan, mais cette année il jeûnera ; et, s'il manque mes dîners, qui pourra l'en blâmer ?

Il y a eu un mariage près de ma maison hier soir, vers les dix heures ; toutes les femmes ont passé sous ma fenêtre en jetant leurs cris de joie : « Ez-Zagharit ! »

et se rendant vers le fleuve. J'ai découvert sur ma demande que, dans la Haute-Égypte, les femmes emmènent la nouvelle mariée pour lui faire voir le Nil ; elles n'ont pas encore oublié, à ce qu'il semble, que l'antique Dieu assure la fécondité.

Je viens de lire le livre de miss Martineau [45] ; les descriptions y sont excellentes et le livre est vrai dans son genre, mais il a le défaut habituel : pour elle, comme pour presque tous les Européens, ce peuple n'est pas un vrai peuple, c'est seulement une partie du paysage. Évidemment elle n'en a rien connu et elle ne se souciait pas des habitants ; elle avait le sentiment qu'ont la plupart des voyageurs anglais, à savoir que la différence de coutumes est une espèce de mer infranchissable. La vérité, c'est que leurs sentiments et leurs passions sont identiquement les nôtres. Il est à remarquer que tous les vieux livres de voyages que j'ai lus parlent des indigènes des pays lointains d'un ton bien plus naturel, et ils s'efforcent bien plus de discerner leur caractère que ne le font les livres modernes : par exemple, les voyages de Carstens Niebuhr ici et en Arabie, les voyages de Cook et beaucoup d'autres [46]. Est-ce que, depuis cent ans, nous sommes devenus tellement civilisés que les habitants de pays lointains ne nous paraissent que des marionnettes et non pas des êtres humains ? Les préventions de miss Martineau contre les coptes et les Grecs sont assez étranges quand on les compare à sa vénération très convenable pour Celui qui dort à Philæ. « Nous sommes tous fils d'Adam », comme dit constamment cheik Yousouf ; les mauvais sont mauvais ou les bons sont bons. Les voyageurs modernes montrent une singulière ignorance en parlant de nations étrangères toujours en bloc, comme ils le font presque tous.

Lundi. – Je viens d'apprendre que le pauvre cheik

Mohammed est mort hier, et, selon l'usage, on l'a enterré tout de suite. Je n'avais pas été bien portante depuis quelques jours, et cheik Yousouf a pris des mesures pour que j'ignorasse la mort de son frère. Il est allé chez Mustapha-agha pour lui dire de ne pas le laisser savoir à qui que ce soit de ma maison, jusqu'à ce que je fusse mieux, parce qu'il savait « ce qui était dans mon cœur à propos de sa famille », et qu'il craignait que les mauvaises nouvelles ne me rendissent plus malade. Combien de fois ne m'a-t-on pas conseillé de ne pas me mêler des Arabes malades, parce qu'ils seraient capables de soupçonner un chrétien de les avoir empoisonnés en cas de mort ! Je plains le gracieux beau jeune homme et son pauvre vieux père. Omar a regretté de n'avoir pas su sa mort, car il aurait voulu aider à le porter en terre.

Ces saïdis sont bien plus aimables que les gens de la Basse-Égypte ; ils ont du bon sang arabe dans les veines, ils gardent les généalogies, ils sont plus virils, plus indépendants et plus tolérants en fait de religion. Ils vous plairaient beaucoup : ce sont de si parfaits gentilshommes !

Je commence à balbutier l'arabe, mais je le trouve horriblement difficile ; les pluriels sont embarrassants et les verbes accablants. A la fin j'ai appris l'alphabet, et je peux l'écrire assez bien ; mais maintenant je suis arrêtée parce que je n'ai pas de dictionnaire ; j'ai écrit à Hekekian-bey de m'en acheter un au Caire. Cheik Yousouf ne sait pas dire un mot d'anglais ; quant à Omar, il ne sait ni lire ni écrire, et n'a pas la moindre idée de grammaire ni d'interprétation « mot à mot » : c'est donc un travail bien lent que j'entreprends. Aussi, quand je traverse la cour de la mosquée et que je donne les sous d'usage aux petits gamins qui épellent à haute voix sous les arcades, c'est avec une vive sympathie pour leurs difficultés et pour leurs planchettes d'étain toutes barbouillées. Une difficulté additionnelle, c'est que les livres arabes imprimés en Angleterre, ou par les presses anglaises dans ce pays-ci, ont besoin de l'aide d'un microscope pour qu'on puisse y discerner une lettre. La numération est la même que la nôtre, mais avec d'autres chiffres ; je me suis trouvée bien sotte en découvrant que j'ai calculé à la façon arabe de droite à gauche pendant toute ma vie, sans avoir jamais observé le fait. Il faut remarquer qu'ils additionnent les colonnes de chiffres de haut en bas.

De pauvres gens m'appellent pour me prier de parler aux voyageurs anglais, afin qu'ils ne tirent pas sur leurs pigeons. C'est une étourderie de la part des voyageurs ; mais il y a beaucoup de la faute des drogmans et des domestiques, qui n'osent pas dire à leurs maîtres que ces pigeons sont une propriété privée. Je suis bien tentée d'afficher un avis sur le mur de ma maison. Ici où il n'y a jamais moins de huit ou dix bateaux amarrés pour y rester certainement chacun trois mois, la perte des fellahs est sérieuse, et notre consul Mustapha-agha a peur de réclamer. J'ai donné la permission à mes voisins de dire que les pigeons m'appartiennent, parce qu'ils juchent, en effet, en quantité sur mon toit ; je les ai autorisés à dire bien haut que la Sitt s'oppose à ce qu'on lui tue ses oiseaux, d'autant plus qu'on en a tué, même quand ils étaient perchés sur mon balcon.

Hier j'ai reçu une lettre de M. M... qui m'invite à aller en visite à El-Moutanah, la grande propriété d'Halim-pacha, près d'Edfou ; il m'offre d'envoyer sa dahabieh pour me prendre. J'irai certainement aussitôt qu'il fera chaud ; maintenant nous avons une température douce et agréable. Si je trouve que Thèbes est trop chaud en été, je descendrai le fleuve jusqu'au Caire, ou bien j'essayerai de Suez qu'on me dit être un séjour excellent en été, l'air du désert étant très fortifiant. Mais je suis fort tentée de rester ici : une belle maison bien fraîche, la nourriture à bon marché ; à peu près vingt-cinq francs par semaine pour le poisson, le pain, le beurre, la viande, le lait, les œufs et les légumes (j'ai naturellement apporté toute espèce d'épicerie avec moi) ; point d'ennuis, le repos et des voisins polis. Je me sens peu disposée à me déplacer, à moins que je ne cuise ici, et il faut beaucoup de chaleur pour me cuire. Ma seule crainte, c'est le vent du khamsin. Je ne me sens pas très bien ; cependant je n'ai rien de particulier, et je tousse beaucoup moins ; mais je me sens très faible et incapable de rien faire. Il est rare que je me trouve assez forte pour sortir ; je ne puis que rester assise sur le balcon d'un côté ou de l'autre de la maison. Je n'ai pas d'âne ici, ceux de louage étant très mauvais et très chers ; j'ai écrit à M. M... pour le prier de m'en trouver un à El-Moutanah, et de me l'envoyer par un des bateaux de grain d'Halim-pacha. Il n'y a pas ici de luxe plus grand qu'un âne toujours prêt. Si je dois envoyer demander le cheval de Mustapha, j'y mets de la paresse et je me figure que c'est trop de fatigue, si je ne peux pas sortir précisément au moment où je le désire.

Quel horrible temps vous avez eu ! Nous en avons éprouvé ici le contre-coup affaibli durant nos trois semaines de froid. Je sens quelquefois comme une nécessité de retourner auprès de vous tous, coûte que coûte, mais je sais aussi qu'il serait inutile de l'essayer cet été. Je désire fort d'autres nouvelles de vous et de mes enfants.

El-Ouksour, 12 février 1864.

Nous sommes maintenant en plein ramadan, et Omar est vraiment content d'avoir une bonne occasion pour « faire son âme ». Il jeûne et se lave vigoureusement, prie cinq fois par jour, et va à la mosquée tous les vendredis ; il est très gai malgré tout cela, toujours prêt à préparer le dîner des infidèles avec une bonne humeur exemplaire. C'est un grand mérite des musulmans de ne pas être moroses dans leur piété. Un temps de paradis a commencé depuis cinq ou six jours. Je suis assise sur mon balcon élevé, humant la douce brise du nord ; je regarde la belle montagne en face de mon logis et je pense que, si vous et les enfants étiez ici, ce serait la plus parfaite des existences. La beauté de l'Égypte me frappe de plus en plus ; je la trouve plus belle encore cette année que je ne l'ai trouvée l'an passé.

Mon grand ami le maour, chef civil du village (ce n'est pas le nazir, qui est un petit Turc très gras, avec des yeux de porc), habite une maison qui jouit d'une belle vue, dans une autre direction. J'y vais souvent pour m'asseoir « sur son siège » ; j'y mets en pratique le peu d'arabe que je sais, et j'y vois aussi arriver tout le monde et chacun apporter ses doléances. Je ne comprends pas beaucoup ce qui se passe, car le patois est très fort, et cela redouble la difficulté. Autrement, je vous enverrais un rapport de la police thébaine, mais le maour est très bienveillant dans ses manières avec eux, et ils n'ont pas du tout l'air terrifié.

Nous avons nommé un très petit garçon notre « boab » ou portier, ou plutôt il s'est nommé lui-même, et son air de dignité est délicieux ; il s'est muni d'un grand bâton, et il se conduit en janissaire féroce. Il est de la grandeur d'un enfant de cinq ans et fin comme l'ambre ; il possède les restes d'une chemise brune, et pour turban un torchon de cuisine en loques. J'aime beaucoup le petit Ahmed, et je m'amuse à le voir faire des tableaux vivants d'après Murillo avec un plat de rogatons.

Les enfants du village sont devenus si insupportables à propos du bakchich, que je me suis plainte au maour, et il va convoquer un comité de parents et ordonner des façons meilleures. Cet abus n'existe qu'ici et là où vont les Anglais. Quand je me promène à cheval dans les petits villages environnants, je n'entends jamais un mot de demande ; mais on m'offre toujours du lait à boire ; deux ou trois fois j'en ai pris sans le payer, et les gens n'en paraissaient pas moins très contents.

Cheik Yousouf est venu me voir hier pour la première fois depuis la mort de son frère ; il était évidemment profondément affligé, mais il parlait à sa façon habituelle : « C'est la volonté de Dieu, nous devons tous mourir. » Je voudrais que vous pussiez voir cheik Yousouf : il me paraît l'être le plus charmant de mine et de manières que j'aie jamais vu, très cultivé et très simple, avec toute la grâce animale d'une gazelle. Un Arabe de bonne naissance est gracieux autant qu'un Indien ; mais il n'a rien absolument de la souplesse féline ni du regard dissimulé de celui-ci ; l'œil est clair et franc comme celui d'un enfant. L'agent consulaire autrichien d'ici, qui connaît bien l'Égypte et l'Arabie, me dit que beaucoup d'entre eux sont aussi bons qu'ils en ont l'air, et de cheik Yousouf il dit : *« Er ist so gemütlieb ! »* (Il est si bon et si aimable !)

Il y a ici un Allemand qui déchiffre les hiéroglyphes, M. Dümreicher[47] ; c'est un homme fort agréable, mais il a traversé le fleuve pour aller vivre à El-Kourneh. Il vient de voyager en Éthiopie, à la recherche de temples et d'inscriptions. Je dois aller lui faire visite et voir de nouveau en sa compagnie quelques-uns des tombeaux ; ce sera fort appréciable, car un interprète est bien nécessaire dans ces régions mystérieuses.

Je viens d'apprendre qu'un bon âne est en route sur un bateau d'El-Moutanah : il coûtera de quatre à cinq livres et il me permettra de sortir beaucoup plus souvent que si je devais me faire prêter le cheval de Mustapha ; j'ai des scrupules là-dessus, car il le prête à d'autres dames voyageuses. Le petit Ahmed sera mon saïs en même temps que mon portier, je suppose.

Mustapha-agha fait ici fonction d'agent consulaire britannique depuis près de trente ans, et il est vraiment l'esclave des voyageurs. Il leur donne des dîners, leur fournit des chevaux, se charge de toutes les affaires désagréables en fait de querelles avec les reis et les drogmans, se fait agent des postes, envoie les lettres aux bateaux, rend toute espèce de services, et de plus prête sa maison aux infidèles pour leurs prières le dimanche quand il y a un prêtre. Pour tout cela il n'a aucune espèce de rémunération, excepté les cadeaux que les Anglais trouvent bon de lui donner, et j'en ai vu assez pour savoir que ces cadeaux ne sont pas souvent fort précieux, ni offerts de bonne grâce.

Le vieux bonhomme de Keneh, qui n'a rien à faire, reçoit un salaire fixe ; je crois que Mustapha devrait avoir aussi quelque chose. Il est vieux et, comme il commence à être infirme, il est forcé d'avoir un employé pour l'aider ; ses dépenses devraient au moins lui être remboursées. Je vous prie de dire ceci à M. Layard de ma part.

Dites à mes amis qui désireraient que je leur envoyasse des nouvelles que je n'en ai pas à leur envoyer d'ici ; je ne sais ce que coûtent par ardeb le blé, l'orge, les lentilles et le sésame, quel est le prix de la canne à sucre, et à ce propos on m'assure que la viande au Caire coûte dix piastres (un demi-franc) la livre. Il va sans dire que tout montera en proportion.

El-Ouksour, 14 février 1864.

Hier nous avons eu un ouragan de sable du désert ; cela m'a donné mal à la tête et m'a rendue faible, mais ma poitrine n'a pas souffert. Aujourd'hui il fait un temps doux et grisâtre ; ce matin il y a eu un peu de tonnerre et quelques gouttes de pluie, pas assez pourtant pour qu'on y pût trouver quelque mauvais présage, fût-on même Hérodote. Mon âne est arrivé hier au soir, et aujourd'hui je l'ai essayé : il est tout ce qu'il faut, quoique petit à faire peur, comme est toujours un véritable âne égyptien ; les grands viennent du Hedjaz. On est vraiment tout étonné que ces petites bêtes puissent courir sous vous aussi doucement que possible, et ils n'ont pas de volonté à eux. Je suis allée avec lui à El-Karnak et j'en suis revenue sans qu'il parût du tout m'avoir trouvée trop lourde. On dirait pouvoir le mettre en poche, mais sa vigueur et son ardeur sont étonnantes. Quand on fait trop travailler ces animaux et qu'on les fait galoper, leurs jambes souffrent, et ils tombent facilement. Tous ceux qui sont à louer sont complètement épuisés ; pauvres bêtes ! Ils ont tant de bonne volonté et ils sont si dociles que tout le monde les surmène.

J'ai une lettre pour le comte de Rougé [48], le grand égyptologue, qui vient d'arriver en bateau à vapeur ; Mariette-bey [49] est avec lui. J'espère qu'ils seront de bonne compagnie. J'ai vu lord et lady S... et d'autres voyageurs anglais. Jamais on n'entend prononcer les noms de qui que ce soit ici ; si l'on ne vient pas me voir, les bateaux arrivent et s'en vont sans que je sache qui est à bord. Les domestiques arabes ne savent pas les noms de leurs maîtres anglais, et ils ne les demandent jamais.

Je fais quelques progrès en arabe, mais c'est très difficile ; cheik Yousouf s'est mis en tête de faire de moi une « alimeh » (femme instruite), et de m'apprendre à parler élégamment avec des inflexions qui ne sont usitées que par les savants. En attendant, mon vocabulaire s'accroît lentement. Omar n'a aucune idée de traduction ; il a appris l'anglais trop jeune pour se souvenir de la méthode qu'il a suivie, et il ne peut m'aider parce qu'il parle trop vite et qu'il débite une telle quantité de phrases illustratives qu'on ne peut s'y retrouver.

El-Ouksour, 18 février 1864.

Nous avons eu un temps étrange ; d'abord toute une journée de pluie, chose inconnue depuis dix ans, et trois jours d'ouragan du sud-ouest avec une atmosphère de sable et de poussière – horrible !

Je suis allée l'autre jour à une fantasia que Mustapha-agha a donnée au jeune S... et compagnie. Je me suis beaucoup amusée ; il y avait une très bonne danseuse. Mariette-bey et M. de Rougé sont venus avec quelques Anglais de la vieille roche ; leur étonnement naïf était irrésistiblement comique. Une dame ne pouvait pas concevoir comment les femmes d'ici pouvaient porter des vêtements « si différents de ceux des femmes anglaises, pauvres créatures ! ». Mais ces observations n'étaient pas malveillantes, elles étaient seulement pleines de pitié et d'étonnement. Ce qui a le plus surpris les voyageurs, c'était de me voir exécuter les cérémonies du salam avec Selim-effendi, le maour, et de nous voir tous assis ensemble sur un tapis.

Mustapha a dit à Omar qu'il attendait Faid-pacha, le gouverneur de toute la Haute-Égypte, à dîner, et il l'a prié de venir pour l'aider à disposer le festin. Mais Omar a monté sur ses grands chevaux. Comment ! Est-ce que la dame qu'il servait pouvait être laissée seule pendant quelques heures sans son domestique pour un pacha turc ? Est-ce que Mustapha ne savait pas que cette dame était une emireh des Inglises ? Non, pas même pour effendina (le vice-roi) lui-même Omar ne ferait une telle chose ! Wallah ! Il n'y a rien comme un domestique arabe pour exalter la dignité de son maître ou de sa maîtresse, et je soupçonne qu'il y avait un peu de plaisir sournois à défier un Grand Turc en se mettant derrière la défense de ma dignité, car Omar marmonnait quelque chose à propos d'Anglais qui, haut placés, ne « savaient pas se faire grands », et dans sa bouche c'était comme une sorte de reproche détourné contre ceux qui agissaient de la sorte.

Voici quelque chose de fort caractéristique comme manière d'agir : hier au soir, cheik Yousouf étant resté jusqu'à la nuit pour me donner ma leçon, je l'ai invité à déjeuner de mon dîner, car nous sommes maintenant en ramadan ; il répondit tout simplement qu'il accepterait bien, mais qu'il ne pouvait pas manger sur une table avec des fourchettes, qu'il irait donc manger avec Omar, et puis qu'il reviendrait jouir de ma société. Ceci n'est pas du tout le vieux sentiment de servilité qui faisait que nos chapelains de l'ancien régime préféraient la compagnie de la cambuse (chambre du maître d'hôtel), mais c'est la vraie fraternité et égalité de ce peuple. « Tous les musulmans sont frères », dit le Coran, et ils se conduisent comme des frères. Je voudrais voir un Français ou un Américain se conduire aussi simplement.

El-Ouksour, 26 février 1864.

J'ai reçu votre lettre du 3. Vous vous seriez bien amusé de voir Omar m'apporter ma lettre et s'asseoir à terre jusqu'à ce que je lui aie donné toutes les nouvelles de la famille ; alors : « El-hamdulillah ! » (Nous sommes parfaitement contents !), et il s'en retourne à ses pots et à ses terrines.

Lord et lady S... sont ici. Le milord anglais, qui était tout éteint sur le continent, renaît en Égypte où il est très considéré et en général très aimé. « Ces Anglais de haut rang ont de la compassion dans leurs estomacs », disait un homme de mon équipage de l'année dernière, qui est venu me baiser la main – c'est un fait curieux d'histoire naturelle. « Tec wahed lord ! » (Voici un lord !) était la façon dont Ahmed m'annonça lord S...

J'entends parler de glace au Caire, et la viande est à un prix de famine : je resterai donc ici, et je me grillerai à Thèbes. Vous êtes plaisant avec votre Thèbes et votre sauvagerie ! Et qu'importe si nous avons des chemises brunes en guenilles ! Ce sont les manières qui font l'homme, et nous vous défions bien de montrer des gens mieux élevés que ceux-ci. Nous jouissons maintenant d'un temps d'été ; depuis deux semaines il n'y a pas eu de froid, et je me sens mieux de jour en jour. Si la chaleur ne m'accable pas, je suis sûre que mes poumons y gagneront. Je reste assise sur mon beau balcon et je bois l'air, du grand matin jusqu'à midi, où le soleil arrive au balcon et me chasse sous un toit. Le thermomètre est depuis deux ou trois semaines à 64° Fahrenheit, montant quelquefois à 70° ; mais on me dit que sur le fleuve les nuits sont encore froides. Ici, à la distance d'un jet de pierre dans le Nil, il fait chaud toute la nuit.

Je crains que la perte des bestiaux n'ait terriblement arrêté l'irrigation et que les récoltes de toutes espèces dans la Basse-Égypte ne soient très insuffisantes. L'épizootie ne s'est pas étendue au-delà de Minyeh, ou du moins d'une manière sensible ; mais naturellement le prix du bétail doit monter ici comme ailleurs. Déjà la nourriture coûte plus cher ; la viande et le pain sont également renchéris – je devrais dire le blé, car il n'y a pas ici de boulanger. Je paye une femme pour broyer et cuire mon blé, que j'achète ; le pain est délicieux.

Il serait impossible de dire combien tous les actes de la vie d'ici ressemblent aux traditions primitives de la Bible, et comme tout y paraît absolument nouveau quand on la lit sur place. Le discours du vieux Jacob à Pharaon m'a vraiment fait rire (ne vous scandalisez pas), parce que la scène ressemble parfaitement à ce qu'un fellah disait à un pacha : « Peu nombreux et mauvais ont été mes jours, etc. » Jacob était un homme fort riche ; mais c'est la manière de dire tout cela. J'ai maintenant un sentiment d'amitié pour Jacob, qu'autrefois je trouvais ingrat et trop difficile à contenter. Quand je vais à la ferme de Sidi-Omar, est-ce qu'il ne dit pas aussi : « Prenez de la farine fine et faites vite des gâteaux », et ne voudrait-il pas aussi tuer un chevreau ? Du « fatireh avec du beurre », n'est-ce pas ce que les « trois hommes » ont mangé quand ils sont venus chez Abraham ? Et la façon dont l'eunuque en chef d'Abraham, agissant comme wekil, arrange le mariage d'Isaac avec Rebecca n'est-elle pas exactement ce qu'un homme dans sa position ferait aujourd'hui ? Toutes les associations d'idées rendues vulgaires par le puritanisme et tous ces horribles petits « contes illustrés de la Bible » disparaissent ici, et il ne reste que la représentation inimitablement vraie de la vie et du caractère ; ce sont, par exemple, les larmes de Joseph et son amour pour le frère « né de la même mère », qui est si parfaitement pris sur nature.

Ne croyez pas que cheik Yousouf m'ait proposé l'islam. M. de Rougé et lui étaient ici hier, et nous avons eu une soirée tout à fait arabe. M. de Rougé parle parfaitement l'arabe, comme un ahlim [50], et il était charmant de voir le joli regard de plaisir reconnaissant du cheik Yousouf qui se trouvait traité en homme comme il faut et en « érudit » par deux Européens si éminents. (Moi-même, par comparaison avec une femme de harem arabe, je suis une « cheikhah ».) Il est fort curieux d'observer des Arabes qui ont de la lecture et qui ont des idées de gentlemen. Avec cela, Yousouf est superstitieux ; il m'a raconté gravement que quelqu'un en aval du fleuve avait guéri ses bestiaux en versant de l'eau sur un « mus-haf ». On copie du Coran afin que je le porte en guise de « hegah » ou d'amulette en faveur de ma santé. Toutefois, il ne croit pas à la puissance des docteurs arabes qui donnent aussi des vers du Coran comme des charmes.

Il s'intéresse beaucoup à l'étude des antiquités et à l'ouvrage de M. de Rougé ; il comprend parfaitement aussi la connection entre l'ancienne Égypte et les livres de Moïse. Il était anxieux de savoir si M. de Rougé avait fait quelque découverte sur Mousa (Moïse) ou Yousouf (Joseph). Il a apporté un fragment de vieux manuscrit coufique, et il a consulté M. de Rougé sur le sens. C'était une petite flatterie très gentille de la part d'un ahlim arabe à l'égard d'un Français ; je me suis aperçue que ce dernier n'y était pas insensible.

Le frère du cheik Yousouf, l'iman, vient de perdre sa femme avec qui il avait été marié vingt-deux ans, et il ne veut pas entendre parler de secondes noces. J'ai été frappée par la sympathie qu'il a exprimée pour la sultane anglaise (la reine), tandis que tous les gens sans éducation ne manquent pas de dire : « Pourquoi est-ce qu'elle ne se remarie pas ? » Il est curieux de voir comment la délicatesse produit partout les mêmes sentiments dans toutes les conditions. Si je retourne au Caire, je prendrai des lettres de quelques-uns des ahlims d'Abd-el-Waris, l'iman d'ici, et je verrai ce que peu d'Européens, excepté Lans, ont vu. Je crois que, depuis lui, les choses ont changé, et que les hommes de cette classe seraient moins inaccessibles aujourd'hui qu'ils ne l'étaient alors ; une femme vieille (Yousouf m'a donné soixante ans) et bien élevée ne les choque pas, elle les intéresse. Tous les Européens, qui, dans le pays, sont des négociants, ne se soucient nullement de connaître des Arabes instruits ; s'ils voient quelques individus d'une classe au-dessus de leurs domestiques, ce sont toujours des marchands arabes ou turcs. Ne vous imaginez pas que je parle déjà bien l'arabe ; non, mais je comprends beaucoup et je balbutie un peu.

El-Ouksour, 1er mars 1864.

La magnificence du climat défie toute description, et je me sens mieux chaque jour. Je sors à sept ou huit heures du matin sur ma miniature d'âne noir, je rentre pour déjeuner à dix heures, et je ressors à quatre heures. Le soleil est très chaud au milieu de la journée, mais sur les bateaux il fait encore froid la nuit ; dans cette grande maison je ne sens ni la chaleur ni le froid.

Un voyageur anglais m'a apporté une lettre pendant que j'étais à lire avec cheik Yousouf, et il a persisté à ignorer la présence de celui-ci d'une façon qui m'a fait faire des comparaisons odieuses.

Je voudrais vous photographier le cheik Yousouf ; les sentiments, les préjugés et toutes les idées d'un Arabe bien élevé, tels que j'arrive à les découvrir peu à peu, sont excessivement curieux. Il ne faut pas, bien entendu, généraliser d'après un seul homme ; mais même celui-là vous suggère des idées toutes nouvelles. La chose la plus frappante, c'est la douceur et la délicatesse de sentiments, l'horreur de faire du mal à qui que ce soit (cela doit être individuel, bien entendu, car c'est trop bon pour être général). Je me suis excusée auprès de lui pour avoir répondu sans y penser au « salam aleykoum » qu'il a naturellement adressé à Omar en entrant, et qui n'est sacramentel que pour les musulmans. Yousouf est devenu cramoisi ; il m'a touché la main, et il a baisé la sienne, d'un air tout malheureux.

Hier soir il est entré et il m'a étonnée par un « salam aleyki » qui m'était adressé ; évidemment il avait réfléchi s'il devait me le dire, et il était arrivé à cette conclusion qu'il n'y avait à cela aucun mal. « Bien certainement, a-t-il dit, il est bon pour toutes les créatures de Dieu de se parler de paix (salam) l'une à l'autre. » Un musulman sans éducation ne serait jamais arrivé à une telle conclusion. Omar prierait, travaillerait, dirait des mensonges, ferait tout ce qu'on peut imaginer pour moi, il sacrifierait même de l'argent, mais je doute qu'il prononçât « salam aleykoum » pour un autre que pour un musulman. J'ai répondu comme je le sentais : « Paix, ô mon frère, et que Dieu te bénisse ! »

Je me suis aperçue que l'histoire du Barbier était nouvelle pour cheik Yousouf, et je lui ai demandé s'il ne connaissait pas les *Mille et Une Nuits.* Non, il n'étudie que les choses de religion ; des amusements si légers n'étaient pas convenables pour un ahlim de la religion. Les Européens ne croient naturellement pas cela ; quant à lui, il ne devait pas se distraire par des divertissements, de la musique, ni par ces histoires amusantes. Il a une petite fille de six ou sept ans à laquelle il enseigne à lire et à écrire. Personne que lui, à ce qu'il croit, ne pense à prendre ce soin, si ce n'est au Caire, et encore là beaucoup de filles des ahlims n'apprennent pas quand elles le désirent.

Quant à lui, il peut répéter par cœur le Coran ; cela demande douze heures. Il a lu le Tourat (le Vieux Testament) et les Évangiles (Engil), naturellement. « Chaque ahlim doit les lire : les paroles de Saïd Aïssa (Seigneur Jésus) sont la vraie foi. Nous musulmans nous le croyons ainsi. Nous sommes tous les enfants de Dieu. » Je lui demandai si les musulmans s'appellent de ce nom ou seulement les esclaves de Dieu. « C'est tout un, me répondit-il, enfants ou esclaves. Est-ce qu'un homme qui est bon ne les soigne pas également tous les deux avec tendresse ? » (Je vous prie d'observer ici le sentiment oriental. « Esclave » est un terme d'affection et non de mépris ; et rappelez-vous le « domestique » du centurion, « l'esclave qu'il aimait ». Comme cheik Yousouf a fait les fonctions de commis auprès de Mustapha, qui est notre agent consulaire ici, et qu'il porte une chemise ou une robe brune toute râpée et ne parle pas anglais, je ne doute pas qu'il ne subisse assez souvent des manques d'égards assez graves qui n'ont lieu que par pure ignorance.

En réponse à ses questions invariables sur ma famille, je lui ai dit que mon père avait été un grand ahlim de la loi, que ma mère avait préparé son livre et avait rassemblé les conférences qu'il avait faites, afin de les publier. Il s'est d'abord étonné que j'eusse encore ma mère, car il m'a dit qu'il croyait que j'avais cinquante ou soixante ans. « Dieu a favorisé votre famille en lui donnant intelligence et instruction, a-t-il ajouté. Je voudrais pouvoir embrasser la main de la cheikhah votre mère. Que Dieu la favorise ! » Il a beaucoup admiré le portrait de M... (comme tout le monde), disant qu'on pouvait voir ses bonnes qualités sur sa figure – compliment que j'aurais pu lui rendre parfaitement quand il était assis, regardant le portrait avec des yeux attendris et priant *sotto voce* pour « el geda el gemeel » (le jeune homme, le beau) dans les termes mêmes du fat'hah : « Oh ! conduisez-le bien et ne le laissez pas errer dans les ténèbres des réprouvés ! » Il y a quelque chose dans le cheik Yousouf qui me rappelle Worsley *. Il y a la même pureté d'âme, avec moins de méditation, et avec l'addition d'une innocence enfantine. Je vois en lui cette douce familiarité envers la religion qui caractérise tous ceux qui ne savent pas ce que veut dire le doute. Je l'entends plaisanter avec Omar sur le ramadan, même sur ses prières assidues, et il rit souvent, et de tout son cœur. Je ne sais pas si ceci vous donne la moindre idée d'un caractère qui vous est nouveau, car il est impossible de peindre la manière d'être qui produit une telle impression de nouveauté.

Voici maintenant une remarque pratique de ma femme de chambre : « Les prières obligées sont excellentes pour un peuple fainéant ; ils doivent se laver d'abord avant de prier, et la prière est un utile exercice. » Cela vous amuserait fort de l'entendre, quand Omar ne s'éveille pas à temps pour se laver, prier et manger avant le jour, maintenant qu'on est en ramadan. Elle frappe à sa porte et se conduit comme un muezzin : – « Allons, Omar, levez-vous et priez ; prenez votre dîner. » (Le repas du soir est le déjeuner, celui du matin le dîner.)

* Philip Stanhope Worsley, traducteur de *L'Odyssée* mort en 1866. *(N.d.T.)*

Comme elle a le sommeil léger, elle entend le muezzin, qu'Omar manque souvent, et elle lui transmet les mots sacramentels : « La prière vaut mieux que le sommeil » – dans une version prosaïque.

Le ramadan est une affaire sérieuse ; tout le monde est de mauvaise humeur et paresseux, et ce n'est pas étonnant. Les chameliers se sont querellés toute la journée sous ma fenêtre ; quand j'ai demandé pourquoi : « À propos de rien, c'est le ramadan pour eux ! a dit Omar en riant. Moi-même je voudrais me quereller avec quelqu'un ; il fait si chaud aujourd'hui, et l'on est si altéré ! » De plus, je crois que ce jeûne doit nuire pour toujours à la santé de bien des personnes. Mais c'est naturellement la chose la plus importante aux yeux du peuple ; il y a beaucoup de gens qui ne prient pas généralement, mais il y en a peu qui n'observent pas le ramadan. Cela correspond assez bien au dimanche écossais.

Vendredi. – Mon ami Selim-effendi est venu ici pour traiter de ses affaires et pour avoir une discussion théologique ; il parle énormément ; et moi je ne lui dis que « oui », ou « non », ou « c'est vrai », et j'apprends les « us et coutumes ».

Selim jouit d'une bonne réputation, et l'on dit qu'« il ne mange pas le peuple ». Il est un chaud musulman, et il parle de même qu'un unitarien superficiel pourrait le faire, ayant évidemment un grand mépris pour les absurdités, à ce qu'il croit, des « coptes » (il était trop poli pour dire « chrétiens »). Du reste, il n'a point de haine, et l'on convient qu'il ne montre aucune partialité ; seulement il ne peut pas comprendre que des personnes raisonnables puissent croire de tels non-sens.

Selim est un excellent spécimen du musulman bon, honnête, rangé, homme du monde ; il fait un contraste frappant avec la tendre piété du cheik Yousouf, qui possède au plus haut degré tous les sentiments que nous appelons la charité chrétienne, et qui a une figure comme le « disciple bien-aimé », mais qui n'a aucune inclinaison pour les discours de doctrine comme le digne Selim.

Une idée fort répandue parmi les Arabes, c'est que les chrétiens détestent les musulmans ; ils nous attribuent toujours le vieil esprit des Croisades. Ce n'est que depuis peu de temps qu'Omar se laisse voir quand il dit ses prières, par peur d'être tourné en ridicule ; mais, maintenant qu'il est sûr qu'il n'en est pas ainsi, je le trouve souvent en prière dans la même chambre où S... travaille, endroit propre et tranquille. Hier, cheik Yousouf l'a rejoint le soir en cet endroit, et il lui a donné quelques leçons d'instruction religieuse, sans être dérangé par S... et son travail à l'aiguille. On me fait à chaque instant des compliments de ce que je ne « hais pas » les musulmans. Yousouf m'a promis des lettres pour quelques ahlims au Caire, quand j'y retournerai, afin que je puisse visiter l'« aghar » (le grand collège). Omar lui a dit que j'avais refusé d'y aller avec un janissaire du consulat, de peur d'offenser des musulmans rigides. Cette réserve l'a beaucoup étonné. Il prétend que mes amis m'habilleront avec les vêtements de leurs femmes pour m'introduire dans le collège. J'ai demandé si c'était pour cacher ma religion. Il a répondu que non ; mais, comme il y a là des centaines de jeunes gens, ce sera plus « délicat », afin qu'ils ne fixent pas leurs yeux sur moi et qu'ils ne parlent pas de ma figure.

El-Ouksour, 7 mars 1864.

Nous sommes tombés tout à fait dans les grandes chaleurs ; on ne peut plus sortir à midi. Il fait excessivement chaud. Je viens de voir huit grands Nègres qui nageaient et qui cabriolaient dans l'eau, avec leur peau lustrée comme celle d'une loutre quand elle est mouillée. Ils appartiennent à un « gellab », ou bateau d'un marchand d'esclaves que je vois d'ici. Il y a plaisir à voir travailler les hommes et les garçons dans le blé vert. Sous le soleil leur peau brune paraît de l'ambre foncé à demi transparent, tant elle est fine.

J'ai pour ami un fermier d'un village voisin, et la vie de campagnarde m'amuse beaucoup. Elle ne peut être plus rude, quant au confort matériel, ni dans la Nouvelle-Zélande ni dans l'Afrique centrale, mais il n'y a rien de barbare ni de grossier dans les manières des gens.

Le beau soleil et l'air pur sont délicieux et ravissants, je monte à âne de bonne heure, et le soir avec le petit Ahmed qui court à côté de moi. Mon cher cheik Yousouf vient dans la soirée, et je balbutie pendant une heure de lecture et de dictée l'histoire du cinquième frère du Barbier. Je suppose que cheik Yousouf m'affectionne, car je suis constamment saluée avec grande cordialité par des hommes gracieux en turbans verts appartenant comme lui à la famille d'Abou-el-Hadji. Ils demandent avec sympathie des nouvelles de ma santé, ils prient pour moi, et ils espèrent que je vais rester parmi eux.

J'ai reçu un journal illustré, *Illustrated London News,* où se trouve une gravure d'une ridicule Rebecca au puits, d'après un tableau par Hilton. A l'égard des choses de l'Orient, il n'y a que deux partis à prendre : ou peindre comme les peintres du Moyen Âge des Blancs en costume européen, ou bien venir voir. Des demoiselles doucereuses en costume de fantaisie ne sont pas « benat-el-Arab » (filles de l'Arabe), comme devait être Rebecca ; aucun homme respectable ne se mettrait à genoux comme un vieil imbécile devant la fille qu'il demande en mariage pour le fils de son maître.

Mais de toutes les choses comiques en ce genre, ce sont *Les Orientales* de Victor Hugo qui sont la plus curieuse. Des éléphants à Smyrne ! Pourquoi pas à Paris ou à Londres ? Quelle couleur locale ! Cheik Yousouf a ri beaucoup de la Rebecca de Hilton, et des chameaux qui ressemblent à des porcs. Il a dit que nous devions avoir des idées bien étranges en Europe sur les livres du Tourat.

Je suis enchantée de dire que mercredi prochain c'est le bairam, et que demain finit le ramadan. Omar est très amaigri, jaune ; il a mal à la tête, et tout le monde est de mauvaise humeur. Que je voudrais aller vous voir au lieu de cette lettre ! Mais il est évident que cette chaleur me fera du bien, si c'est encore possible.

El-Ouksour, 10 mars 1864.

Hier c'était bairam, et mardi soir tous ceux qui possèdent un fusil ou un pistolet tiraient à coups répétés ; pas un tambour et darabukkeh qui ne fût tapé, et tous les enfants criaient : « Ramadan mat ! Ramadan mat ! » (Ramadan est mort !) dans les rues. Au lever du soleil, Omar s'est rendu à la première prière, cérémonie spéciale de ce jour. Il y avait une grande affluence : il était donc tout à fait inutile d'essayer de prier ou de prêcher dans la mosquée. Cheik Yousouf s'est placé sous un monticule dans le cimetière, où tout le monde a prié, et où il a prêché. Omar m'a rendu compte du sermon comme je vais le faire d'après lui (c'est une improvisation).

Yousouf a d'abord indiqué les tombeaux « où repose tout ce peuple » ; puis il a rappelé les anciens temples

– « où sont ensevelis ceux qui les ont construits. Est-ce que des étrangers de pays lointains ne viennent pas chercher ici jusqu'à leurs cadavres par pure admiration ? De quel profit leur a été leur splendeur ? etc. À quoi donc, ô musulmans ! vous profitera d'être heureux quand vous arrivera ce qui doit arriver pour tous ? En vérité, Dieu est juste, et il ne fraudera personne. Il vous récompensera, si vous faites ce qui est bien, c'est-à-dire si vous ne faites pas de tort à qui que ce soit, ni dans sa personne, ni dans sa famille, ni dans ce qu'il possède. Cessez donc de tricher entre vous, ô hommes ! Cessez d'être avides, et ne croyez pas que vous pouvez vous faire pardonner vos péchés en répandant des aumônes, en priant, en jeûnant ou en faisant des présents aux serviteurs des mosquées. Les bienfaits viennent de Dieu ; c'est assez pour vous, si vous ne faites aucun mal aux hommes ni aux petits enfants ! »

Le sermon était naturellement plus long, mais en voilà la substance. J'ai suivi la version d'Omar, et cette moralité me paraît assez solide, et telle qu'on pourrait la prêcher même à Exeter Hall avec avantage. La prédestination n'existe pas dans l'islam, et chacun sera jugé d'après ses actes. « Même les non-croyants ne seront pas trompés par Dieu », dit le Coran. Yousouf a surtout insisté sur l'obligation de ne pas faire le mal, et cette pensée me paraît très remarquable et vraiment profonde. Après le sermon, toute l'assemblée s'est précipitée vers lui pour embrasser sa tête, ses mains et ses pieds, et ils l'ont tellement tiraillé qu'il a dû frapper autour de lui avec le sabre de bois qu'a toujours l'ahlim qui dit l'office. Yousouf est venu bientôt après pour m'adresser les souhaits d'usage en cette saison ; il avait l'air d'avoir très chaud ; il était tout chiffonné, et il riait fort de l'embrassade terrible qu'il avait subie. Tous les hommes s'embrassent quand ils se rencontrent pendant la fête du bairam. Ma cuisine est remplie de gâteaux de la forme d'un anneau, que mes amis m'ont envoyés, exactement semblables à ceux que nous voyons dans les temples et les tombeaux, offerts aux dieux ; ce sont aussi les mêmes gâteaux que mes amis Malais à Cape-Town m'ont donnés à « Labuan ».

Le soir je suis allée faire visite au maour. J'ai trouvé chez lui beaucoup de monde en habit de fête. La moitié étaient des coptes ; entre autres, il y avait un jeune prêtre fort agréable qui a soutenu une discussion religieuse avec Selim-effendi ; chose singulière, il y avait une parfaite bonne humeur des deux côtés.

Un copte est arrivé ici avec un de ses ouvriers qui avait été battu, et dont le camp avait été dévasté. Le copte a raconté le cas en dix mots, et le maour a envoyé un kavas avec lui pour arrêter les délinquants qui seront jugés au lever du soleil, battus et forcés de payer le dommage, s'ils sont coupables.

Le général est venu me voir hier ; c'est un beau vieux soldat aux yeux bleus ; il m'a trouvée entourée d'un groupe de fellahs qui savouraient du café et des pipes. Ils se sont levés précipitamment, intimidés par l'entrée d'un si magnifique Anglais, et ils ont quitté le tapis où ils étaient assis. Ils ont été très contents quand nous les avons priés de ne pas se déranger ni de se gêner. Nous leur avons dit que chez nous le métier de fermier est très respectable, et que le général invitait les siens à s'asseoir et à boire avec lui. « Masha-Allah ! taïb Ketir ! » (C'est la volonté de Dieu et très excellent !) a dit Omar, mon ami fellah, en envoyant un baisemain très affectueux au général.

Nous autres Anglais, nous sommes décidément aimés ici. Selim a dit hier au soir qu'il avait souvent eu l'occasion de faire des affaires avec des Anglais, et qu'il les avait trouvés toujours « doughi » (droits), hommes de parole, sans détours et très différents des autres Européens. Le fait est, à ce que je crois, qu'il ne vient guère ici que des Anglais comme il faut ; nos vauriens vont aux colonies, tandis que la Basse-Égypte est le réceptacle de toute l'iniquité du sud de l'Europe.

Un brave copte d'ici, un certain Théodoros, a reçu « un morceau de papier » pour vingt livres, en paiement d'antiquités qu'il avait vendues à un Anglais. Après le départ de cet Anglais, il m'a apporté le papier, demandant ce que c'était et s'il devait le changer, ou si peut-être il ne devait pas plutôt le garder jusqu'à ce que le monsieur lui envoyât l'argent ? C'était une note-circulaire qu'il était assez difficile d'expliquer ; mais j'offris de l'envoyer au Caire pour qu'on la payât. Je ne pouvais pas lui dire quand il recevrait l'argent, parce que les banquiers doivent attendre une occasion pour envoyer de l'or. Mais je lui ai conseillé d'endosser le papier. Théodoros croyait que je voulais avoir sa signature comme un reçu pour l'argent « qui doit encore venir », et il allait, tout content, me signer un reçu pour les vingt livres qu'il me confiait. Un copte n'est pas du tout sot quand ses intérêts pécuniaires sont en question, mais il acceptera tout de la part d'un Anglais.

M. Close m'a raconté que, quand son bateau a sombré dans la cataracte, et qu'il est resté à demi vêtu et sans le sou sur le rocher, quatre hommes sont venus à lui en lui offrant tout ce qu'ils avaient. Pendant que j'étais en Angleterre l'année dernière, Omar était valet de place d'un Anglais qui est parti sans payer sept livres qu'il devait pour des effets qu'il l'avait chargé d'acheter. Omar avait assez d'argent pour désintéresser les marchands, et il a gardé le secret, de peur que les autres

Européens ne vinssent à dire : « Honte aux Anglais ! » Il n'a même rien dit à sa famille. Heureusement l'Anglais a envoyé l'argent par la malle suivante de Malte, et le chef des drogmans l'a annoncé publiquement. Omar a donc reçu la somme, mais autrement il n'en aurait soufflé mot.

El-Ouksour, 12 mars 1864.

Hier soir j'ai dîné chez Mustapha, qui avait de nouveau fait venir les danseuses pour les montrer à quelques Anglais. Selim-effendi s'est fait faire, avec le plus grand sang-froid, pour tous ses malaises, des prescriptions médicales par le docteur qui était avec eux. Comme de coutume, il était à côté de moi sur le divan, et, pendant un temps d'arrêt dans la danse, il a appelé El-Maghribieh, la meilleure danseuse, pour venir nous parler. Elle m'a embrassé la main, s'est assise sur ses talons devant nous ; elle a tout de suite mis de côté les manières de la profession, pour nous parler très gentiment en très bon arabe, et avec parfaite convenance, plutôt comme un homme que comme une femme ; elle paraissait fort intelligente. Que penserions-nous d'un honorable magistrat qui inviterait une fille d'un tel état à converser avec une dame !

Nous avons eu hier une affaire étrange et désagréable. Le jour d'avant j'avais été volée à El-Karnak par deux hommes qui étaient venus rôder autour de moi. L'un avait pris le prétexte de me vendre un oiseau ; l'autre était un de ces fainéants qui sont toujours à errer dans les ruines pour demander l'aumône aux voyageurs, vendre de l'eau et des curiosités, et qui sont naturellement tous de mauvais sujets et des paresseux. Je suis allée chez Selim, qui a sur-le-champ écrit au cheik-el-beled de Karnak que nous irions chez lui le lendemain matin à huit heures (c'est leur heure d'après le temps arabe), afin d'examiner l'affaire, et de lui demander de faire arrêter les hommes.

Le matin suivant, Selim est venu me chercher avec Mustapha comme représentant des intérêts anglais. En quittant El-Ouksour, le cheik El-Abaddeh s'est joint à nous avec quelques hommes de sa tribu, armés de leurs longs fusils ou de lances ; il était notre auxiliaire bénévole, et furieux à l'idée qu'une dame, et une étrangère, eût pu être volée. C'est la première fois, disaient-ils, qu'une telle chose est arrivée ; et le désir de battre les coupables était si fort dans tous mes compagnons que je suis allée au rendez-vous pour être au besoin l'avocat des prisonniers. Tout le monde était particulièrement irrité que ce désagrément me fût arrivé, à moi, personne bien connue pour être pleine de bienveillance envers « El-Muslinim ».

A notre arrivée, nous sommes entrés dans une cour carrée, ayant d'un côté une espèce de cloître, couvert de tapis, où nous nous sommes assis, et les malheureux coupables ont été amenés enchaînés ; à ma grande horreur, j'ai trouvé qu'on les avait déjà battus. J'ai fait des remontrances : « Mais si vous avez battu des innocents ? – Maleysh (n'importe), nous battrons tout le village jusqu'à ce que votre porte-monnaie soit trouvé. » J'ai dit à Mustapha : « Ceci ne me va pas, il faut que vous procédiez avec ordre ! » Mustapha a donc ordonné, avec le consentement du maoun, que le cheik-el-beled et le « gafir » (le gardien des ruines) me payassent la valeur du porte-monnaie. Comme les habitants d'El-Karnak sont fort ennuyeux avec leurs demandes d'aumônes et très tourmentants, j'ai cru que cela apprendrait audit cheik à établir un meilleur ordre : j'ai donc consenti à recevoir l'argent, en promettant de le rendre et de donner un napoléon en sus, si le porte-monnaie m'était rendu avec son contenu (trois napoléons et demi). Le cheik El-Abaddeh fit alors un discours aux gens du peuple sur leur mauvaise conduite envers l'« harimat », il les appela « haramis » (gredins), et il traite le cheik-el-beled de haut en bas.

Là-dessus, je suis partie pour faire visite dans le village à une dame turque, laissant Mustapha pour tout arranger. Après mon départ, ils ont battu huit ou dix des gamins qui m'avaient assaillie de leurs importunités et qui étaient venus demander l'aumône de concert avec les deux hommes. Mustapha, qui n'aime pas le bâton, est resté pour voir à ce qu'on ne leur fît pas de mal, et jusqu'ici la leçon sera bonne. Il a fait aussi envoyer les deux hommes à la prison d'ici, de peur que le cheik-el-beled ne les battît de nouveau ; il les gardera pendant quelque temps.

Jusqu'à présent tout va bien ; mais maintenant j'ai grand'peur que bien des gens innocents ne soient molestés pour réunir la somme, si les hommes ne rapportent pas le porte-monnaie. J'ai recommandé au cheik Yousouf de veiller sur la marche de cette affaire. Si les hommes persistent dans leur vol, et s'ils ne veulent pas rendre le porte-monnaie, je donnerai l'argent à ceux que le cheik-el-beled aura certainement contraints à contribuer de leur poche, ou je le laisserai à la mosquée d'El-Karnak. Je ne peux pas garder cet argent, quoique je trouve que j'aie bien fait de l'exiger, comme avertissement aux mauvais sujets d'El-Karnak.

A notre retour, le cheik El-Abaddeh (un très bel homme !) est venu se mettre à côté de moi à cheval, et il m'a dit : « Je sais que vous êtes une personne de cœur généreux ; ne racontez pas cette histoire dans ce pays.

Si effendina (Ismaïl-pacha) venait à le savoir, il pourrait donner un coup de balai et faire table rase du village tout entier. » Je me suis récriée avec horreur ; mais Mustapha s'est tout de suite joint à la requête en disant : « Le cheik El-Abaddeh dit la vérité ; cela pourrait coûter la vie à bien des gens. » Je ne dirai donc rien de cette affaire aux voyageurs.

J'en ai été pour ma part très affligée. Si je n'avais pas été là, les gens auraient été battus de droite et de gauche, et si j'avais montré le moindre désir de voir punir quelqu'un, on aurait certainement tué les deux coupables.

Mustapha s'est fort bien conduit ; il a montré du bon sens, de la fermeté et plus d'humanité que je n'en aurais attendu de sa part. Je vous prie de ne pas oublier ma demande pour lui. Il a toutes sortes d'ennuis et tout le travail pour les bateaux du Nil, et sa bonté et son utilité à l'égard des Anglais sont sans limites. Il est une vraie protection contre toutes les tricheries. La plupart des Anglais avec lesquels j'ai pu m'en entretenir ont la même opinion de lui.

El-Ouksour, 6 avril 1864.

Je voulais vous écrire par des bateaux qui s'en vont maintenant ; les derniers sont occupés par des Polonais. Hekekian-bey me conseille vivement de rester ici pendant tout l'été, afin « d'évaporer, dit-il, ma maladie ». Depuis que j'ai écrit ma dernière lettre, la chaleur est moindre, quoique très forte encore ; nous avons 76° à 80° Fahrenheit avec des vents violents du nord qui remontent le cours du fleuve. Le temps est magnifique : ni chaud ni froid.

Avant-hier au soir, je suis allée sur l'aire pour voir les puissants bœufs faire sortir le grain de l'épi. J'ai soupé avec Abd-er-Rhaman ; notre repas se composait de blé rôti, de crème caillée et d'œufs. J'observais les moissonneurs qui prenaient eux-mêmes leurs gages, consistant pour chacun en une masse de blé, suivant le travail que chacun avait fait ; c'était un charmant spectacle ! Il y avait là de gracieuses figures demi-nues toutes chargées de gerbes ; quelques-uns de ces hommes avaient tant gagné que leurs mères et leurs femmes ont dû les aider à emporter leur part. De petits garçons, nus comme vers et ressemblant à des chevreuils, s'en allaient tout fiers avec de petits paquets de blé ou de « hummuz » (pois chiches, qu'on mange ici beaucoup crus ou rôtis). Le « sakka » (porteur d'eau) qui a porté l'eau pour les hommes reçut une poignée de blé de chacun ; puis il reconduisit son âne à la maison avec les autres, et avec une lourde charge de blé. Le barbier qui a rasé toutes ces têtes brunes depuis une année à crédit reçoit aussi son salaire. Tous sont heureux et gais à leur façon douce et tranquille ; ici il n'y a pas de bière pour mettre les hommes tout en sueur et les rendre turbulents et grossiers.

La récolte est la pastorale la plus belle qu'on puisse imaginer. Les hommes travaillent sept heures pendant le jour (c'est huit, y compris les demi-heures pour se reposer et pour manger) et sept heures pendant la nuit ; ils retournent chez eux au coucher du soleil pour manger et dormir un peu, et ensuite reviennent au travail, – « ces Arabes paresseux » ! L'homme qui conduit les bœufs sur l'aire reçoit une mesure et demie de blé pour son travail du jour et de la nuit (du blé battu, je veux dire).

Aussitôt que le blé, l'orge, l'« addar » (lentilles) et le

hummuz seront coupés, on sèmera le « dourah » (millet), qui est de deux espèces : le maïs ordinaire et le millet égyptien. Puis nous planterons de la canne à sucre et, plus tard, du coton. Les gens du peuple travaillent rudement, mais aussi ils mangent bien, et, comme on les paye en blé, ils ont l'avantage du haut prix que le blé coûte cette année. Dans la Basse-Égypte, j'ai peur qu'il n'y ait une vraie famine.

Je vous ai dit que mon porte-monnaie avait été volé, et je vous ai raconté les procédures qui ont suivi. Eh bien, Mustapha m'a demandé déjà plusieurs fois ce que je voulais qu'on fît du voleur, qui a passé vingt et un jours ici dans les fers. Avec mes absurdes idées de justice anglaise, je me suis refusée à intervenir d'aucune façon ; Omar et moi, nous nous sommes presque querellés, parce qu'il voulait que je dise : « Oh ! le pauvre homme, laissez-le aller ; j'abandonne l'affaire à Dieu. » Je pensais qu'Omar était ridicule d'insister, mais c'était moi qui était dans l'erreur. Les autorités ont tiré de mon silence la conclusion que ce serait m'obliger de punir le pauvre diable avec « une vigueur au-delà de la loi. » Si cheik Yousouf n'était pas venu tout exprès et ne m'avait pas expliqué la procédure, l'homme aurait été envoyé aux mines de F'zoughli pour le reste de sa vie, par pure politesse envers moi. Je devais donc ou lui pardonner « pour l'amour de Dieu », ou l'envoyer à une mort certaine dans un climat insupportable pour ces gens-là ; il me fallait opter. Mustapha et compagnie ont fait leur possible pour empêcher que cheik Yousouf me parlât, de peur que je ne fisse des plaintes au Caire, si ma vengeance n'était pas assouvie sur le voleur ; mais cheik Yousouf a répondu qu'il me connaissait mieux, et il m'a apporté le procès-verbal à examiner. Imaginez mon épouvante. Je suis allée chez

Selim-effendi et chez le kadi avec cheik Yousouf pour demander qu'on laissât aller l'homme sans même l'envoyer à Keneh.

Après avoir arrangé cette affaire, j'ai ajouté que je trouvais juste que les gens d'El-Karnak payassent l'argent que j'avais perdu en guise d'amende pour leur mauvaise conduite envers les étrangers ; mais j'ai déclaré que je ne voulais pas le recevoir et que je le donnerais à la mosquée et à l'église d'El-Karnak pour les pauvres (grands applaudissements de la foule). J'ai demandé le nombre des musulmans et celui des nazaréens, afin de diviser les trois napoléons et demi proportionnellement. Cheik Yousouf adjugea un napoléon à l'église, deux à la mosquée, et le demi qui restait à l'abreuvoir, le Sebil ; cette décision fut également applaudie. Alors j'ai demandé : « Est-ce que nous devons envoyer l'argent pour les nazaréens à l'évêque ? » Mais un vieux copte respectable répondit : « Maleysh, maleysh (n'importe), c'est mieux de donner le tout à cheik Yousouf ; il enverra le pain à l'église. » Le kadi m'a fait alors un beau discours en disant que je m'étais conduite comme une grande emireh et comme une personne qui craignait Dieu. Cheik Yousouf assura qu'il savait que les Anglais avaient de la miséricorde dans le cœur, et que, moi spécialement, j'avais des sentiments musulmans (comme nous dirions la charité chrétienne).

Est-ce que vous avez jamais entendu parler d'administration de la justice envisagée de cette façon ? Naturellement la sympathie publique est ici, comme en Irlande, pour « le pauvre homme » qui est en prison, et, comme on dirait, qui est « dans la peine ». Je trouve que la conséquence de ces mœurs, c'est qu'un grand nombre de discussions s'arrangent par voie d'arbitrage privé : aussi, Yousouf est constamment requis pour prononcer entre deux adversaires, qui s'en tiennent à sa décision plutôt que de recourir à un procès. Ou bien on fait appel à cinq ou six hommes respectables pour composer une espèce de jury amateur et « arranger l'affaire ». Dans les cas criminels, le demandeur, s'il est puissant, gagne toujours ; si le prisonnier peut payer, il échappe souvent. L'appel fait à ma compassion était tout à fait dans les règles.

Autre trait de mœurs de l'Égypte : nous nous aperçumes l'autre jour que toutes nos jarres d'eau étaient vides et que la maison n'avait pas été arrosée. Par nos questions, nous avons découvert que tous les sakkas s'étaient sauvés, emmenant leurs familles et leurs biens, et qu'on ne savait pas où ils étaient allés, parce que « des personnes ayant de l'autorité » (l'une d'elles est un kawas turc) les avaient forcés d'apporter de l'eau à un prix si bas qu'ils ne pouvaient pas l'accepter. Mon pauvre sakka était parti sans recevoir ses gages d'un mois entier, c'est-à-dire deux francs et demi – c'est le plus haut salaire qu'on donne à El-Ouksour.

Voici une autre histoire qui m'intéresse vivement. On me rapporta qu'une femme d'ici pleine de courage est allée à Keneh, où elle a menacé le moudir de se rendre au Caire pour se plaindre à l'effendina lui-même de l'injuste manière dont on recrutait les soldats ; son fils unique avait été pris, tandis que d'autres s'étaient rachetés. Elle était résolue à faire toute la distance à pied malgré cette chaleur, si elle ne réussissait pas à effrayer le moudir. C'était chose fort possible, car elle est du sexe le plus hardi de ce pays-ci. Ces saïdis, voyez-vous, sont un peu moins patients que les habitants de la Basse-Égypte ; les sakkas osent se mettre en grève, et une femme ose affronter un moudir.

Les provisions de bouche deviennent de jour en

jour plus chères et plus rares. Les prix sont maintenant presque au même taux qu'à Londres. Cela ne touche pas autant les fellahs, parce qu'ils vendent leur blé fort cher ; mais dans les grandes villes ce doit être terrible.

Le bazar (« el-souk ») d'ici vous amuserait ; il y a un barbier qui tous les mardis vend des perles en verre, du calicot et du tabac pour les gens du marché. Le seul artisan de l'endroit est un bijoutier. Nous filons nous-mêmes et tissons nos vêtements de laine brune, et nous n'avons pas d'autres besoins. Par exemple, on a des colliers d'or, et les anneaux pour le nez et les oreilles sont absolument indispensables. C'est la manière la plus sûre d'amasser de l'argent et de combiner heureusement la nécessité avec l'ostentation. Pouvez-vous imaginer une maison sans lits, sans chaises, sans tasses, sans verres, sans couteaux – en somme, sans autres meubles qu'un four, quelques pots de terre et quelques jarres d'eau, deux cuillers en bois et des nattes pour dormir ? En même temps, les gens qui vivent sont heureux et civilisés. Un cuisinier arabe, rien qu'avec ses doigts et un pot de cuisine, vous servira un excellent dîner préparé miraculeusement. La simplification de la vie, qui est possible dans un climat comme celui-ci, est incroyable quand on n'en a pas été témoin.

Les dames turques que je visite à El-Karnak ont peu de choses en sus. Elles m'aiment beaucoup et me pressent toujours de rester chez elles et de dormir tout habillée sur une natte qui a pour support un divan fait avec de la boue. Pauvre Européenne gâtée que je suis ! Ces dames débordent de pitié pour moi et d'étonnement à cause de l'absence de mon « maître ».

Toute leur vie s'est passée à moins d'un quart de mille

des ruines d'El-Karnak, et jamais elles ne les ont vues, ni n'ont eu le désir de les voir.

Le drogman des bateaux polonais vient me dire que mes lettres doivent être prêtes demain matin, parce que ses maîtres ne restent pas ici : je dois donc vous dire adieu. Je ne sais pas encore au juste ce que je ferai. Si la chaleur n'est pas trop accablante, je resterai ici ; mais, si je ne peux pas la supporter, il faudra descendre le fleuve. Je crois que Mustapha-agha va en Angleterre. Je voudrais vous envoyer cheik Yousouf comme un échantillon de vrai gentleman arabe. Mustapha est un peu européanisé.

J'ai demandé à Omar s'il pourrait supporter un été ici, fort ennuyeux pour un jeune homme qui aime le café et passablement le caquetage. Sinon je lui permettrais de s'en aller pour quelque temps ; il me rejoindrait plus tard, et je me tirerais d'affaire en prenant quelqu'un ici. Omar a positivement pleuré ; il m'a baisé les mains en déclarant que jamais il ne serait aussi heureux qu'avec moi, et qu'il ne pourrait pas dormir s'il croyait que je n'avais pas tout ce dont j'avais besoin. « Je suis votre mamelouk, je ne suis pas votre domestique ; je suis votre mamelouk. » Vraiment je me prends à croire que ces gens-là aiment quelquefois leurs maîtres anglais plus que leurs propres parents.

Suliman, le jardinier copte, m'a donné une petite croix d'argent de vieille fabrique copte, grossière, mais jolie ; c'est une amulette ; quand j'aurai une occasion, je l'enverrai à R...

Cheik Yousouf va écrire mon nom en arabe, et je le ferai graver au Caire sur un cachet. C'est la seule signature qui soit valable en ce pays.

El-Ouksour, 7 avril 1864.

Nous sommes en pleine moisson, et jamais dans mes songes je n'ai vu de spectacle si beau dans tous les détails, depuis les moissonneurs tout bruns jusqu'aux jolis petits bambins tout nus qui les aident, grimpés sur les nobles bœufs qu'on fait travailler dans l'aire. Une de mes connaissances, un certain Abd-er-Rahman, est Booz, et, quand je suis assise avec lui sur l'aire, c'est pour moi une énigme de savoir si vraiment je vis ou si je n'existe qu'en imagination dans le livre de Ruth. On jouit d'un vrai kief sous les palmiers quand on a sous les yeux un tel spectacle. La moisson, cette année, est magnifique ; jamais je n'ai vu de récoltes si pleines et si lourdes.

Il n'y a pas d'épizootie en cette contrée ; par contre il y a beaucoup de maladies dans le peuple. Je fonctionne fréquemment comme médecin, et souvent je suis assez inquiète, car je ne peux pas refuser d'aller voir ces pauvres gens et de leur donner des médicaments, quoique j'aie de grandes craintes tout le temps de la crise.

Plus je vois mon maître, cheik Yousouf, plus il me paraît pieux, aimable et bon. Il est extrêmement dévot, mais sans la moindre bigoterie, ce qui est une combinaison assez difficile ; de plus, il est beau et il a le plus joli et le plus gai sourire qu'on puisse voir. C'est vraiment chose curieuse que le mélange qu'il offre d'une espèce d'instruction, d'une si parfaite distinction et d'un si noble caractère avec une ignorance absolue et une grande superstition.

Je voudrais savoir dessiner ou faire au moins des photographies. Le groupe que j'ai observé chez le cheik El-Abaddeh il y a quelques nuits était ravissant (excepté toutefois mon vilain chapeau et moi-même) : les boucles noires, la draperie blanche, les armes archaïques des hommes, le gracieux et splendide cheik « noir, mais superbe » comme la Sulamite, tout cela m'a fait penser à Anthar et à Abou-Zeyd.

Le khamsin, à Thèbes, est plutôt agréable qu'autre chose, seulement la poussière est détestable ; mais le vent n'est pas étouffant, parce qu'il descend le fleuve.

El-Ouksour, 14 avril 1864.

Nous avons eu un vent de khamsin furieux, et maintenant il règne un vent violent du nord, qui est tout à fait frais ; le thermomètre était à 92° Fahrenheit à l'ombre pendant le khamsin, mais cela ne m'a fait aucun mal. Heureusement je me porte très bien, car je puis travailler beaucoup. Une étrange épidémie s'est déclarée, et je suis la « hakimeh » (docteur) d'El-Ouksour. Le hakim Bashi est venu du Caire, et il a épouvanté tout le monde en disant que le mal était contagieux. Yousouf a assez oublié sa religion pour me supplier de ne pas rester toute la journée dans les huttes des pauvres gens. Mais Omar et moi nous nous sommes moqués du danger, moi étant sûre qu'il n'y avait pas de contagion, et Omar disant : « Min Allah ! » (Dans les mains de Dieu !) Les malades ont une obstruction des intestins, et ils meurent en huit jours, s'ils ne prennent pas quelque médecine. Tous ceux qui m'ont envoyé chercher à temps se sont rétablis ; grâce à Dieu, je peux aider ces pauvres âmes ! C'est le temps de la moisson et du grand travail ; l'immense chaleur, le blé vert et les haricots, etc. qu'ils mangent, ont causé la maladie. De plus, les coptes jeûnent, ne mangent pas de viande et se bourrent de haricots verts, de salade et de blé vert.

Mustapha a essayé de me persuader de ne pas donner de médicaments, de peur qu'on ne dise que ceux qui mouraient avaient été empoisonnés ; mais Omar et moi, nous avons pensé que ce n'était là qu'une excuse pour l'égoïsme. Omar est un excellent sous-aide. L'évêque a tâché de se faire de l'argent en me donnant à entendre que, si je défendais à mes malades de jeûner, je pourrais bien acquitter le prix des indulgences qu'on leur accorderait.

Un pauvre petit homme tout maussade a refusé le potage de poulet que je lui faisais donner, me disant que nous autres Européens nous avons notre paradis dans ce monde-ci. Omar a laissé échapper un « Kelb' ! » (chien) ; mais je l'ai arrêté et j'ai répondu : « Mon frère, Dieu a fait les chrétiens de l'Angleterre différents de ceux de l'Égypte, et certainement il ne punira aucun de nous deux pour ce motif. Puisses-tu trouver un ciel meilleur pour l'éternité que celui dont je jouis maintenant ! »

Omar a jeté ses bras autour de moi en s'écriant : « Oh ! que tu es bonne ! Certainement Notre Seigneur te récompensera d'avoir agi ainsi avec la douceur d'un musulman, puisque tu embrasses la main de celui qui te frappe à la figure. » Vous voyez comme chaque religion fait de l'humilité un de ses caractères particuliers !

Soliman n'était pas content de cet acte de charité chrétienne de sa coreligionnaire. Il est vraiment étrange que les coptes de basse classe ne veuillent pas nous rendre le salut ni prier Dieu pour notre santé comme le font les musulmans. La plupart de mes malades sont des chrétiens, et quelques-uns sont de fort bonnes gens.

Le peuple m'a nommée Sitti Noor-ala-Noor. Une pauvre femme, qui n'avait qu'un enfant unique, un jeune garçon que j'ai eu le bonheur de sauver, quoiqu'il fût très malade, m'a baisé les pieds, en me demandant par quel nom elle pouvait prier pour moi. Je lui ai dit que mon nom voulait dire « noor » (lumière, *lux*), mais que, comme c'est là un des noms de Dieu, je ne pouvais pas le prendre. « Ton nom est Noor-ala-Noor », a dit un homme qui était dans la chambre. Cela veut dire quelque chose comme « Dieu est dans votre âme », ou bien « lumière de la lumière » ; du reste, « Noor-ala-Noor » est une combinaison des noms de Dieu tout à fait régulière, comme Abdallah, Abd-er-Rahman, etc.

J'ai demandé quelques médicaments à une comtesse polonaise qui descendait le fleuve l'autre jour. Quand j'aurai tout employé, je ne sais pas ce que je pourrai faire. Je vais essayer de fabriquer de l'huile de ricin ; je ne sais pas comment, mais j'y tâcherai, et Omar croit qu'il pourra en venir à bout. Une épizootie a éclaté avec violence dans le moudiriat d'Esneh ; les bêtes mortes descendent le fleuve en flottant toute la journée ; sans doute nous l'aurons bientôt ici.

El-Ouksour, 17 avril 1864.

Il paraît que l'épidémie a cessé ; mais il y a toujours beaucoup de fièvres gastriques, etc., dans le pays. Le « hakim » (docteur) de Keneh est venu ici. C'est un jeune homme agréable et habile, parlant parfaitement l'italien et très bien le français ; il est fils d'un fellah de la Basse-Égypte, et il a été envoyé à Pise pour y faire ses études. Son éducation à la française n'a pas gâté en lui la distinction et l'élégance natives de l'Arabe. Nous nous sommes parfaitement entendus, et le jeune hakim était enchanté de ma sympathie pour son peuple et de ma haute opinion de leur intelligence. Il est allé maintenant faire une tournée pour voir les malades, et il doit revenir pour me donner ses instructions. Il est très fâché de ne pouvoir pas me donner des médicaments ; on ne peut rien se procurer au-delà du Caire, à moins de s'adresser aux docteurs des hôpitaux qui vendent les médicaments du gouvernement, comme le faisait un Italien à Assiout ; mais Ali-effendi est trop honnête pour le faire.

Hier, le vieil évêque m'a fait une visite de trois heures et demie, et pour « me tirer une carotte » il m'a envoyé un pain de sucre : je suis donc obligée de lui envoyer un cadeau « pour l'église », lequel sera dépensé en araki. Le vieux bonhomme n'était pas complètement à jeun, et il a demandé du vin ; je lui ai répondu que c'était « haram » (péché) pour nous de boire pendant le jour, si ce n'est à dîner. Jamais je ne veux donner à boire aux chrétiens d'ici, et ils ont cessé maintenant de m'inviter à boire des liqueurs chez eux. L'évêque a offert de changer l'heure de la prière en ma faveur, et de me laisser entrer dans le « heykel » (où les femmes ne peuvent entrer) le Vendredi saint, qui sera dans dix-huit jours. J'ai refusé tout ce qu'il m'a proposé, et j'ai dit que je monterais sur le toit de l'église, et que de là je regarderais par les fenêtres avec les autres harems. Omar a baisé la main de l'évêque, et j'ai dit : « Comment, vous baisez la main d'un copte ? – Oh ! oui, a-t-il répondu, c'est un vieillard et un serviteur de mon Dieu. – Mais terriblement sale », ajouta Omar ; et ce n'était que trop vrai. En effet, il répandait autour de lui une odeur horrible. Un évêque doit être un moine, parce que les simples prêtres sont mariés.

Lundi. – Aujourd'hui, Ali-effendi-el-hakim est revenu pour me dire qu'il avait de nouveau essayé de voir mes malades, et qu'il avait échoué ; toutes les familles ont déclaré qu'elles se portaient bien, et elles n'ont pas voulu le laisser entrer. Telle est la méfiance profonde contre tous ceux qui dépendent du gouvernement. Tout le monde a attendu qu'il fût parti, et l'on est alors revenu chez moi me demander des médicaments pour les malades. J'ai grondé les gens qui étaient venus, et ils ont tous répondu : « Wallah ! ya Sitt, ya emireh, celui-là était le bash-hakim, et il nous aurait envoyés à l'hôpital de Keneh, où l'on nous aurait empoisonnés ; par tes yeux ne sois pas en colère contre nous et ne cesse pas pour cette affaire d'avoir compassion de nous. – Ali-effendi est un Arabe, ai-je répondu, c'est un musulman et un emir (gentilhomme) ; il m'a donné de bons conseils, et il m'en aurait encore donné d'autres... » Tout ce que je disais était inutile : c'est le médecin du gouvernement, et le peuple aimerait mieux mourir que de recourir à lui ; mais ils avaleront n'importe quoi de la main de la Sitt Noor-ala-Noor. Voilà une jolie situation !

J'ai donné quatre livres à cheik Yousouf pour trois mois de leçons journalières d'arabe, et j'ai soutenu une vraie lutte pour lui faire accepter ce cadeau. « Ce n'était pas pour de l'argent, madame ! » Et il est devenu cramoisi. Il avait accompagné Ali-hakim, mais il n'a pas pu persuader au peuple d'aller le voir. J'ai peur aussi que les coptes n'aient quelque préjugé religieux contre Ali aussi bien que contre les hérétiques. Ils se considèrent avec les Abyssiniens comme les seuls vrais croyants ; s'ils nous reconnaissent pour frères, c'est uniquement par intérêt. Je parle seulement de la basse classe et des prêtres ; quant aux négociants qui ont reçu de l'éducation, ils pensent naturellement d'une autre manière. Aujourd'hui j'ai eu chez moi deux prêtres et deux diacres avec la mère de l'un d'eux ; ils venaient me demander des médicaments pour la femme. Elle était fort jolie et fort aimable, mais très faible et accablée par le long jeûne. Je lui ai recommandé de manger de la viande, de boire un peu de vin et de prendre des bains froids ; enfin, je lui ai donné de la quinine. Elle prendra le vin et la quinine ; mais elle ne veut ni manger ni se baigner. L'évêque leur a affirmé qu'ils mourront, s'ils rompent le jeûne, et la moitié des chrétiens sont malades pour cette unique cause. Un des prêtres parlait un peu l'anglais ; il fabrique à merveille de fausses antiquités, et il est assez intelligent.

Mohammed vient de savoir que soixante-quinze têtes de bétail sont mortes à El-Moutaneh. Jusqu'à présent, il y a peu de bestiaux qui soient morts ici, et Ali-hakim croit que la maladie est moins violente que dans la Basse-Égypte. J'espère qu'il a raison ; mais les animaux morts flottent sur le fleuve toute la journée.

El-Ouksour, 23 avril 1864.

La maladie cesse heureusement. Je viens d'entendre le rapport de Soliman ; le voici :

« Hassan Abou-Ahmed embrasse les pieds de l'emireh, et les pilules ont nettoyé son estomac ; il a récité le fat'hah pour la dame. Ses deux petites filles, qui avaient la diarrhée, sont guéries. Le teinturier chrétien a rejeté la poudre qu'on lui avait donnée, et il voudrait en avoir une autre. La mère du cuisinier chrétien, qui a épousé la sœur du prêtre, a la dysenterie. La femme de Mustapha Abou-Obeyd a ses deux enfants malades des yeux. L'évêque a eu une discussion très vive, il s'est fâché et il est tombé à terre ; il ne peut ni parler ni se remuer ; il faut aller le voir. La jaunisse du jeune diacre va mieux. L'esclave de Khourshid-agha est malade, et Khourshid est assis à son chevet tout en pleurs ; les femmes assurent qu'il faut que j'aille la visiter. Khourshid est un beau jeune Circassien, et il est très bon pour sa femme. »

Voilà tout le rapport. Soliman n'a rien au monde à

faire, et il m'apporte son rapport tous les jours ; le caquetage et l'importance lui plaisent. Le reis d'un bateau de cargaison m'a remis hier votre La Fontaine et un almanach, plus quelques journaux et des livres de la part de Hekekian-bey ; les journaux ont été les bienvenus.

Cheik Yousouf va au Caire pour essayer de se faire rendre quelques terrains que Méhémet-Ali a pris aux mosquées et aux ulémas sans leur donner aucune compensation [51]. Il m'a demandé si R... parlerait pour lui à l'effendina ou à Halim-pacha ; autrement, que vont devenir les musulmans ?

Aussitôt que je pourrai lire assez couramment, cheik Yousouf s'offre de lire le Coran avec moi ; c'est là un procédé fort insolite, car le « noble Coran » n'est pas généralement mis entre les mains des hérétiques. Mais ma « charité pour le peuple pendant la maladie » est regardée par Abd-el-W'aris, l'iman, et par Yousouf comme une preuve que j'ai « reçu direction », et que je suis un de ces chrétiens de qui Sidna Mahomet a dit qu'ils n'ont pas de fierté, qu'ils rivalisent de bonnes œuvres, et que Dieu accroîtra leur récompense. Ils n'ont aucune arrière-pensée de me convertir, car ils savent que le cas est désespéré.

Vendredi prochain est le Guma-el-Kebir (le grand Vendredi saint des coptes) ; les prières se font pendant le jour : j'irai donc à l'église. La prochaine lune est le grand Bairam-el-Ud-el-Kebir des musulmans, en commémoration du sacrifice d'Isaac ou d'Ismaël (les savants ne savent pas bien lequel des deux). Ce jour-là, Omar tuera un mouton pour les pauvres, en faveur de son bébé, comme c'est la coutume.

Enfin, j'ai réussi à détruire mon ennemi, quoiqu'il n'ait pas écrit de livre. C'était un fanatique de chien (quadrupède) appartenant à la famille copte qui demeure de l'autre côté de la cour. Il me détestait d'une façon si affreuse qu'il ne se contentait pas d'aboyer toute la journée contre moi ; il hurlait encore toute la nuit, même quand j'avais éteint ma lumière et qu'il ne pouvait me voir au lit. Il a été condamné à mort, puisqu'on n'avait pas pu lui faire comprendre la tolérance avec le bâton.

Mikael, fils du maître de ce chien, vient d'arriver d'El-Moutaneh, où il est le wekil de M. M... Il me fait une terrible relation de la maladie qui sévit parmi les hommes et sur le bétail ; huit ou dix hommes meurent par jour. Ici nous n'avons par jour que quatre morts sur une population d'à peu près deux mille âmes. Deux cent cinquante bœufs sont morts à El-Moutaneh. Quelques veaux sont morts ici, mais, jusqu'à présent, point de grosses bêtes, et le peuple est bien portant. Je crois vraiment que j'ai été de quelque utilité, parce que je n'ai pas montré de peur. Omar s'est admirablement conduit. Quelqu'un a essayé de lui mettre dans la tête que c'était « haram » (péché) de trop aimer les hérétiques ; mais il a consulté cheik Yousouf, qui lui a promis une récompense dans la vie future pour sa bonne conduite envers moi. Cheik Yousouf m'a raconté ce trait comme une bonne plaisanterie, en ajoutant qu'Omar était « ragil emin » : c'est l'éloge le plus grand qu'on puisse faire de la fidélité, car c'est le surnom du Prophète.

Omar baise les mains du Sidi-el-Kebir (le grand maître), et il envoie son meilleur salam au petit maître et à la petite maîtresse dont il est le dévoué serviteur. Il me demande si je ne baise pas aussi les mains d'Iskender (Alexandre) bey dans ma lettre, comme je devrais le faire, étant sa femme, ou si je me fais « grande devant mon maître », comme le font quelques dames françaises qu'il a vues. Yousouf est très intrigué au sujet des femmes européennes, et il est un peu choqué de leur manque de respect envers leurs maris. Je lui ai dit que le respect extérieur que ceux-ci nous témoignent est notre voile, en lui expliquant combien la différence était légère entre le mari et la femme. Il croyait que la loi nous donnait la supériorité.

Omar m'a rendu compte du sermon d'hier ; il roulait sur la « tolérance », à ce qu'il paraît. Yousouf avait pris pour texte ce passage du Coran : « Tu dois aimer ton frère comme toi-même et ne jamais te conduire envers lui autrement que tu ne voudrais qu'il se conduisît envers toi. » J'oublie le chapitre et le verset, mais il paraît qu'il a saisi le taureau par les cornes, et il a déclaré nettement que *tous les hommes* sont frères – il ne s'agit pas seulement des musulmans. On engage la congrégation à regarder surtout aux bonnes œuvres des autres, et non point à leur croyance, car Dieu connaît tout (il est Dieu ; il sait ce qui se passe dans les cœurs), et quand on voit quelque chose de répréhensible, on doit se souvenir que les hommes les meilleurs ont besoin de répéter : « Astaghfir Allah » (Je demande pardon de Dieu) sept fois par jour.

Je voudrais que les Anglais pussent savoir combien leur manière de parler de la religion à leurs domestiques est nuisible et déplaisante. Omar m'a confié qu'il était bien désagréable d'être questionné et de voir l'Anglais rire et hausser sa lèvre sans rien dire. « Je ne désire pas du tout, disait-il, lui parler de sa religion, mais, s'il parle de la mienne, il devrait bien aussi dire quelques mots de la sienne. Vous, Milady, quand je vous dis quelque chose, vous me répondez : « Il en est de même chez nous » ; ou bien vous me dites : « C'est différent » ; ou bien encore : « C'est bon, ou c'est mauvais », selon votre pensée ; mais c'est là la vraie manière de nous répondre et non pas de faire une mine qui veut dire : « Tout cela n'est que sottise. »

El-Ouksour, 15 mai 1864.

Nous sommes de retour à El-Ouksour depuis avant-hier au soir. La salve d'artillerie qu'Omar a tirée avec vos vieux pistolets a amené une masse de monde, et il y a eu un chœur de : « El-hamdoulillah, Salimeh ya Sitt ! » (Grâce soit rendue à Dieu, que la paix soit avec la dame !), et un tel baisemain, et : « Soyez la bienvenue dans votre pays ! » et : « Nous avons goûté votre absence et nous l'avons trouvée amère ! » etc., etc.

Mustapha est arrivé avec des lettres pour moi, et Yousouf rayonnait de joie. Mohammed accourait avec du pain frais fait de nouveau blé, Soliman apportait des fleurs, et le petit Ahmed s'est précipité frénétiquement pour baiser ma main. Quand le bon accueil a été calmé, Yousouf, qui était resté pour le thé, m'a dit que tout le bétail était mort. Mustapha a perdu trente-quatre bêtes, il lui en reste trois ; le pauvre Omar, le fermier, en a perdu cinquante-sept, c'est tout ce qu'il avait. Le peuple est d'ailleurs assez bien, mais la détresse doit être terrible maintenant dans la Haute-Égypte. Tout notre bétail est mort en six semaines. On bat le blé avec des ânes, les hommes tournent les sakiehs et tirent les charrues ; dans bien des endroits, ils tombent par vingtaines à la fois d'excès de travail et de manque de nourriture. Toute l'agriculture dépendait des bœufs, et ils sont tous morts. A El-Moutaneh et dans les neuf villages à l'entour de la propriété d'Halim-pacha, vingt-quatre mille bêtes sont mortes ; il n'en restait que quatre quand nous étions là il y a trois jours.

Quoi qu'il en soit, je veux vous raconter mon voyage. Nous avons passé deux jours et deux nuits à Philæ. Il faisait *vraiment* chaud ; les rochers de basalte qui encaissent le fleuve tout autour de l'île étaient brûlants. S... et moi nous avons dormi dans la chambre d'Osiris, sur le toit du temple, sur nos lits gonflés d'air. Omar s'est couché en travers de la porte pour nous garder ; A... avec son copte et le marin bien élevé Ramadan ont été envoyés bivouaquer sur le pylône. Ramadan a pris la dame sous sa responsabilité spéciale. Il est fort respectueux et il nous sert avec dévouement, mais sans jamais lever les yeux sur nos figures ; il ne parle que lorsqu'on lui adresse la parole. Philæ est à six ou sept milles d'Assouan ; nous avons traversé à ânes le beau village de la Cataracte et le noble lieu des tombes d'Assouan. L'étonnement a été grand en voyant des Européens venir à Assouan tellement hors de saison ; nous étions pour eux comme des hirondelles en janvier.

Je n'ai pas pu dormir dans la chambre à cause de la chaleur ; j'ai jeté un « abbayeh » (manteau égyptien) sur mes épaules et je suis allée m'étendre sur le parapet du temple. Quelle nuit ! Quelle vue superbe ! Les étoiles donnaient autant de lumière que la lune en Europe ; tout, à l'exception de la cataracte, était tranquille comme la mort et brûlant de chaleur ; les palmiers étaient plus beaux et plus mélancoliques que jamais. Alors Omar s'est éveillé et il est venu s'asseoir à mes pieds pour les frotter en chantant une chanson d'une esclave turque. J'ai dit : « Ne frotte pas mes pieds, ô mon frère ! ce n'est pas convenable pour toi. » (Il est absolument au-dessous de la dignité d'un libre musulman de toucher les pieds ou les souliers de qui que ce soit.) Mais il chantait dans sa chanson : « L'esclave du Turc peut être libéré pour de l'argent ; mais comment acquitter la rançon de celui qui a été payé en bonnes actions et en douces paroles ? »

Le jour s'est alors levé d'une couleur de pourpre

foncé, et je suis descendue me baigner dans le Nil ; sur l'autre île vis-à-vis, j'ai aperçu des filles dans leur costume d'été, lequel consiste dans une frange de cuir passée autour de leurs sveltes hanches, admirablement gracieuses ! Elles portaient d'immenses corbeilles de la forme de soucoupes, pleines de blé, sur leurs nobles jeunes têtes.

Ensuite, je suis remontée m'asseoir au bout de la colonnade, regardant vers la Nubie et rêvant à « Celui qui dort dans Philæ », jusqu'à ce que le grand Ammon-Ra eût embrassé trop chaudement mon visage du nord et qu'il m'eût chassée dans le temple pour y déjeuner – café, pipes et kief.

Dans la soirée, trois petits Nubiens tout nus nous ont promenés pendant deux ou trois heures sur le glorieux fleuve dans une barque faite de milliers de morceaux de bois, chacun d'un pied de long ; de temps à autre ils sautaient dans l'eau, ils disparaissaient et reparaissaient de l'autre côté du bateau.

Assouan était rempli de soldats turcs, qui sont venus prendre nos ânes, en nous regardant jusque dans le blanc des yeux fort irréligieusement.

Nous sommes retournés à notre bateau en quittant Philæ, le matin du troisième jour. S... s'est évanouie par suite de la chaleur, de la fatigue et aussi du concombre mangé à souper. Omar est arrivé et il s'est mis à pleurer amèrement sur elle, tout terrifié de voir un évanouissement. Elle était guérie le jour d'après, mais moi j'étais malade et obligée de garder le lit. Omar a fait le garde-malade, et il m'a apporté des pigeons bouillis avec du riz, qui sont considérés comme un médicament. Comme je refusais de manger, il a arraché les meilleurs morceaux avec ses doigts, et il me les a offerts. J'aurais bien voulu que ceci fût arrivé à une Anglaise « difficile », toute fraîche débarquée. Quant à moi, j'en suis arrivée à préférer la nourriture offerte avec les doigts – j'entends des doigts arabes qui sont lavés cinquante fois par jour. Je me suis bientôt remise, mais je ne suis pas descendue à terre à Kom-Ombroun ni à El-Kab.

J'ai pu seulement descendre à Edfou, où nous avons passé le jour dans le temple, et à Esneh, où nous avons essayé d'acheter du sucre, du tabac, etc., sans rien trouver du tout. Cependant Esneh est un chef-lieu avec un moudir ! Ce n'est qu'en hiver que des voyageurs peuvent y acheter quelque chose. A Edfou, nous avons dû prier le nazir d'ordonner à un homme de nous vendre du charbon de bois. Les gens du pays se passent de sucre, fument du tabac vert et mangent des haricots. Nous serons bientôt forcés de faire comme eux, car nos approvisionnements sont presque complètement épuisés. Nous nous sommes arrêtés à El-Moutaneh, où nous avons eu un bon dîner dans la maison de M. S... ; ils nous ont même donné un pain de sucre.

Mme M... m'a raconté la visite que Rachel [52] leur a faite pendant trois mois à El-Ouksour dans la maison que j'habite, et où ils vivaient alors. Rachel détestait tant cet endroit que, quand elle s'est embarquée pour partir, elle s'est retournée et elle a craché à terre, en maudissant ce pays habité par des sauvages, et où elle s'était « ennuyée à mourir ».

Les Françaises en général n'aiment pas les dames arabes, qui, à ce qu'elles prétendent, ne sont pas « galantes ». En écrivant ceci, je ne puis m'empêcher de rire en pensant à cet accouplement de la « galanterie » et de l'Arabe mis ensemble dans une si belle maxime, et je regarde mon frère Yousouf qui s'est endormi sur une natte, tout à fait accablé par le simoun qui souffle et par le jeûne qu'il garde aujourd'hui, veille de l'Id-el-Kebir.

Ma maison est l'endroit le plus frais du village ; le thermomètre n'est qu'à 98° Fahrenheit maintenant, à onze heures du matin, dans le divan ténébreux. Le kadi, le maoun et Yousouf sont venus me voir tous ensemble, et, quand les autres ont été partis, Yousouf s'est endormi ; quant à Omar, il dort dans le couloir, et S... dort dans sa chambre. Moi seule je ne dors pas, mais le simoun est terrible. A... est resté en course toute la journée pour voir et dessiner, il ne souffre nullement de la chaleur. Je ne peux plus me promener, car le sable me fait venir des ampoules aux pieds. J'ai dormi sur la terrasse la nuit passée, et il faisait toujours très chaud. Aujourd'hui à midi le vent du nord s'est levé et nous a ranimés, quoiqu'il y eût toujours 102° Fahrenheit dans mon divan.

Mon vieil arrière-grand-père (comme il s'appelle) est venu chez moi prendre une pipe et du café. C'était le guide de Belzoni [53], et son fils aîné est né sept jours avant l'arrivée des Français à El-Ouksour. Il est très beau et encore fort droit ; il aime beaucoup à causer, mais il ne se souvient que des vieux temps et il me prend pour Mme Belzoni. Il est le grand-père de Mohammed, le gardien de cette maison, et l'arrière-grand-père de mon petit Ahmed. Ses petits-fils l'ont marié à une bonne vieille femme qui le soigne. Il m'appelle « Milady petite-fille » ; il appelle Omar Mustapha, et nous le saluons du nom de « grand-père ». Je voudrais pouvoir le dessiner, il est magnifique.

Le simoun a duré neuf jours et il nous a fort éprouvés ; l'énorme transpiration nous a tous amaigris. Le thermomère reste à 98° Fahrenheit : c'est un temps agréable avec un vent du nord, mais le simoun vous dessèche ; c'est terrible, noir et accablant.

El-Ouksour, 12 juin 1864.

J'ai un horrible mal de dents qui est aggravé par la coutume orientale, c'est-à-dire que tout le beau monde de Thèbes est venu s'asseoir autour de moi, suggérer des remèdes, regarder dans ma bouche et faire toute une affaire de ma misérable dent. Cheik Yousouf a posé deux doigts sur ma joue en récitant deux vers du Coran – sans aucun effet, je regrette de le dire, si ce n'est que, quand ses doigts me touchaient, la douleur cessait. On me dit qu'il est célèbre pour son habileté à apaiser les maux de tête et autres douleurs nerveuses ; il est sans doute un mesmériste [54] inconscient.

Notre pauvre maoun a été terrifié l'autre jour par une communication d'Ali-bey (moudir de Keneh) ; c'est qu'en effet il avait appris d'Alexandrie que quelqu'un avait raconté que les rues d'El-Ouksour étaient encombrées de bœufs morts, et que l'endroit était devenu pestilentiel. L'esprit britannique a tout de suite suggéré une déclaration contraire, signée par les habitants les plus honorables du lieu. Le kadi l'a rédigée ; il est venu pour me la lire, il a pris ma déposition et il a légalisé ma signature.

Le maoun est parti, se réjouissant de ce que les « kalam-el-Ingliseeh » (les paroles de l'Anglaise) mettront en déroute les assertions d'Ali-bey. La vérité, c'est que le digne maoun a travaillé très rudement de sa personne à surveiller l'horrible besogne de l'enfouissement du bétail mort. C'était fort dangereux et fort déplaisant. Se défaire de trois ou quatre cents bœufs morts chaque jour, à l'aide d'un personnel très limité, ce n'est pas chose facile ; mais, si un Anglais en voyage flaire une mauvaise odeur à un mille de distance, il injurie ces

« paresseux d'Arabes ». Les bêtes n'ont pas pu être enfouies assez profondément, mais toutes ont été portées à un mille au moins du village. Je voudrais bien que quelques-uns des *dilettanti* qui font si bien fi de nous dans notre peine fussent forcés de voir ou de faire ce que j'ai vu et fait.

17 *juin*. – Quatre ou cinq jours, nous avons eu une chaleur si terrible, grâce au simoun, que je n'ai été bonne à rien et que positivement je n'ai pas eu la force d'écrire ; de plus, je reste toute la journée dans l'obscurité, et j'écris maintenant sans y voir. La nuit, je vais m'asseoir dans le « fes-hah » (grand balcon couvert) ; mais je ne peux pas y allumer de bougies à cause des insectes. Je dors là-dehors jusqu'à six heures du matin, où je rentre pour rester dans la maison jusqu'au soir. Ces deux semaines sont le temps le plus chaud de l'année. Aujourd'hui commence la crue du Nil à sa source, et bientôt le fleuve grossira et rafraîchira le pays ; il monte déjà d'une coudée, et l'eau est toute verte ; elle sera rouge comme du sang le mois prochain.

Un drôle de petit garçon à moitié noir, d'un an et demi, m'a prise en affection, et il vient me regarder pendant des heures entières, puis il danse pour m'amuser ; c'est le fils de Mohammed notre gardien, né d'une esclave noire comme jais ; lui, il est brun-noir et fort gentil. À une oreille il porte un morceau de fil de fer, et des anneaux en fer autour de ses chevilles, voilà tout ; quand il vient chez nous, le petit Ahmed, qui est son oncle, « l'ajuste convenablement » en vidant un seau d'eau sur sa tête pour en retirer la poussière, dans laquelle naturellement il s'était roulé. Ceci équivaut à mettre un tablier propre à un enfant. Je suis sûre que vous voudriez acheter le petit Saïd ; il est si joli et si enjoué ! Il chante, danse et jabote de l'arabe d'enfant ;

puis, il s'assied comme une bizarre petite idole, les jambes croisées, et il reste ainsi sans bouger le moins du monde pendant des heures entières.

Je vous écris de la cuisine, l'endroit le plus frais où il y ait un peu de lumière. Omar épelle diligemment des mots de six lettres, tenant une cuiller en bois dans sa main et une cigarette entre ses lèvres. S... est couchée par terre. Je ne veux pas décrire notre costume ; il y a deux mois que je n'ai pas porté de gants ni de bas ; je crois que vous seriez bien étonné de voir la « fellahah » qui « vous possède » si parfaitement brune du visage, des mains et des pieds. Un des hommes de l'équipage de A... disait : « Voyez comme le soleil des Arabes aime la dame ; il l'a si chaudement embrassée qu'elle ne peut plus maintenant retourner parmi son peuple. »

Hier soir je suis allée voir El-Karnak au clair de lune ; les colonnes gigantesques étaient éclatantes de beauté, je n'ai jamais rien vu de si solennel. Au retour, nous avons rencontré le cheik-el-beled, qui a commandé une escorte de dix hommes pour m'accompagner chez moi. Pensez à moi montée sur mon pauvre âne et gardée bien gratuitement par dix grands gaillards armés de lances immenses et de respectables fusils !

Nous avons trouvé une belle compagnie assise à la porte de Mustapha et nous nous sommes arrêtés. Il y avait un farouche cheik-el-islam de Tunis, un maughrabi, assis en grande cérémonie sur un tapis où il recevait l'hommage des assistants. Je ne crois pas que la femme hérétique lui ait plu ; le maoun même n'osait plus être envers moi aussi poli que d'habitude ; mais il a pris, à côté du saint homme et au-dessus de moi, la place que j'avais respectueusement laissée vacante. Mustapha était fort embarrassé ; il avait peur de ne pas être assez respectueux envers moi, et en même temps il ne voulait pas choquer le cheik. Sur ces entrefaites, Yousouf est revenu des bords du fleuve, où il s'était baigné et avait dit ses prières ; c'est alors qu'on a vu le vrai gentilhomme. Il a fait le salam au grand cheik, qui lui a fait signe de s'asseoir devant lui ; mais Yousouf est venu tranquillement se mettre *au-dessous* de moi sur la natte, appuyant le coude sur mon coussin, et faisant plus de démonstrations d'amitié pour moi qu'à l'ordinaire. Quand je suis partie, il est venu m'aider à monter sur mon âne. Le saint cheik s'est levé pour aller prier, et Mustapha a suggéré à Yousouf d'aller avec lui ; mais Yousouf a simplement souri et il n'a pas bougé ; il avait prié déjà, il n'y avait qu'une heure, sur les bords du Nil.

Osman-effendi, le jeune Turc, est alors arrivé, amenant un pauvre diable d'un village éloigné, qui était accusé d'avoir volé une lettre contenant de l'argent, adressée à un usurier grec. La discussion devint bientôt générale : l'homme niait tout, cela va sans dire ; mais le nazir avait envoyé l'ordre de le faire battre. Omar s'est écrié : « Quelle honte de battre un pauvre homme sur la simple parole d'un usurier grec qui dévore le peuple ! Le nazir ne devrait pas l'aider. » Un Grec était là qui regardait Omar de travers, et le Turc restait bouche béante d'horreur. Yousouf lui dit avec son doux sourire : « Mon frère, tu parles anglais », et il me regardait en même temps ; nous avons tous ri et j'ai répondu : « Merci pour le compliment. »

Tout le village est en belle humeur ; le Nil monte vite, et une étoile d'une signification très heureuse a fait son apparition, à ce que me dit Yousouf. L'étoile présage une bonne année et la fin de nos malheurs. Je vais beaucoup mieux ; je sens aussi la crue du Nil : il fait tout revivre. Les deux ou trois semaines dernières m'ont beaucoup éprouvée à cause du simoun et de l'extrême chaleur. Je suppose que j'ai meilleure mine, car tout le monde ici rend grâce constamment à Dieu pour mon air de bonne santé.

El-Ouksour, 13 août 1864.

Nous avons eu notre purgatoire pendant un mois de vent chaud et de poussière, comme je n'en ai jamais vu. Impossible de sortir de la maison : donc, en désespoir de cause, je viens d'engager un bateau à vapeur qui s'en retourne. C'est une *occasion,* et dans peu de jours je pars pour Le Caire, où je resterai jusqu'à ce que, « Inshallah ! », vous veniez me rejoindre. Le mois de novembre est le temps agréable du Caire.

Je suis maintenant une « Arabe stupide et paresseuse ». Depuis six semaines à peu près je couche sur une natte, dans un couloir obscur, tout en pierre ; mais ma poitrine n'est pas empirée, je crois même qu'elle va mieux ; ma santé n'a pas souffert du tout, seulement je suis stupide et paresseuse.

J'ai eu dernièrement l'aimable visite d'un grand docteur qui revenait de La Mecque ; c'est un homme si savant qu'il peut lire le Coran de sept différentes manières. J'ai eu aussi la visite d'un médecin de « hekmels » (connaissance) européen. Imaginez mon étonnement quand un grand ahlim en magnifique costume hadji est entré chez moi et a dit en français : « Madame, tout ce qu'on m'a raconté de vous fait tellement l'éloge de votre cœur et de votre esprit, que je me suis arrêté pour tâcher de me procurer le plaisir de faire votre connaissance. »

Nombre d'habitants d'El-Ouksour sont arrivés pour

présenter leurs respects au grand docteur ; il m'a dit qu'il espérait bien que je n'avais pas été molestée à cause de ma religion, et que, s'il en était par hasard ainsi, je devrais le pardonner, parce que les gens d'ici sont fort ignorants, et les barbares sont partout des bigots. J'ai répondu : « Les gens d'El-Ouksour sont mes frères. » Et le maoun a ajouté : « Il est certain que les fellahs sont de vrais bœufs ; mais ils ne sont pas des porcs pour insulter la religion d'une dame qui a servi Dieu au milieu d'eux comme l'a fait celle-ci. Il n'y a pas de jour qu'elle n'ai risqué sa vie. – Et si elle était morte, répondit le grand théologien, sa place eût été marquée parmi les martyrs de Dieu, parce qu'elle a montré plus d'amour à ses frères qu'elle n'en a pour elle-même. »

Si ce n'était là qu'une comédie, c'était du moins dit en arabe devant huit ou dix personnes par un homme d'une grande autorité religieuse. Omar était au troisième ciel d'entendre parler de sa « Sitt » d'une manière si haute pour la religion. Je crois qu'un grand changement se fait parmi les ulémas, que l'islam cesse d'être un simple drapeau de parti, et qu'on s'y attache tous les jours davantage au côté moral. Mon illustre ahlim a aussi dit que j'avais pratiqué les préceptes du Coran ; puis il a ri en ajoutant : « Je suppose que je devrais dire l'Évangile ; mais qu'importe ? La vérité (el-hakk) est une, qu'elle soit dite par Notre Seigneur Aïssa (Jésus) ou par Notre Seigneur Mahomet. » Il m'a invitée à aller à La Mecque l'hiver prochain pour ma santé, parce qu'il y fait très chaud et très sec. J'ai appris qu'il avait rencontré El-Bedraoui et le marchand de Khartoum à Assouan. Le jeune garçon était guéri, et j'avais été énormément louée par eux.

Nous exportons maintenant tout notre blé. J'étais assise l'autre soir sur la marche de la porte de Mustapha, et j'ai vu des Grecs suivre pieusement et avec ardeur le commandement de dépouiller les Égyptiens. Il y a huit mois qu'un Grec a acheté du blé à soixante piastres l'ardeb (il prévoyait bien l'intervention du percepteur copte des taxes, vrai vautour fondant sur un corbeau) ; le blé est maintenant à cent soixante-dix piastres l'ardeb, et le fellah a en outre payé trois et demi pour cent par mois. Calculez le profit ! Deux hommes que je connais sont complètement ruinés, et ils ont dû vendre tout ce qu'ils possédaient. L'épizootie des bestiaux les avait forcés d'emprunter à ce taux ruineux, et maintenant, hélas ! le Nil tarde à monter et les pauvres gens sont anxieux.

Malheureuse Égypte ! ou plutôt malheureux Égyptiens ! Il va sans dire que l'imprévoyance de ceux qui sont ainsi trompés est bien grande. Le ménage de Mustapha est un modèle d'hospitalité embrouillée, et lui-même est tour à tour généreux et mesquin. Mais, quand un peuple est comme celui-ci absolument ignorant de ce que nous appelons civilisation, et isolé de tout comme le sont ces Égyptiens de la Haute-Égypte, quelle chance un tel peuple a-t-il dans sa lutte contre les Européens d'un caractère peu scrupuleux ? Je crois que je connais maintenant assez bien les fellahs. Mais je ne peux plus écrire par ce vent et cette poussière. Une fois au Caire, j'écrirai de nouveau. Si vous viviez dans un simoun perpétuel, vous seriez aussi paresseux que moi.

Le Caire, 21 octobre 1864.

J'ai reçu votre lettre hier ; j'espère que vous aurez appris que je vais mieux. Ma maladie était une fièvre perpétuelle non intermittente, elle a fini par une congestion au foie qui a naturellement exaspéré la toux ; mais je suis complètement remise, quoique très faible. Je monte mon âne, et le temps est tout d'un coup devenu superbe, sec et frais. (Je grelotte quelque peu avec le thermomètre à 79° Fahrenheit ; c'est absurde, n'est-ce pas ? mais je m'étais accoutumée à une vraie chaleur.)

Je ne pouvais pas vous écrire mon départ d'El-Ouksour, ni vous dire un mot de mon voyage, car le temps était tout à fait tempêtueux après les premiers trois jours, et je suis tombée malade aussitôt que je me suis installée dans ma maison. J'ai loué, moyennant six bourses (quatre cent cinquante francs), un bateau qui avait conduit des Grecs jusqu'à Assouan. Ces gens vendaient des épiceries et des boissons fortes ; mais le reis n'a pas voulu ramener leur cargaison de retour d'esclaves noires, de peur de salir son bateau, et il est venu nous prendre à El-Ouksour.

Nous sommes partis à l'aube, ayant attendu toute la journée précédente, parce que c'était, disait-on, un jour malheureux. Quand je fus assise dans le bateau, une foule de gens sont venus demander avec anxiété si je m'en retournais ; ils m'apportaient du pain frais, des œufs et autres denrées en guise de cadeaux. Tous les personnages de qualité sont accourus prendre congé de moi, et ils espéraient bien, « Inshallah ! », que je reviendrais « bientôt à mon village » en bonne santé, et que j'amènerais, s'il plaisait à Dieu, le maître, qui viendrait les voir. Ils ont ensuite récité le fat'hah pour mon heureux voyage et pour ma santé.

Dans la matinée, les balcons de ma maison étaient remplis d'un groupe singulier accouru pour nous voir partir ; c'était d'abord une troupe de sauvages et noirs Abab'deh, avec leurs longs fusils arabes et leurs cheveux flottants, puis un Turc élégamment vêtu, Mohammed, dans sa robe brune convenable et son turban blanc, et aussi plusieurs fellahs. Au départ du bateau, les Abab'deh ont tiré des coups de fusil, et Osman-effendi a tiré aussi avec une espèce d'arquebuse ; quand nous commençâmes à descendre le fleuve, ce fut un feu général. Theodoros même (Théodore), le ma-alim copte, déchargea son revolver américain ; Omar riposta avec les vieux pistolets d'arçon d'A... qui sont ici très admirés à cause du bruit excessif qu'ils font.

Le pauvre vieux Ismaïl, qui supposait toujours que j'étais Mme Belzoni, et qui voulait me conduire à la rencontre de mon mari à Abou-Simbel, était fort chagriné de ne pouvoir pas m'accompagner au Caire. Il affirmait qu'il était encore « ghedeed » (assez fort) pour me protéger et pour se battre. Il a quatre-vingt-dix-sept ans, et il ne se rappelle que ce qui s'est passé il y a cinquante ou soixante ans, dans les vieux temps sauvages ; c'est un magnifique vieillard, beau et parfaitement droit. Je lui donnais du café et j'écoutais ses longues histoires, ce qui m'a gagné son cœur. Son petit-fils, le tranquille et assez imposant Mohammed, le gardien de la maison que j'habite, a oublié toute sa dignité de mahométan ; il s'est arrêté au milieu du discours qu'il avait étudié et il s'est jeté à terre en embrassant et en serrant mes genoux et en pleurant. J'ai découvert qu'il avait quelque idée d'un malheur dont il était menacé, et qu'il était désolé de nous voir partir ; le bakchich n'a pas pu le consoler. Cheik Yousouf devait venir avec moi, mais un de ses frères a écrit qu'il allait revenir du Hedjaz où il était en garnison avec les troupes dans lesquelles il faisait son temps de service. J'ai été peinée de perdre sa compagnie.

Pendant trois jours nous avons eu un temps magnifique sur le fleuve, et des nuits admirablement belles, avec un clair de lune admirablement doux ! Nous avons un marin qui était aussi habile qu'un « alati » ou chanteur de profession. Il chantait des chansons religieuses qui, je l'ai observé, excitent les gens de ce pays plus que des chansons d'amour. Une de ces chansons commençant ainsi : « Ôte mes péchés de devant tes yeux, ô Dieu ! » était vraiment belle et touchante ; et je ne fus pas étonnée de voir des larmes couler sur les joues d'Omar. Voici une très jolie chanson plus profane : « Gardez-moi du vent, ô Seigneur ! J'ai peur qu'il me fasse du mal. Hélas ! il m'a frappé et j'en suis malade ! Pourquoi m'amenez-vous le médecin ? Ô médecin ! remettez vos remèdes dans votre droguier, car il n'y a que celui qui m'a frappé qui puisse me guérir. »

N. B. Le pronom masculin est toujours usité en poésie ; c'est par convenance, et quelquefois même on s'en sert en conversation.

Sur le Nil, 23 décembre 1864.

Me voici de nouveau entre Beni-Souef et Minyeh, et déjà je me sens mieux à cause de l'air léger du fleuve et de la vie tranquille qu'on mène sur le bateau ; je vous enverrai d'Assiout mon salam de Noël. Merci mille fois pour votre bakchich de vin, qui a été fort apprécié. Pendant qu'A... était avec moi, j'avais beaucoup à faire, et réellement je n'ai pas pu tout écrire, car je n'étais pas encore remise de la fièvre, et il y avait beaucoup à voir et à discuter. Je crois qu'il s'est amusé, mais je crains qu'il n'ait trouvé la vie orientale bien misérable et manquant du nécessaire. Il aura été content d'en revenir aux us et coutumes européens, à Alexandrie. Je me suis si accoutumée à ne rien avoir à moi que j'ai parfaitement oublié l'effet qui devait se produire sur un nouveau venu. Le vrai malheur, c'est l'énorme prix de toute chose. Le Caire est deux fois plus cher que Londres pour bien des objets, et je m'attends à trouver El-Ouksour fort cher aussi. Il y a peu de voyageurs cette année, sans doute en partie par suite de cette cherté universelle. Je suis désolée d'apprendre combien de mes lettres d'El-Ouksour ont été perdues ; dorénavant je me fierai à la poste arabe, elle est certainement plus sûre que les voyageurs anglais.

Je vous prie de dire au doyen Stanley que son vieux drogman Mohammed-Garoni a pleuré de joie en me racontant qu'il avait vu la sœur de « cheik Stanley » en route pour les Indes, et que les petites demoiselles « savaient son nom » et lui ont donné une poignée de main, chose qui évidemment valait pour lui plus que le bakchich. Je me demandais qui était « cheik Stanley », et Mohammed (qui est un derviche fort sérieux) m'a expliqué que le cheik Stanley est le « gasis » (prêtre) qui était iman (guide spirituel) du fils de notre reine, « et en vérité, a-t-il ajouté, il est véritablement un cheik, et une personne qui enseigne des choses excellentes en religion. Il était bon même pour son cheval ; et c'est une des bontés de Dieu envers les Anglais qu'un tel homme soit iman de votre reine et du prince ».

J'ai répondu en souriant : « Comment se fait-il que toi, qui es un derviche parmi les musulmans, tu parles ainsi d'un prêtre nazaréen ? – En vérité, ô dame ! a-t-il répondu, celui qui aime toutes les créatures de Dieu, Dieu l'aimera aussi ; en ceci il n'y a pas de doute. »

A... pourra vous dire comment le sentiment patriarcal de l'Orient a été curieusement mis en lumière par Omar qui m'a détrônée tout à fait, moi qu'il aime tant, en faveur du « maître » qu'il n'avait jamais vu auparavant.

« C'est notre maître ; nous mangeons tous le pain de sa main, et il travaille pour *nous.* » Omar et moi nous étions égaux devant notre « sidi ». Omar peut s'asseoir à mes pieds tout à son aise mais, dès que le maître arrive, il doit se mettre debout respectueusement, et il me donne à entendre que je dois aussi me montrer respectueuse.

J'ai loué le bateau de la Mission américaine à un prix fou : mille cinq cents francs ; mais je n'ai rien pu trouver de meilleur marché ; la seule consolation, c'est que les marins en profitent. Pauvre gens ! ils ont ainsi triples gages. Les hommes de mon équipage sont tous Nubiens : le reis et le timonier sont frères et très beaux tous deux ; il y a un jeune garçon noir d'à peu près quatorze ans avec des jambes et des pieds si bien faits que c'est vraiment merveille.

Notre bateau de l'été passé, celui d'A... T..., marche de conserve avec nous, et l'imposant vieux reis, Embarek, me salue chaque matin en me souhaitant la bénédiction de Dieu et la paix du Prophète. Ali Kaptan, mon capitaine du bateau à vapeur, doit annoncer notre arrivée à Thèbes. Il nous a dépassés aujourd'hui. Mon bateau est bon marcheur, mais, comme il est en fer, bruyant et peu commode. L'équipage encourage Alim en lui disant : « Allez vite, père de trois ! » parce qu'il a trois voiles, tandis que deux voiles est le nombre ordinaire.

Mes hommes sont actifs et de bonne humeur, mais ils n'ont pas la courtoisie arabe et les manières sympathiques. Puis je ne comprends pas leur langage, qui est charmant, mais qui sent un peu le cafre, c'est-à-dire qu'il est gazouillant et chantant, au lieu d'être, comme l'arabe, sonore et guttural. Je parle assez bien ce dernier idiome pour une étrangère ; en d'autres termes, je peux soutenir une conversation. Je comprends tout ce qu'on me dit beaucoup mieux que je ne puis parler moi-même, et je sais à peu près la moitié de ce que les Arabes se disent entre eux. Au Caire, j'ai acheté un assez bon dictionnaire qui m'aide beaucoup. Quand – « Inshallah ! Inshallah ! » – je vous reverrai l'été prochain, j'espère que je serai une Orientale finie.

El-Ouksour, janvier 1865.

Je vous ai envoyé une lettre par la poste arabe de Girgeh, parce que nous avions passé devant Assiout par un bon vent ; j'espère que cette lettre vous arrivera. Mon équipage a travaillé comme jamais je n'ai vu des hommes travailler. Ils étaient payés pour aller jusqu'à El-Ouksour ; pendant dix-huit jours de suite ils n'ont pris ni repos ni sommeil, ni jour ni nuit, et ils étaient toujours gais et de bonne humeur. Cela montre quelle force et quelle résistance ont ces « Arabes paresseux », quand il y a du bon argent sonnant à la fin d'une longue besogne, au lieu de la panacée favorite du « bâton ».

Nous sommes arrivés à minuit, et le lendemain matin mon bateau avait l'air d'être mis au pillage ; une foule de gens, riant et bavardant, couraient à la maison, se chargeant d'articles isolés, pris au hasard – pains de sucre, pots et terrines, livres et coussins –, le tout pêle-mêle. J'avais peur de la casse, mais tout a été mis à l'abri sain et sauf ; les petits garçons, d'un âge qui leur donnait le privilège d'entrée dans la cabine, sont partis avec les paquets les plus bizarres d'effets d'habillement ; mais de bakchich pas un mot : « El-hamdon-lillah sallameh ! » (Grâce à Dieu, tu es en paix !), et « Ya Sitt, ya emireh ! », jusqu'à m'en faire tourner la tête. Le vieux Ismaïl m'a tout simplement embrassée, et le petit Ahmed s'est cramponné à mes côtés.

Je suis allée chez Mustapha pendant qu'on déballait le tout ; j'y ai déjeuné et j'ai trouvé des lettres de vous tous, de ma tendre mère, et jusqu'à de ma R... chérie. Cheik Yousouf était enchanté de sa grande écriture et il a dit qu'il croyait que les nouvelles contenues dans cette lettre étaient les meilleures de toutes. Il faisait excessivement chaud pendant les deux premiers jours. Le temps est délicieux maintenant ; il souffle un excellent air frais, et le soleil est resplendissant. J'ai apporté pour le tombeau d'Abou-el-Hadji deux lanternes arabes ordinaires ; son mouled se célèbre à l'heure qu'il est. Omar a pris les lanternes et les a allumées ; il m'a dit que plusieurs personnes en avaient prié d'autres de dire le fat'hah pour moi.

Hier, j'étais assise sur le sable, au milieu du peuple, et je regardais les hommes qui faisaient une fantasia à cheval en l'honneur du cheik ; un drogman intelligent, qui était présent, racontait la mort d'une jeune fille anglaise qu'il avait servie, et ainsi, de fil en aiguille, nous parlâmes des étrangers qui étaient enterrés ici, et de la manière dont l'évêque copte avait extorqué deux mille cinq cents francs. J'ai dit : « Maleysh (n'importe), pendant ma vie on a été hospitalier ici envers moi, et ils ne cesseront pas de l'être, si je meurs ; mais ils me donneront un tombeau parmi les Arabes. » Un vieillard a répondu : « Puissé-je ne pas voir ton jour, ô dame ! mais certainement tu seras enterrée comme une fille des Arabes, quoique nous ayons à avoir peur de la colère de ton consul et de ta famille ; mais tu sais bien que tu reposeras sûrement dans un tombeau musulman. – Comment cela ? repris-je. – C'est que, quand un méchant musulman vient à mourir, les anges l'enlèvent du tombeau et mettent à sa place un des meilleurs d'entre les chrétiens. » Ceci est l'expression populaire de la doctrine d'après laquelle les bons sont sûrs d'être sauvés. Omar a de suite confirmé ce dire. « Certainement il n'y a pas de doute, et je connais une histoire qui s'est passée au temps de Mohammed-Ali-pacha et qui le prouve. » Nous avons demandé à connaître cette histoire, et Omar a commencé ainsi :

« Il y avait un homme, parmi les musulmans, si avare qu'il refusait à qui que ce soit même le petit morceau de papier qui est dans la datte ! (Coran.) Quand il se sentit mourir, il dit à sa femme : "Allez dehors et achetez-moi une masse de dattes pressées." Quand sa femme l'eut apportée, il ordonna qu'on le laissât tout seul. Alors il ôta tout son or de sa ceinture, l'étala devant lui et, ayant enveloppé deux ou trois pièces ensemble dans chacune des dattes, il les avala morceau par morceau jusqu'à ce qu'il n'en restât que trois. Lorsque sa femme rentra et qu'elle eût vu ce qu'il faisait, elle lui arracha les dattes de la main. Mais bientôt il se renversa en arrière et il tomba mort. On le porta au cimetière et on le mit dans sa tombe. Quand les hommes du kadi sont venus pour mettre les scellés sur ses biens, ne trouvant point d'argent, ils ont dit : "Ô femme ! comment cela se fait-il ? Nous savons que ton mari était un homme riche, et, tu le vois, nous ne trouvons point d'argent pour ses enfants, ni pour ses esclaves, ni pour toi ?" La femme alors raconta ce qui s'était passé, et le kadi envoya chercher trois ulémas ; ils décidèrent qu'après trois jours la femme devait aller elle-même à la tombe de son mari, l'ouvrir, et prendre l'argent dans son estomac. Pendant ce temps une garde était placée près du tombeau pour empêcher que les voleurs n'y vinssent. Les trois jours étant expirés, la femme alla à la tombe ; les hommes de garde l'ouvrirent en disant : "Entre, ô femme ! et prends ton argent."

« La femme descendit seule dans le tombeau. Quand elle y fut, elle vit un cercueil comme les cercueils des chrétiens, au lieu du corps de son mari. Quand elle eut ouvert ce cercueil, elle y trouva le corps d'une jeune fille parée de beaucoup d'ornements d'or, de colliers, de bracelets et d'un kurs (diadème) en brillants sur la tête ; le tout était recouvert d'un voile en mousseline noire brodé d'or. La femme se dit : "Voyez, je suis venue pour prendre de l'argent, et en voilà ; je le prendrai et je cacherai toute cette affaire par peur du kadi !" Elle enveloppa donc tous les ornements dans son melayeh (drap de coton bleu diapré, porté comme un manteau), et elle sortit. Les hommes lui dirent : "As-tu fini ton affaire" et elle dit : "Oui." Puis elle s'en retourna chez elle. Quelques jours après, elle donna le voile qu'elle avait pris sur la jeune fille morte à un dellal (courtier) pour le vendre dans le bazar ; mais le dellal alla le montrer à quelques personnes et on lui en offrit cent piastres. Dans la boutique d'un des marchands se trouvait assis un puissant ma-alim (clerc copte) qui appartenait au pacha ; il vit le voile et il demanda : "Combien en veux-tu ?" Le dellal répondit : "Ô Hadrat-el-ma-alim (Votre Honneur le clerc) ! ce que tu voudras." Le ma-alim dit alors : "Prends ces cinq cents piastres et amène-moi la personne qui t'a donné ce voile pour recevoir mon argent." Le dellal alla donc chercher la femme, et le copte, qui était un homme important, appela la police, et il dit : "Arrêtez cette femme et amenez-moi mon âne ; nous irons ensemble devant le pacha." Il se rendit en hâte au palais, pleurant et se frappant la poitrine, et, quand il fut devant le pacha, il lui dit : "Regarde ce voile, il a été enterré il y a peu de jours avec ma fille qui est morte sans avoir été mariée. Je n'avais qu'elle, je l'aimais comme mes yeux et je n'avais pas voulu lui ôter ses bijoux. Elle s'était brodé ce voile elle-même et elle l'aimait beaucoup. Elle était jeune et belle, elle avait l'âge où elle pouvait se marier. Maintenant, voilà que les musulmans viennent voler jusque dans les tombes des chrétiens ; si tu permets cette horreur, nous chrétiens nous quitterons l'Égypte et nous irons vivre dans un autre pays, ô effendina (notre seigneur), car nous ne pouvons plus supporter de telles abominations."

« Le pacha s'est alors tourné vers la femme et lui a dit : "Malheur à toi, ô femme ! Est-ce que tu es musulmane, et as-tu commis une telle infamie ?" A cette question, la femme répondit en racontant tout ce qui s'était passé, comment elle avait simplement cherché de l'argent et comment, ayant trouvé de l'or, elle l'avait gardé. Alors le pacha dit : "Attends, ô ma-alim ! et nous découvrirons la vérité dans cette affaire." Il envoya donc chercher les trois ulémas qui avaient désiré que le tombeau fût ouvert après trois jours, et il leur exposa le cas. Les ulémas répondirent : "Ouvre maintenant la tombe de la fille chrétienne."

« D'après ce conseil, le pacha envoya ses hommes pour le faire ; mais, quand ils l'eurent ouverte, ils la trouvèrent pleine de feu, et au-dedans était le corps du musulman méchant et avare. Ainsi fut manifeste pour le peuple que, dans cette nuit de terreur, les anges de Dieu avaient fait ce miracle, qu'ils avaient enseveli la fille innocente des chrétiens parmi "ceux qui ont reçu direction", et qu'ils avaient mis le mauvais musulman "parmi ceux qui sont rejetés". »

Admirez un peu comme les légendes se développent vite ici ! Cette histoire, que tout le monde déclarait être parfaitement vraie, est placée sous le règne de Méhémet-Ali-pacha.

Il n'y a presque point de voyageurs cette année ; vingt bateaux au lieu de cent cinquante ou même davantage. Un garçon de quatorze ans, de religion israélite, vient de passer ici, voyageant sur un des bateaux du pacha comme un prince de sang royal, toutes ses dépenses payées avec une foule de serviteurs. « Tout cet honneur à l'argent d'un Juif ! » m'a dit un vieux fellah avec un ton de mépris. Le jeune Juif a renvoyé son drogman, homme respectable d'un certain âge qui est très malade ; il lui a payé à peine ses gages et la somme splendide de cent cinquante francs pour toutes ses dépenses d'ici au Caire. A bord de son bateau il avait un docteur et une multitude de domestiques ; mais il préfère abandonner l'homme ici entre les mains de Mustapha !

Comme je déplore tout ce qui tend à fortifier les préjugés, je suis désolée qu'un incident nouveau soit venu faire sonner le nom de Yahoudie (Juif) aux oreilles arabes plus mal encore qu'il ne sonnait déjà. J'ai reçu El-Rashidi, l'homme malade, chez moi, car le pauvre Mustapha est déjà surchargé de voyageurs.

Le peintre, M. Herbert[55], est au Caire, après avoir quitté Tarsbour près de Keneh. Je n'ai donc point de société française du tout ; mais cheik Yousouf et cheik Ibrahim, le kadi, viennent souvent prendre le thé chez moi, et, comme ce sont des hommes très aimables, je suis satisfaite de ma compagnie.

Quant aux manières, je ne pourrais pas trouver une meilleure société. A vrai dire, je dois avouer que, depuis que je me suis accoutumée aux façons respectueuses des Arabes bien élevés envers les femmes, je me trouve tout étonnée des manières des Anglais. En même temps tous les Arabes m'appellent : « Ô sœur ! » Les plus pauvres s'asseoient devant moi et me parlent à leur aise, sans embarras ni contrainte d'aucune sorte.

A propos, je veux vous dire ce que j'ai appris concernant la possession de la terre en Égypte, sur laquelle on dispute si vivement, comme le kadi me l'a expliqué.

Tout le territoire appartient au sultan de la Turquie, le pacha n'est que son « wekil » (représentant) nominal, comme nous le savons de reste [56]. Ainsi il n'existe pas de vrais propriétaires, mais seulement des tenanciers, qui payent annuellement de cent piastres (vingt-cinq francs) à trente piastres par feddan (à peu près un acre), suivant la qualité de la terre, ou la faveur du pacha, quand il veut bien l'accorder. Cette location est héréditaire pour les enfants ; elle ne l'est pas pour des collatéraux ni pour les ascendants. Elle peut être vendue, mais, dans ce cas, il faut obtenir la permission du gouvernement (el-miri). Si le propriétaire ou locataire meurt sans enfants, la terre retourne au sultan, c'est-à-dire au pacha ; et, si le pacha veut avoir la terre de quelqu'un, il peut la prendre contre paiement, – ou même sans paiement. Ne permettez à personne de vous dire que j'exagère ; je sais qu'il en est positivement ainsi ; je veux dire le sans paiement. Un homme a reçu feddan pour feddan de désert, en échange de sa bonne terre qu'il avait arrosée et cultivée.

Demain, c'est la grande nuit du mouled de cheik Abou-el-Hadji ; on m'a priée d'aller à la mosquée en faveur de ma santé, etc., et afin que mes amis puissent dire une prière pour mes enfants. La bienvenue cordiale, le bon accueil que j'ai reçu a été pour moi un vrai plaisir. Tout ce monde était content de ce que je me réjouissais de retourner à mon « beled-beledi » (villa-village) ; tous ont trouvé mon maître parfaitement bon d'être venu de si loin pour me voir, parce que j'étais malade. Quand je dis *tous,* j'en excepte un Turc qui évidemment regardait avec un mépris compatissant qu'on prît tant de peine pour une vieille femme malade.

J'ai suspendu ma lettre depuis longtemps. Vous n'en serez pas étonné, car, après une fièvre de dix jours, mon pauvre hôte Mohammad-el-Rashidi est mort aujourd'hui. Deux docteurs prussiens m'ont aidée pendant les quatre derniers jours, mais ils sont partis hier au soir. Il est mort tranquillement à midi, ayant sa main dans la mienne. Un bon vieux musulman était assis d'un côté, et moi de l'autre. Omar était debout à sa tête, et son jeune esclave était à ses pieds. Nous avons tourné sa figure vers le Kiblah, et je lui ai parlé pour voir s'il avait sa connaissance ; quand il inclinait sa tête, les trois musulmans entonnaient l'islami : « La Halla », etc., jusqu'à ce que je lui eusse fermé les yeux. Les « hommes respectables » sont venus un à un ; ils ont fait un inventaire de son avoir, qu'ils m'ont confié, et ils ont lavé le corps. Au bout d'une heure et demie, nous sommes tous allés au cimetière ; je suivais avec une troupe de femmes qui s'étaient jointes à nous pour pleurer « le frère qui est mort si loin de chez lui ». Quand nous avons passé au milieu des colosses brisés et des pylônes du temple pour aller jusqu'à la mosquée, la scène était frappante. Après la prière dans la mosquée, nous sommes allés au cimetière. Musulmans et coptes s'entraidaient pour porter le corps ; mon chapeau européen tranchait au milieu des femmes voilées, et le tout était à la fois familier et singulièrement étrange !

Après l'enterrement, l'iman, cheik Abd-el-Ouaris, est venu me voir et m'a embrassée sur les épaules ; le chérif, vieillard de quatre-vingts ans, a posé ses mains sur mes épaules en me disant : « N'aie pas peur, ma fille, ni pendant toutes les journées de ta vie, ni à l'heure de ta mort, car Dieu te conduit dans le sentier droit. » J'ai baisé la main du vieillard et j'allais partir, quand nombre d'hommes sont venus me dire : « Mille remerciements, ô notre sœur ! pour ce que tu as fait pour un de nous, et pour bien d'autres choses encore. »

A l'heure qu'il est, le chant solennel des fikis et la voix argentine du jeune garçon qui récite le Coran dans la chambre où l'homme est mort résonnent dans la maison. Ils passeront la nuit en prière, et demain il y aura une prière de délivrance dans la mosquée. Le pauvre Kheyr vient d'entrer dans ma chambre pour pouvoir y pleurer tout à son aise. Pauvre garçon, il est inscrit sur l'inventaire, et demain je dois le remettre aux autorités, pour qu'il soit envoyé au Caire avec le restant des biens. Il est fort laid avec son visage tout noir, luisant et gonflé ; mais il me baise la main et m'appelle sa mère d'une manière toute naturelle. Vous voyez qu'ici la couleur n'élève aucune barrière entre les êtres humains.

Cette année, le temps est magnifique, et, quoique j'aie eu de la fatigue et beaucoup d'inquiétude, je crois vraiment que je me porte mieux. Jamais je n'ai senti si peu le froid que cette année ; les matinées et les soirées fraîches ne paraissent pas m'affecter maintenant, et le climat me semble plus que jamais délicieux.

Je suis très chagrine que le jeune voyageur dont j'ai déjà parlé ait été si dur envers El-Rashidi, et que son docteur français se soit refusé à venir voir le mourant ; une telle conduite fait faire naturellement du mauvais sang ici. Au contraire, les docteurs allemands étaient tout ce qu'il y a de meilleur et de plus serviable. Si vous voyez le jeune M. S..., dites-lui que c'est son drogman qui est mort dans ma maison.

La fête d'Abou-el-Hadji a été un beau spectacle.

Elle n'était pas du tout brillante, loin de là, mais

elle était fort touchante ; les drapeaux du saint étaient portés par sa famille qui chantait ; les hommes avec leurs lances étaient à cheval et ils galopaient en tous sens.

Ma connaissance de l'année dernière, le cheik fanatique de Tunis, était parmi les assistants. Il m'a d'abord regardée d'un assez mauvais œil ; quand on lui a dit comment El-Rashidi avait été délaissé par son maître, il s'est mis tout de suite à tonner contre la haine de tous les infidèles, juifs ou chrétiens, envers les musulmans, et il a fini par demander où se trouvait le malade. Un petit sourire tranquille brillait dans les yeux doux du cheik Yousouf et il frisait sa moustache soyeuse en répondant d'un air grave : « Votre Honneur peut aller lui faire visite dans la maison de la dame anglaise. » Je dois avouer que le pharisien s'est exécuté de bonne grâce, car, après quelques moments d'hésitation, il est venu me prendre la main et il a même exprimé l'espérance que j'irais avec lui visiter le tombeau d'Abou-el-Hadji.

El-Ouksour, février 1865.

Nous avons un temps délicieux qui dure depuis tout l'hiver ; nous n'avons pas eu le moindre froid.

C'est une triste année ; tous les bestiaux sont morts. Le Nil, à l'heure qu'il est, est aussi bas que dans le mois de juillet passé ; le chant des hommes, quand ils arrosent le sol avec leurs shadoufs, est d'une tristesse trop vraie : « Ana ga'an », etc. (J'ai faim, j'ai faim, je veux un morceau de pain de doura [maïs]), chante un des hommes, et l'autre répond : « Meskin, meskinn ! » (Pauvre homme ! Pauvre homme !), ou bien encore ils chantent une chanson sur Saïdna Eyoub, notre seigneur Job, et sa patience. C'est maintenant d'un triste à-propos. On entend cette chanson de tous côtés, parce que les shadoufs sont en nombre immense. Les bœufs manquent pour tourner les « sakiehs » (roues à aubes). Tout est horriblement cher, et une multitude de gens sont malades rien que par la faiblesse que cause la mauvaise nourriture. En même temps j'entends dire que le gouvernement va prendre cinquante mille hommes pour travailler au canal de Girgeh à Assiout, à travers le Fayoum. La seule consolation, c'est que les gages ont augmenté de beaucoup ; mais cette augmentation pèse durement sur les riches.

Si le nouveau consul général de France [57] « ne connaît pas Joseph » et me met à la porte, j'irai vivre dans une autre maison que cheik Yousouf est en train de construire et dont il me donnera la terrasse en fabriquant trois chambres au-dessus pour moi.

Si le consul général me permet de rester ici, j'y laisserai tout mon mobilier et j'irai droit à Alexandrie, en route pour l'Europe. Je suis certaine que tous les habitants de Thèbes signeraient une pétition en ma faveur, s'ils savaient signer. Je quitterai El-Ouksour dans le mois de mai et je serai avec vous vers la fin de juin.

Les Abab'deh viennent de me faire visite et ils me proposent de me mener dans deux mois au mouled du cheik Abou-el-Hassan-el-Shad'lim dans le désert, à trois journées de marche d'Edfou. Ils prétendent qu'aucun Anglais n'y est jamais allé, et tous les sauvages Abab'deh et Bisharieyh s'y rendent avec leurs femmes et leurs chameaux. Cette invitation me tente fort, car je dors mal ; ma toux est fatigante et peut-être un changement pareil me ferait quelque bien.

El-Ouksour, 13 mars 1865.
Thermomètre à 84° Fahrenheit dans mon divan à 4 h.

J'espère que vous n'avez pas été effrayé par les bruits de bataille, de meurtre et de mort soudaine, dans cette partie du monde. Il y a une semaine, nous avons entendu dire qu'un bateau prussien avait été attaqué, que tous ceux qui étaient à bord avaient été tués et le bateau brûlé ; on ajoutait que dix villages étaient en pleine révolte, que l'effendina (le vice-roi) lui-même était venu et qu'il « avait pris un balai et fait table rase », c'est-à-dire qu'il avait exterminé les habitants.

Il paraît maintenant que la vérité, c'est qu'un derviche, qui était fou, a occasionné quelques troubles ; mais je vais vous raconter l'histoire comme on me l'a rapportée.

Ce derviche a fait ce que son père avait fait il y a trente ans, il s'est fait « ism » (nom) en répétant une des dénominations de Dieu, par exemple, « ya Latif », trois mille fois chaque nuit pendant trois ans, ce qui doit le rendre invulnérable. Il s'est lié alors avec un « djinn » (esprit) qui lui a enseigné bien d'autres tours, entre autres celui que Davenport accomplit en Angleterre, de savoir sortir de tous les liens dont on peut le charger. Puis le derviche a séduit les gens du désert en se proclamant « El-Mahdi [58] » (celui qui doit venir avec le Seigneur Jésus et tuer l'Antéchrist à la fin du monde), et il a prêché la révolte contre les Turcs. Trois villages au-dessous de Keneh, Gow, Rachenil et Bedou, ont pris part à ces troubles ; Fadd-pacha est arrivé avec des troupes sur des bateaux à vapeur, et après avoir fusillé à peu près une centaine d'hommes, il a dévasté les champs.

Nous avions d'abord entendu parler d'un millier de gens fusillés ; maintenant on dit qu'il y en a eu cent.

Les femmes et les enfants seront répartis dans d'autres villages. Quelques-uns disent que le derviche a été tué ; d'autres assurent qu'il s'est sauvé dans le désert avec une troupe de Bédouins et quelques fellahs des trois villages détruits. Gow est un lieu important, aussi grand, je crois, qu'El-Ouksour.

Le derviche est natif d'Es-Saliniyeh, village près d'ici ; hier, son frère, homme fort tranquille, et le vieux Hadji-sultan, beau-père de son père, ont été emmenés au Caire ou à Keneh, nous ne savons pas lequel, comme prisonniers. Il paraît que le bateau qui a été attaqué appartenait à des négociants grecs ; mais je crois que personne n'a été blessé et aucun bateau européen n'a été molesté. Le baron K... était hier ici avec sa femme ; ils ont vu la prise des villages, et ils nous ont dit que le peuple n'avait offert aucune résistance. Les soldats les fusillaient pendant qu'ils se sauvaient, et le baron a vu les soldats enlever tous les moutons et tout le bétail.

Ne vous alarmez point pour moi. Le derviche et ses adhérents ne peuvent pas arriver jusqu'à nous, car nous sommes à huit bons milles du désert, ou plutôt de la montagne. Nous serons donc avertis à temps, et nous avons décidé que, s'ils se montrent dans le voisinage, les femmes et les enfants qui vivent dans des maisons isolées et les voyageurs, s'il y en a, devront se réfugier dans ma maison, qui est une vraie forteresse. Nous pouvons rassembler sept cents hommes en état de se battre (El-Karnak inclus). Enfin Fadl-pacha et les troupes ne sont qu'à quarante milles de distance.

Trois bateaux anglais sont partis aujourd'hui en descendant le fleuve, et il en est arrivé un qui le remontait. Le baron et la baronne K... sont partis hier soir pour la Cataracte ; j'ai dîné avec eux et avec le copte, qui est ici leur agent consulaire. La baronne est très éveillée et très agréable. Un petit garçon d'ici est tombé amoureux d'elle (il a douze ans et il est très enfant pour son âge, quoiqu'il soit très spirituel). Aujourd'hui il a mis un turban, vu sa passion, afin d'avoir l'air d'un homme, et de plus il a ses vêtements tout en désordre, comme il dit que sont les jeunes gens quand ils sont épris de quelque dame. Je vous dirai que la baronne doit avoir trente ans. Le fait est qu'elle a été bonne et aimable pour lui et qu'elle a cherché à l'amuser comme elle aurait fait pour un garçon européen ; le cœur susceptible de l'enfant s'est enflammé. Il m'a demandé si j'avais quelque médicament qui pût le rendre blanc ; il ne sait guère combien il est joli avec son visage brun. Assis, les jambes croisées, sur le tapis à mes pieds, avec son turban blanc et sa chemise bleue, tout en lisant à haute voix, il était à peindre.

Mon petit Ahmed, qui est ânier et esclave et qui est l'être le plus mignon et le plus tranquille qu'on puisse voir, m'a suppliée de l'emmener avec moi en Angleterre ou dans quelque « beled frangi », et partout où j'irai. Je voudrais que R... pût le voir ; elle serait bien étonnée de son petit visage brun, si fin, et de ses yeux, qui sont ceux d'un loir. C'est un vrai petit Arabe ; il peut courir toute la journée par la chaleur, il dort sur les pierres, et il mange tout ce qu'il trouve ; il est tranquille et doux et ne fait pas de bruit, mais il est d'une jalousie féroce. Si je viens à parler à quelque autre garçon, il se jette sur lui et le chasse. Tout le temps que le Noir Kheyr a été dans la maison, Ahmed a souffert le martyre, et la cuisine était le théâtre d'une querelle incessante à propos du café. Kheyr voulait m'apporter mon café, mais cette usurpation de fonctions rendait Ahmed furieux. Il n'y avait pas espoir pour lui de se faire justice, car Kheyr était un grand et fort garçon de dix-huit ans, et le pauvre petit Ahmed n'est pas plus grand que R... Je suis vraiment tentée d'adopter cette petite créature si vigilante et si active.

J'enverrai cette lettre par un bateau à vapeur qui est arrivé hier au soir et qui repart demain. Une société de Russes est venue pour voir Thèbes en deux jours.

Cheik Yousouf est revenu hier soir d'une visite à Es-Salimiyeh. Il me dit que le derviche Ahmed-el-Teïb n'est pas mort ; cheik Yousouf croit que c'est un fanatique fou et communiste ; il voudrait diviser toutes les propriétés en portions égales, tuer tous les ulémas, détruire tout enseignement religieux par les hommes instruits et prêcher une espèce de révélation ou interprétation du Coran faite à sa manière. « Il brisera, par exemple, la jolie horloge que vous avez, me disait Yousouf, et il donnera à chaque homme une roue cassée de votre pendule, et ainsi de suite pour toute chose. »

Un des drogmans a voulu me persuader de redescendre le Nil, mais Yousouf se met à rire à l'idée d'un danger quelconque. Il affirme que les gens d'ici se sont battus plus d'une fois avec les Bédouins et qu'ils ne seront pas attaqués par une poignée d'hommes, comme ceux qui sont sur la montagne. Au besoin les Abou-el-Hadjadich (famille d'Abou-el-Hadjadi), les Shourafa, « mettront leur sceau » pour attester que je suis leur sœur, et ils répondront de moi sur la vie de chacun d'eux. Ce serait absurde de descendre seule, sur un petit bateau du pays, dans un endroit où il pourrait y avoir des troubles, et où je ne suis connue de personne.

Le pacha lui-même est à Girgeh, à ce qu'on dit, avec des bateaux à vapeur et des soldats ; s'il y a le moindre bruit, on enverra des bateaux à vapeur pour prendre tous les Européens. Ce qui me rend triste, c'est de penser aux pauvres villageois, dont toute la petite propriété est confisquée. Coupables et innocents sont tous compris dans une ruine commune.

On me dit qu'il y a un mécontentement général. La tentative de régler les prix des comestibles qu'a faite le pacha a eu les résultats ordinaires à des essais de ce genre ; naturellement, l'élévation des prix actuels est attribuée à cette mesure. Je ne crois pas du tout à une révolution ; le peuple est trop accoutumé à souffrir et à obéir. De plus, ils n'ont aucun moyen de communication, et les bateaux à vapeur peuvent monter et descendre et les détruire en détail, dans un pays qui est long de huit cents milles sur un mille à huit milles au plus de large et qui est peu habité. Le Caire seul pourrait tenter quelque effort, et on fait tout pour plaire à ses habitants aux dépens des fellahs.

La grande chaleur a duré pendant trois jours ; ma toux est moins forte et j'engraisse de nouveau. Le Nil est si bas que je crois que je serai forcée dans six semaines ou deux mois de prendre deux petits bateau ; à l'heure qu'il est, les dahabiehs s'ensablent continuellement.

J'ai promis à mes voisins de leur rapporter de la semence de blé anglais sans barbe. Tout le blé ici est barbu, et ils désirent fort en avoir du nôtre. Que je voudrais donc leur apporter aussi des brouettes, des bêches et des pioches ! Les grands seigneurs ont des machines à vapeur, mais les laboureurs n'ont d'autres instruments que leurs mains et une corbeille en jonc. Six hommes ne peuvent pas faire la besogne que ferait un seul avec de bons outils.

Je vous envoie un joli morceau d'une tablette comme celle qu'avait Joseph pour enregistrer les biens de son maître ; vous vous en servirez comme presse-papier.

El-Ouksour, mars 1865.
« Puisse toute l'année être heureuse ! »
(Compliments de la saison.)

Maintenant c'est la fête du Bairam. Je suis heureuse de le dire : j'ai préparé une quantité de médicaments pour tous les estomacs qu'a endommagés le ramadan. J'ai persuadé à l'ingénieur qui était avec lord D... d'emmener mon cher petit élève Ahmed-ibn-Mustapha, pour lui faire apprendre le métier à la fabrique Fowler à Leeds, au lieu de passer son temps à rien faire ici chez son père. M. Fowler a été assez bon pour offrir de le prendre sans aucune rémunération. Je donnerai à l'enfant une lettre pour vous, au cas où il irait à Londres. C'est un garçon bon et intelligent. Il a lu l'Évangile avec moi sur sa propre demande. J'avais refusé, jusqu'à ce que son père le permît. Cheik Yousouf, qui m'a entendue demander la permission de son père, m'a priée de le lui faire lire avec attention, afin de le mettre en garde contre les inventions hérétiques dont il pourrait être obsédé par les Anglais « d'une classe vulgaire ». Quel dilemme pour un missionnaire !

J'ai envoyé au Caire le pauvre garçon noir Kheyr avec Arakel-bey ; il a pris congé de moi avec sa laide figure toute mouillée comme un hippopotame sentimental. Il disait que, quant à lui, il voulait rester avec moi ; mais alors que deviendrait son garçon (son petit maître) ? Il ne lui resterait qu'une belle-mère qui prendrait tout l'argent ; et alors quel autre travaillerait pour le garçon ? Le petit Ahmed était enchanté de voir partir Kheyr, car il s'était mis en tête d'être horriblement jaloux de lui, et il était furieux de tout ce qu'il le voyait faire pour moi.

Le cheik-el-beled de Baidyeh vient d'emmener mon garde du corps, et le chrétien cheik El-Harah, de notre quartier d'El-Ouksour, a enlevé le garçon de Yousouf pour le faire travailler au canal. J'ai résisté avec succès au premier, et Mansour m'a été rendu, non pas *incolumis,* puisqu'on lui a mis des menottes et qu'on lui a donné des coups de bâton, pour me faire payer deux cents piastres ; mais le jeune homme a enduré le tout comme un héros, plutôt que de me demander de l'argent, et alors on l'a rendu. Vaincre le copte sera une affaire plus difficile ; il voudra plus d'argent et il sera plus résolu à l'avoir. *Veremos.* Je suppose qu'il faudra que j'aille chez le nazir au canal (c'est un Turc) pour racheter mon ânier.

J'ai donné un dîner arabe sur une grande échelle à lord D... pour qu'il pût y rencontrer toutes les notabilités d'El-Ouksour. Je crois qu'il a été épouvanté à la vue du plateau, de la société, des manières arabes et des doigts noirs entrant dans les plats.

Hier c'était le Bairam, et une quantité de femmes (harim) sont venues dans leurs plus belles robes pour me souhaiter une bonne année ; elles furent très heureuses des gâteaux succulents que je leur offris, ainsi que du café et des pipes. La femme de Khourshis (que j'ai complètement guérie) est très belle. Khourshis est un Circassien, un beau jeune homme criblé de coups de fusil et de sabre ; il a la médaille de Crimée. Il est ici « kawas » (gendarme) ; c'est un de mes fidèles amis. Il dit que, si jamais j'ai besoin d'un domestique, il ira n'importe où avec moi, et qu'il se battra contre n'importe qui, ce dont je ne doute pas le moins du monde. Il était mamelouk turc ; sa condescendance à vouloir bien servir une femme chrétienne est vraiment étonnante. Son blond visage, ses yeux d'un bleu clair et son air alerte et militaire font un contraste bizarre avec les bruns fellahs. Il ressemble à un Anglais ; seulement il est plus blond, et, comme les Anglais, il aime trop le « courbach » (fouet). Que diriez-vous, si j'arrivais escortée d'un mamelouk portant pistolets, sabre, dague, carabine, plus un courbach, et ayant des manières décidées et impérieuses – tout le contraire de la douceur arabe ? Quel musulman ! Des prières cinq fois par jour, et des jeûnes extra, sans compter le ramadan. « Je bats ma femme, dit Khourshis. Ah ! je la bats comme il faut ! Elle parlait trop, et je suis comme les Anglais, je n'aime pas trop de langue. »

Cela me fait souvent mal de voir la façon dont les gens d'ici me remercient pour des choses que les plus pauvres chez nous dédaigneraient. Je crois que presque tous les drogmans qui sont arrivés depuis la mort d'El-Rashidi sont venus me remercier avec autant de ferveur que si je leur avais rendu quelque grand service à eux-mêmes ; beaucoup d'entre eux m'apportent quelque petit cadeau. Pendant que l'homme était malade, nombre de fellahs m'ont apporté des œufs, des pigeons, etc. – même une dinde ; et pourtant la nourriture vaut de l'argent maintenant, ce n'est plus comme autrefois (le beurre coûte trois francs cinquante la livre).

Je suis lasse de m'entendre dire par tous les Frangis : « Jamais je n'ai vu une femme qui te ressemblât. » Est-ce que personne avant moi n'a jamais été humain ? car, rappelez-vous, je ne donne pas d'argent ; seulement, je donne un peu de médecine et de politesse. Comme le paysan britannique « vous remercierait pour rien » ! Et comme je voudrais que mes voisins d'ici pussent en faire autant !

Après bien des discussions Mustapha a fait revenir mon garçon Yousouf ; mais le cheik El-Harah chrétien a fait payer cinquante francs à Mohammed son frère, ce qui le rend fort triste. Deux cents hommes sont partis de notre village pour les travaux publics, et, naturellement, les pauvres femmes n'ont pas de pain à manger, parce que les hommes ont dû emporter tout avec eux.

El-Ouksour, mars 1865.

J'ai dîné un de ces jours avec la baronne***, et nous avons invité quelques chefs arabes à prendre le café après le repas avec nous. La petite baronne a gagné tous les cœurs par son aimable vivacité ; c'était un très gai spectacle de voir toutes les brunes figures étinceler de joyeux sourires en la regardant.

Mustapha nous a donné aussi un excellent dîner ; les deux cheiks des Abab'deh, le cheik d'El-Karnak, le maoun et cheik Yousouf ont été de nos convives. Le cheik d'El-Karnak a enlevé la tête de l'agneau et me l'a présentée en signe de plus grand respect. Il a fait des miracles en fait de mangeaille ; je lui en ai fait mes compliments, avec les paroles de la chanson populaire, et j'ai ajouté qu'il accomplissait des exploits qu'Antar n'aurait put faire.

Après le dîner, la baronne a montré aux Arabes comment les dames font la révérence à la reine d'Angleterre, et par contre les Abab'deh ont reproduit la cérémonie de présentation à la cour de Darfour, où l'on est obligé de frotter son nez dans la poussière aux pieds du roi.

Après tous ces amusements, nous sommes sortis avec des lanternes et des torches, et les Abab'deh ont dansé pour nous la danse de l'épée. C'est un jeu où figurent deux hommes avec des boucliers ronds et de grandes épées droites. Un homme seul danse un pas de provocation et de défi, en faisant des sauts prodigieux et des pirouettes, et en criant : « Hah ! hah ! » Alors l'autre s'élance et une grande bataille s'ensuit. Quand le beau cheik Hassan a bondi de sa place pour jouer son rôle, le spectacle était vraiment héroïque. Toutes les attitudes étaient également grandioses et gracieuses.

On voulait faire jouer le jeu d'« en-nabout » (le bâton seul) à cheik Yousouf, qui passe pour le meilleur joueur de tout le pays ; mais, comme il avait récemment perdu sa sœur, il s'y refusa. Un des hommes a exprimé grand désir d'apprendre ce qu'était « le combat des Anglais ». Il se doutait peu de quelle rude façon le broyeraient les poings anglais.

Un autre soir, je suis allée dîner sur le bateau de lord ***. Ses marins ont donné une grande fantasia qui ressemblait prodigieusement à une pantomime de Noël en Angleterre. Un des marins dansait comme une femme (Colombine) ; un autre était un vrai Pantalon, seulement exagéré ; puis il y avait une espèce de clown habillé de peaux de mouton ; il portait avec cela un masque rose, faisait de superbes culbutes et distribuait force claques de sa grande latte de bois.

Je suis si habituée maintenant à notre vie pauvre et mesquine, que la splendeur que les voyageurs anglais trouvent moyen de transporter avec eux sur leurs bateaux me fait une vive impression ; je n'aurais pas même remarqué cette splendeur un instant il y a deux ou trois ans. Et c'est ainsi que dans ma « conscience intime » (comme diraient les Allemands), je m'explique bien des particularités et des défauts du peuple égyptien.

Le temps est actuellement fort désagréable ; le vent a commencé, et comme tout le pays, qui l'an passé était vert, est entièrement aride aujoud'hui, la poussière dépasse toute idée. Je descendrai le fleuve aussitôt que je le pourrai.

Cheik Hassan-Abab'deh va le descendre aussi sur son bateau avec des amis, dans une vingtaine de jours, et il me propose de voyager sous son escorte, au cas où il y aurait des voleurs errants. Je n'ai pas peur, mais, si j'apprends à temps qu'une dahabieh a pu être achetée pour moi, je me joindrai peut-être à Hassan. Sa troupe consistera, je crois, en huit ou dix hommes armés de fusils. S'il n'y a pas de dahabieh et que je n'aille pas avec Hassan, j'enverrai chercher à Keneh deux petits bateaux, chacun à une cabine, afin d'éviter le constant ensablement que subirait un grand bateau dans ce Nil si extraordinairement abaissé. Le fleuve est maintenant de plusieurs coudées plus bas qu'il n'était l'an passé, trois mois plus tard, au temps des basses eaux.

J'avais l'intention, comme je vous l'ai dit, d'aller cette année au mouled du cheik El-Shad'li, dans le désert Bishari ; mais je crains que cela me retarde trop. La descente du Nil sera très lente, vu le manque d'eau et par conséquent le peu de courant, et aussi parce que les vents violents du nord ont commencé deux mois plus tôt qu'à l'ordinaire. « Inshallah ! l'année prochaine », comme disent mes amis.

Les « hadjis » (pèlerins) viennent de partir d'ici pour El-Kosseyr ; quelques-uns ont des chameaux et des ânes, mais la plupart vont à pied. Ils sont fort nombreux cette année. Les femmes ont chanté et ont joué du tambour toute la nuit, sur la rive du fleuve, et c'était fort beau de voir cinquante ou soixante hommes rangés en ligne, disant leurs prières sous les auspices de leur iman, dans l'éclat tout rouge du soleil qui se couchait derrière eux. La prière en commun est un véritable exercice, et c'est imposant à voir. Il y a toujours autant de femmes que d'hommes pour accomplir les pèlerinages. On ne comprend pas comment elles peuvent soutenir la marche et les privations.

Mon petit Ahmed insiste chaque jour davantage pour que je le prenne avec moi. Je pense à le conduire à Alexandrie, et là je le laisserai dans la maison de J... pour qu'il se forme mieux au service. C'est un cher petit garçon qui se rend fort utile. Je ne pense pas que son frère ait aucune objection à me faire, et il n'a pas d'autres parents.

Ahmed-ibn-Mustapha me supplie aussi de le conduire avec moi à Alexandrie et de tâcher de nouveau de persuader à son père de l'envoyer en Angleterre. Je voudrais le faire de tout mon cœur. C'est un enfant au-dessus du commun en toutes choses, plein d'ardeur pour apprendre et pour travailler, et en même temps c'est un enfant séduisant et plein d'espièglerie ; voir sa jolie figure brune est pour moi un réel plaisir. Ses observations sur le Nouveau Testament m'en apprennent autant que je puis lui en apprendre de mon côté. Le garçon est pieux et il n'est pas du tout mal instruit ; il est très content de trouver tant de ressemblance entre la doctrine du Coran et celle de l'« Engil » (Évangile). Il voudrait que je le prisse pour me servir, dans le cas où Omar ne viendrait pas avec moi. Ici on ne croit pas que ce soit déroger pour le fils d'un gentilhomme de servir une personne d'un certain âge ; et si cette personne lui fait donner de l'instruction, il devient positivement obligatoire de se soumettre à elle. Ahmed-ibn-Mustapha fait tout le service domestique pour sa mère à Alexandrie ; ici il donne le café, sert à table ou aide Omar, quand j'ai du monde. Il ne veut ni manger ni fumer devant moi, et il ne consent à s'asseoir que quand je le lui ordonne. C'est tout à fait comme le service au Moyen Age.

Mustapha voudrait savoir si le garçon pourrait être mis à l'école en Angleterre pour deux mille cinq cents francs par an. Il va sans dire qu'on n'essayera pas de convertir Ahmed, car Mustapha est un ardent musulman, quoiqu'il aime beaucoup les Anglais.

El-Ouksour, 3 avril 1865.

Dans ma dernière lettre écrite à ***, j'ai raconté qu'un certain Ahmed-el-Teïb, derviche qui était fou, avait causé des troubles à Gow, au-dessous de Keneh, et qu'un bateau avait été volé ; nous étions un peu sur le qui-vive dans l'attente d'une razzia, et nous étions déterminés à nous battre contre Ahmed et ses partisans. En attendant, nous les appelions « harami » (méchants). Nous étions alors portés à nous montrer fort sanguinaires envers eux, et résolus à maintenir l'ordre et à défendre nos propriétés. Mais nous disons maintenant : « Nas mesakin ! » (Pauvres gens !) et nous ne pouvons nous empêcher de pleurer sur la misère que ce soulèvement a amenée parmi les malheureux villageois. Nous ne saurons jamais la vérité. Je ne peux que vous envoyer les rumeurs qui m'arrivent. Il y a sans doute une autre version de cette triste histoire au Caire et à Alexandrie, et il peut s'être passé des faits que j'ignore. Mais, vivant parmi la race opprimée, je ne peux m'empêcher de la plaindre, si d'ailleurs la profonde compassion que leur sort m'inspire me rend un peu partiale.

Il paraît donc qu'un bateau grec a été pillé, et que le matelot a été tué ; mais impossible de découvrir qu'il ait été fait autre chose par les « insurgés », si ce n'est d'aller dans le désert écouter les folies du derviche et voir en lui « un roseau agité par le vent ». La troupe qui a attaqué le bateau consistait, me dit-on, en une quarantaine d'hommes. Les histoires les plus horribles circulent parmi le peuple sur les cruautés commises par les soldats contre les misérables villageois, et malheureusement l'expérience du passé ne rend ces histoires que trop croyables. Ce qu'il y a de pire, c'est que chacun croit que les Européens aident et approuvent cette répression, et tout le monde déclare que les coptes ont été épargnés pour plaire aux Frangis.

Rappelez-vous que ce que je vous raconte ici, ce ne sont pas des faits avérés, mais seulement les on-dit du peuple. Un certain Mohammed, jeune homme très respectable et très tranquille, était assis à terre devant moi l'autre jour et me racontait les affreux détails qu'il tenait de ceux qui ont remonté le fleuve. « Tu sais, ô notre dame ! que nous sommes dans cet endroit des gens de paix ; si maintenant il venait un fou parmi nous, et que quelques paresseux allassent avec lui dans la montagne (au désert), l'effendina enverrait ses soldats pour détruire le village, enlever nos pauvres petites filles et nous prendre nous-mêmes : serait-ce juste, ô dame ? Ahmed-el-Berberi a vu des Européens reconnaissables à leurs chapeaux, qui étaient sur le bateau à vapeur avec effendina et les soldats. En vérité, dans le monde entier, il n'y a pas un peuple aussi malheureux que nous autres Arabes. Les Turcs nous battent et les Européens nous haïssent et disent : "C'est bien fait." S'il plaît à Dieu, nous ferions mieux de courber nos têtes dans la poussière (mourir) et de laisser prendre notre terre par les étrangers, afin qu'ils y cultivent du coton pour eux seuls. Quant à moi, je suis las de cette vie déplorable et je ne puis supporter cette crainte perpétuelle pour mes pauvres petites filles. » En disant cela, Mohammed était vraiment éloquent, et je n'ai pas honte d'avouer que, quand il s'est couvert la figure avec son melayeh en sanglotant à haute voix, j'ai pleuré aussi.

Je ne sais que trop que Mohammed n'avait pas tout à fait tort dans ce qu'il disait des Européens. Je connais les vieilles banalités cruelles sur la nécessité de gouverner les Orientaux par la peur ; je sais tout ce qu'on dit sur le « bâton » et l'« énergie » ; je sais tout cela. Mais « je m'assieds parmi le peuple », et je sais aussi que Mohammed sent exactement les choses comme John Smith ou Tom Brown [59] les sentirait à sa place ; les gens qui d'abord étaient exaspérés contre les révoltés sont maintenant dans la même disposition d'esprit où des Anglais libres pourraient être en des circonstances pareilles.

Maintenant, un autre petit fait : le bateau qui a amené les prisonniers de Gow a fait relâche à un mille au-dessus d'El-Ouksour. Je l'ai vu, mais les prisonniers étaient tous couchés. Le cheik des Abab'deh d'ici doit envoyer une troupe de ses hommes pour garder les prisonniers dans la traversée du désert. Lorsque nous approchâmes du bateau, mon compagnon s'éloigna à peu près jusqu'à la pointe de l'île ; pour moi, je suis revenue sur mes pas, après avoir regardé de la rive, et sentant comme l'odeur d'un bateau plein d'esclaves. J'avoue qu'il ne m'est pas venu en tête que le bey, qui était à bord, se fût sauvé devant une pauvre femme solitaire sur un âne ; mais il en était ainsi. Il avait donné des ordres pour qu'on ne me permît pas de venir à bord, et il a commandé au capitaine de s'en aller à un ou deux milles plus loin, ce qui fut fait. Le bateau s'est donc arrêté à trois milles au-dessus d'El-Ouksour, et les dahabiehs qu'il remorquait ont dû porter toutes leurs provisions à cette distance. C'est qu'à bord il y avait « cent prisonniers moins deux » (quatre-vingt-dix-huit). Parmi eux, le moudir de

Shouhag, qui est Turc, était enchaîné avec les menottes en bois comme les autres. Les pauvres gens étaient horriblement maltraités par leurs gardiens. À Esneh, il y a eu des troubles aussi, et douze hommes ont été emmenés chargés de chaînes. À Keneh, quatre d'entre eux avaient pris part à l'émeute ; les autres n'avaient d'autre tort que d'être des alliés d'Ahmed-el-Teïb.

On nous dit qu'à El-Salimieh, à deux milles au-dessus d'El-Ouksour, tous les hommes, femmes et enfants qui sont le moins du monde parents d'Ahmed-el-Teïb ont été emmenés enchaînés à Keneh ; personne ici n'espère les voir revenir vivants. Quelques-uns d'entre eux sont des hommes excellents, m'a-t-on dit ; et j'ai entendu répéter ici bien des fois : « Si Hadji-sultan et toute sa famille ont été tués, jamais nous ne ferons une bonne action, car nous voyons que cela ne sert à rien. »

Il est plus curieux que vous ne pourriez vous l'imaginer d'entendre ce que disent les gens. C'est comme si on reculait au moins de quatre ou cinq siècles, et tout cela mélangé de l'élément hétérogène des bateaux à vapeur, du télégraphe électrique, etc.

Il y avait des pourparlers, à ce que je crois, au commencement de la révolte, entre les trois ou quatre Européens d'ici, pour organiser une défense des chrétiens entre eux seuls. Imaginez un peu quelle provocation c'était, stupide et gratuite ! La religion n'avait absolument rien à voir dans l'affaire, et tout naturellement le maoun était la personne indiquée pour organiser une défense quelconque ; lui et Mustapha ont, à vrai dire, parlé de faire de ma maison une sorte de château fort et de la défendre dans le cas d'une visite des émeutiers. Je n'ai aucun doute que la vraie raison des troubles, c'est, comme d'habitude, la faim et le prix élevé de toute nourriture. C'était un peu comme nos émeutes de Swing ou nos émeutes de pain, rien de plus, et au fond c'était bien peu de chose.

Du reste, il est curieux de voir passer les gaies dahabiehs portant des voyageurs comme par le passé, et les Européens aussi éloignés de toute pensée ou de toute connaissance de ces misères que s'ils étaient bien à l'aise chez eux. Quand je vais faire quelques visites aux Anglais, il me semble qu'ils sont presque des étrangers pour moi, tant je suis maintenant « bint-el-beled » (fille du pays).

Tout compris, nous sommes on ne peut plus misérables, nous autres fellahs. Le pays est devenu un désert par suite du manque d'eau ; les animaux sont des squelettes, le peuple est affamé. La chaleur a commencé comme dans le mois de juin, et il y a des maladies ; en outre, les massacres de Gow ont empoisonné tous les cœurs. On n'entend plus de zagharit ; tous les visages sont tristes et sombres. Je ne serais pas étonnée qu'il y eût encore d'autres troubles. Au commencement, ainsi que je vous l'ai dit, chacun était furieux contre Ahmed-el-Teïb et contre les émeutiers ; mais, depuis qu'ils ont été si horriblement maltraités, nous les plaignons et nous plaignons encore davantage leurs pauvres femmes et leurs enfants. Ces mesures rigoureuses feront naître les malheurs qu'elles prétendent prévenir. Vous savez que je n'achète ni ne vends rien, que je ne prête pas d'argent et même que je n'en donne pas. Personne n'a donc le moindre intérêt à me cacher ses vrais sentiments et tout le monde me parle partout où je vais. Je voudrais que l'effendina pût entendre un peu de ce que j'entends. Je ne doute pas qu'il ignore beaucoup de choses qu'on fait en son nom.

Je viens de voir un homme qui était à Gow ; il m'a

dit que quatorze cents malheureux ont été décapités et que cent autres ont été envoyés à F'zoughli par le bateau. Ahmed-el-Teïb s'est sauvé. Je crois que mon témoin est un homme qui dit la vérité. Toutes ces cruautés, a-t-il ajouté, ont été commises par les pachas locaux, et le vice-roi a ordonné de cesser le massacre aussitôt qu'il en a été informé.

El-Ouksour, Vendredi saint, 14 avril 1865.

Depuis ma dernière lettre j'ai reçu la caisse avec les différents objets. Votre photographie du cabaret du village m'a surtout enchantée. Comme c'est vert, frais et bien tenu ! Des « Masha Allah » innombrables ont été prononcés sur le beit-el-fellahs de l'Angleterre (maison des paysans). Les palissades surtout sont une grande merveille. J'ai appris en même temps que R... m'a acheté un bateau, qui doit porter quatre de ses agents à Assouan et me prendre en revenant. « Inshallah ! », je partirai donc d'ici à trois ou quatre semaines.

Il fait de nouveau un temps froid et frais ; le vent est très violent et la poussière tombe sur nous comme de la pluie, venant tout à la fois de la terre desséchée et aussi de la montagne de Gourneh. C'est fort désagréable, mais ma santé est meilleure en dépit de tout.

Le métier de hakim (docteur) continue activement ; en moyenne je crois bien que j'ai quatre malades par jour, et quelquefois une douzaine. Un campement de bohémiens me fournit de nombreuses pratiques ; les pauvres gens m'apportent toute espèce de cadeaux. Cela me fait saigner le cœur de manger ce qu'ils m'offrent ; mais ils ne peuvent pas supporter d'être refusés. Ils sont tout étonnés d'apprendre qu'un peuple de leur race existe en Angleterre et que je connais beaucoup de leurs coutumes qui sont les mêmes ici que chez nous.

Khourshid-agha est venu pour prendre congé, étant nommé à Keneh. Il est allé à Gow et il a vu Fadl-pacha assis et ordonnant aux soldats de coucher soixante hommes à terre sur le dos, dix par dix, et de les hacher à mort avec des haches de pionniers. Son calcul était qu'entre hommes, femmes et enfants, il y avait eu mille six cents personnes de tuées ; mais M... m'assure qu'ils étaient plus de deux mille.

Cheik Hassan racontait la même chose que Khourshid, avec la différence que l'Arabe était rempli d'horreur, tandis que le Circassien était tout triomphant. Il disait précisément ce que nous avons entendu dire naguère sur les « pandies », et il ressemblait si bien, parlant et riant comme il le faisait, à un beau jeune soldat anglais, que j'avais scrupule de l'appeler un « kelb » (chien), injure qui me montait aux lèvres en l'écoutant ; mais j'en ai régalé Fadl-pacha. Je dois dire aussi à la décharge de mes compatriotes qu'ils avaient été provoqués, tandis qu'ici il n'y avait pas eu la moindre provocation.

Un de mes amis coptes d'ici a perdu toute la famille de son oncle à Gow. Coptes et Arabes ont été fusillés sans distinction.

Quant à Hadji-sultan, qui languit dans les chaînes à Keneh, il n'y a jamais eu un homme meilleur ; pas un n'a été plus libéral envers les chrétiens. Les coptes mangeaient de son pain tout comme les musulmans. Il est emprisonné parce qu'il est parent éloigné par mariage d'Ahmed-el-Teïb ; ou, pour donner la vraie raison, parce qu'il est riche et que quelque ennemi convoite ses biens. M. M... pourrait confirmer tout cela. Peut-être suis-je mieux instruite que lui des sentiments du peuple. Chaque soir je m'assieds avec quelques hommes respectables, et ils parlent sans gêne devant moi.

Un très grand chérif de la Basse-Égypte m'a dit l'autre jour : « Tu sais si je suis ou non un bon musulman. Eh bien, je prie le Tout Miséricordieux de nous envoyer des Européens pour nous gouverner, et de nous délivrer de ces hommes méchants. » Nous étions tous assis après l'enterrement d'un des Shourafa ; j'étais entre le chérif d'El-Ouksour et l'iman, et cela fut dit devant trente ou quarante hommes, tous des Shourafa. Personne n'a dit « non », et beaucoup ont exprimé leur assentiment à haute voix.

Le chérif m'a priée de lui prêter le Nouveau Testament. C'était un joli exemplaire, et pendant qu'il l'admirait, je lui dis : « De moi à toi, ô mon maître le chérif ! écris dans ce livre comme nous le faisons, en souvenir d'un ami : "Le don d'une nazaréenne qui aime les musulmans." Le vieillard baisa le livre et répondit : "J'écrirai en outre : – Donné à un musulman qui aime *tous* les chrétiens qui te ressemblent." »

Après cet entretien, le vieux cheik des Abn'Ali m'a prise à part, et il m'a priée d'aller en message auprès d'Hadji-sultan, parce que, si c'était un d'eux qui allât porter l'argent qu'ils voulaient lui envoyer, tout leur serait pris, et l'homme n'y gagnerait rien.

On lève illégalement des taxes sur des terres qui sont « chiraki » (c'est-à-dire qui n'ont pas été du tout arrosées par la dernière crue du Nil), et pour cette raison exemptes de tout impôt par la loi ; le peuple est poussé au désespoir. Il y aura encore d'autres troubles dès qu'il surgira un autre démagogue du genre d'Ahmed-el-Teïb pour exciter le peuple ; tout Arabe maintenant sympathise avec lui.

La condition des fellahs est vraiment pire que celle

d'aucun esclave. Je suis lasse de raconter les oppressions et les vols journaliers. Si un homme possède un mouton, le moudir vient et le mange ; si c'est un arbre, il va chauffer la cuisine du nazir. Mon pauvre sakka est battu par les kawas pour tout paiement de ses outres d'eau ; et puis on s'étonne que mes pauvres amis mentent et enfouissent leur argent.

J'ai reçu du Caire la version de la révolte, arrangée pour le goût européen ; c'est tout simplement monstrueux. Le pacha accuse quelques cheiks arabes d'être allés de la Haute-Égypte aux Indes pour exciter la rébellion contre nous ! Pourquoi pas pour conspirer à Paris ou à Londres ? C'est par trop absurde de dire qu'un pauvre Arabe du Saïd puisse aller dans un pays dont il ne connaît ni le langage ni même la situation pour conspirer contre un peuple qui ne lui a jamais fait de mal. On m'a suppliée de tâcher de faire venir mon mari en Égypte en qualité de consul, quand M. Colqhoun s'en irait, supposant qu'il avait les mêmes sentiments que moi. J'ai répondu : « Mon maître n'est plus jeune, et pour un homme juste et de bon cœur une telle place serait un martyre. – En vérité, tu l'as dit, me répondit-on ; mais c'est un martyr dont nous autres Arabes avons besoin. Est-ce que la récompense de celui qui souffre des vexations journalières pour l'amour de ses frères ne sera pas égale à la récompense de celui qui meurt sur le champ de bataille pour sa foi ? Si tu étais un homme, je te dirais : Prends la peine et la douleur pour toi ! »

Maintenant je connais tout le monde ici, et les femmes instruites ont inventé cette théorie que mon regard porte bonheur : on me prie donc d'aller visiter les jeunes épouses, voir les maisons en construction, inspecter le bétail, etc., etc., comme un dispensateur de bonne fortune, et ceci me permet de voir bien des choses curieuses.

Il y a peu de jours, je suis allée au mariage du beau cheik Hassan-el-Abab'deh, qui épousait la jolie petite fille du boucher. Le groupe de femmes et de filles, illuminé par la lanterne que portait devant moi le petit Ahmed, était un des spectacles les plus frappants que j'aie vus. La fiancée, qui est une très belle fille de onze à douze ans, toute habillée d'écarlate ; une grande esclave brune d'Hassan resplendissante de colliers et de bracelets en or et en argent, les cheveux d'un noir d'ébène en longues boucles, les yeux et les dents éblouissants ; les vieilles femmes toutes ridées et les jolis enfants émerveillés, mais sans crainte, formaient un ensemble impossible à décrire. La fiancée m'a été annoncée par sa mère, qui l'a dévoilée en me priant de la regarder et de lui permettre de baiser ma main. J'ai répété tous les « Bismillah, Masha-Allah ! » d'usage, et, après quelques moments, je suis retournée près des hommes, qui mangeaient tous, excepté Hassan, qui était assis à part. Il m'a priée de m'asseoir à côté de lui, et il m'a fait des questions anxieuses à voix basse sur la beauté de son « arouseh » (fiancée). Au bout de quelques instants, il est allé la voir. Une demi-heure après, il est revenu et a baisé les mains des principaux invités. Nous avons tous pris congé, et la fille a été conduite voir le Nil et ensuite chez son mari.

Hier soir Hassan m'a donné un dîner – un très bon dîner – dans sa maison qui équivaut bien à une très pauvre écurie chez nous. Nous étions cinq, cheik Yousouf, Omar, un vieux marchand et moi. Hassan voulait nous servir, mais je l'ai invité à s'asseoir. Le marchand, homme du monde bien élevé, était arrivé le même jour et avait trouvé qu'une de ses filles était morte ici. Il disait qu'il ressentait une profonde douleur ; tout le monde lui a dit de ne pas se désoler, et on a essayé de le consoler d'une manière fort étrange, d'après nos idées anglaises.

Pour cela ils ont commencé à raconter chacun une histoire. Omar nous a donné une bonne version du fameux récit du mari et de la femme qui, chacun, ne voulaient pas fermer la porte et qui ont fini par convenir que celui des deux qui parlerait le premier devait le faire ; c'est fort piquant. Yousouf raconta une fort jolie histoire d'un sultan qui avait épousé une « bint-el-Arab » (une fille de Bédouin). La jeune sultane ne voulut jamais demeurer dans son palais, disant qu'elle n'était pas femme fellah pour aller vivre sous un toit. Elle dédaignait les vêtements de soie du prince et le mouton qui était tué pour elle chaque jour ; à la fin, c'est le sultan qui alla vivre avec elle dans le désert. Un esclave noir nous a récité une histoire parfaitement ennuyeuse à propos de voleurs ; les autres étaient plus longues qu'amusantes. Les sentiments arabes de Hassan étaient froissés par la petite quantité de viande mise devant moi. C'est qu'ils ne peuvent plus tuer comme autrefois un mouton et le servir tout entier à un hôte qu'ils honorent ; mais je lui ai dit qu'on ne pouvait nous faire plus d'honneur, à nous autres Anglais, qu'en nous permettant de manger des oignons et des lentilles comme un membre de la famille, afin de ne pas nous faire sentir que nous étions des étrangers. Après un certain temps, le marchand nous a avoué que son cœur s'était un peu dilaté, comme on dirait qu'un mal de dents va un peu mieux, sur quoi nous avons tous dit : « Louange soit à Dieu ! »

Il y a peu de jours, mon ami le maoun a reçu une « tuile » terrible sur la tête. Sa femme, deux filles mariées et neuf enfants mixtes sont arrivés tout d'un coup, et le pauvre homme goûte maintenant les joies qu'Abraham a une fois endurées entre Sarah et Agar. J'ai fait visite à ces dames, et j'ai trouvé une très vieille Sarah et une fille d'une rare beauté.

Un jeune homme d'ici, un chérif, m'a priée d'ouvrir des négociations pour son mariage avec la petite fille du maoun. Elle a huit ans. Vous voyez par là combien je suis devenue une personne de la famille.

El-Ouksour, 17 mars 1866.

Voici mes souhaits : « Puisse toute l'année être bonne pour toi ! » comme nous disons ici. Et maintenant je reviens à mon histoire. Nous avons quitté Le Caire le 5 décembre. J'étais malade. Comme toujours il n'y avait point de vent, et nous avons mis toute une semaine pour atteindre Benisouef ; la dame grecque stambouli qui avait été si bonne pour moi l'été passé, pendant ma maladie, est venue à bord avec une dame arabe fort bien élevée. J'étais au lit et nous ne sommes restées ensemble que peu de temps.

En cinq ou six jours nous étions à Minyeh, où je me suis promenée un peu, afin de voir les préparatifs qu'on faisait pour l'arrivée du pacha. Il n'y a rien de plus simple que les affaires de ce genre. Personne ne s'est approché du débarcadère que ses propres domestiques, les soldats et les employés. J'ai pensé à l'arrivée du plus petit prince allemand, qui fait dix fois plus de bruit. Puis nous avons continué jusqu'à Siout. J'y ai été de nouveau malade : je n'ai donc pas mis pied à terre et je n'ai vu personne. De là nous sommes allés à Girgeh, où nous avons fait relâche pour consigner de l'argent et des cadeaux que quelques-uns de mes vieux matelots m'avaient priée de prendre et de donner en leur nom à leurs mères et à leurs femmes qui y habitent.

Entre Siout et Girgeh, un esclave abyssinien est venu me prier de le « voler » ; il me disait que son maître était un copte qui le maltraitait et que sa femme le battait. Omar a fait aux matelots, qui souhaitaient vivement le prendre, l'observation fort sage qu'un mauvais maître ne donnait pas de si beaux vêtements à son esclave, et même une paire de souliers – quel luxe ! – et puis il disait trop souvent que son maître était un copte. Sans doute cet esclave était un paresseux, qui s'était peut-être sauvé avec d'autres biens que lui-même. Quelques instants après, j'étais assise sur la proue pointue du bateau, avec le reis qui sondait à l'aide de sa perche peinte (sans les sculptures et les peintures anciennes) et les hommes qui tiraient à la corde, quand tout à coup quelque chose a surnagé tout près de nous ; les hommes ont crié : « Beni Adam ! » et le reis a récité la prière pour les morts. C'était une femme ; des bracelets en argent reluisaient sur ses bras levés et raidis dans l'agonie de la mort ; ses genoux étaient redressés. Jamais je n'oublierai cet horrible spectacle. « Que Dieu ait pitié d'elle ! » disaint mes hommes, et le reis ajoutait : « Prions aussi pour son père, pauvre homme ! Vous voyez que ce n'est pas un voleur qui a fait ceci » (à cause des bracelets). Nous sommes dans le Saïd maintenant, et probablement « elle aura noirci la figure de son père », qui aura été forcé de l'étrangler, pauvre homme ! Hélas ! » me suis-je écriée. Et le reis a continué : « Ah ! oui, c'est une chose terrible ; mais il faut bien qu'un homme blanchisse sa figure. Pauvre homme ! pauvre homme ! Que Dieu ait pitié de lui ! » Voilà ce qu'est le point d'honneur saïdi. Mais plus tard nous avons appris qu'elle s'était noyée en se baignant.

Au-dessus de Girgeh, nous sommes restés quelque temps à Dishné, qui est un grand village. Je me promenais seule, les mains dans les poches, et bientôt je fus arrêtée par une invitation à prendre le café et des pipes dans l'endroit réservé aux étrangers : c'est une espèce de chambre ouverte sur un côté, avec une colonne au milieu, formant comme deux arches d'un cloître, et qui se trouve dans tous les villages à côté de la mosquée. Deux ou trois manteaux furent ôtés et étendus à terre pour me faire un siège ; le lait que je demandai, au lieu du café du village, me fut apporté.

En un instant une douzaine d'hommes sont venus s'asseoir autour de moi, et selon l'habitude ils m'ont demandé : « D'où viens-tu, et où vas-tu ? » Mes gants, ma montre, mes bagues, ont passé de main en main pour être examinés ; les gants éveillent toujours beaucoup de « Masha-Allah ». J'ai dit : « Je viens du pays des Francs, et je vais à mon village près d'Abou-el-Hadjad. » Chacun m'a tout de suite touché la main en disant : « Ne va pas plus loin ; reste ici, prends cent feddans de terre et fixe-toi parmi nous. » J'ai souri en demandant : « Est-ce que je devrais porter aussi le zabout (chemise brune) et le libdeh (manteau), et aller travailler dans les champs, puisqu'il n'y a pas d'homme avec moi ? » On a beaucoup ri de ma saillie, et puis on s'est mis à raconter plusieurs histoires de femmes qui avaient bien géré et avec succès de grandes propriétés. De pareilles entreprises de la part des femmes paraissent tout aussi communes ici qu'en Europe, et même plus communes qu'en Angleterre.

J'ai dit adieu à mes nouveaux amis qui m'avaient donné la première bienvenue au Saïd, et nous avons continué notre route jusqu'à Keneh, où nous sommes arrivés de bonne heure le matin ; j'y ai trouvé mes âniers bien connus qui apprêtaient ma selle. Le père de l'un d'eux et les deux frères de l'autre étaient allés travailler sur le chemin de fer pendant soixante jours de travail forcé, en y portant leur pain, et les pauvres petits garçons étaient restés seuls pour soigner la harim.

Dès que nous sommes arrivés à la ville, deux grands jeunes soldats, portant l'uniforme nizam, se sont précipités vers moi en me saluant en anglais ; c'étaient des enfants de Louxor qui faisaient leur temps. Naturellement ils se sont attachés à nos pas pendant toute la journée. Ensuite nous avons acheté des jarres d'eau (spécialité de Keneh), et je suis allée à la maison du kadi pour y laisser un petit chapelet, rien que pour montrer que je n'avais pas oublié la courtoisie du digne kadi [60] quand il m'avait amené sa petite fille, l'été dernier, pour rester avec moi pendant mon dîner. Comme j'ai vu que le kadi donnait à ce moment audience à plusieurs personnes, j'ai envoyé les perles avec mon salam à la maison ; mais le kadi, tout joyeux, est sorti dans la rue, et il s'est jeté à mon cou avec une telle vivacité que mon chapeau a été envoyé rouler par terre au contact du turban de l'islam. Le kadi de Keneh est le vrai kadi, le kadi original de nos jeunes années, lisse, rose, poli ; c'est un juge et un doyen tout ensemble, c'est une combinaison des aménités de la Loi et de l'Église, avec un ventre et un turban orthodoxes, tous les deux ronds et dignes. Il m'a conduite dans le harem où j'ai été fêtée et choyée ; on m'y a invitée à la fête de Saïd-Abd-er-Rachim, le grand saint de Keneh. J'ai hésité à accepter en objectant qu'il y aurait une grande foule, et que peut-être ma présence pourrait déplaire à quelqu'un ; mais le kadi déclara par Celui qui nous sépare que, s'il y avait là des personnes qui fussent ignorantes à ce point, il était temps qu'elles apprissent à mieux faire. Il ajouta que, quand il s'agissait de chrétiens vertueux qui ne haïssaient ni ne méprisaient les musulmans, il n'était pas illicite de profiter de leurs prières ou de se joindre à eux, et que je devais m'asseoir devant le tombeau du cheik avec lui et le mufti ; que du reste ils désiraient remercier Dieu pour mon heureuse arrivée. On ne pouvait résister à une si touchante démonstration de tolérance.

Je suis retournée au bateau pour me reposer et pour dîner. A la tombée de la nuit, je suis rentrée en ville pour aller au cimetière ; le chemin entier était illuminé et rempli d'une foule très mélangée. Des danseuses, étincelantes de brocart d'or et de pièces de monnaie, circulaient au milieu des fellahs en chemise brune ; le chant profane des alatiyehs s'unissait aux chansons récitées en l'honneur du Prophète arabe par les nioushids et aux notes profondes du « Allah ! Allah ! » des zikrs. Les fusées partaient de tous les côtés, faisant crier les femmes, et la bousculade allait grand train.

Imaginez-moi accrochée aux pans de l'habit du kadi Oul-Islam (qui ne portait pas une jaquette courte comme celle que le prêtre méthodiste menaça un jour de prendre devant sa congrégation, au jour du Jugement dernier). Le kadi fendait cette énorme foule pour entrer dans le tombeau de Saïd-Abd-er-Rachim. Personne n'en paraissait offensé ni même surpris. Je suppose que ma figure est bien connue à Keneh. Quand mes compagnons eurent dit un fat'hah pour moi et un autre pour ma famille, nous nous retirâmes dans un autre koubbeh où il n'y avait pas de tombeau ; là nous trouvâmes le mufti et nous passâmes la soirée avec café, pipes et conversation. J'ai été très questionnée sur l'administration de la justice en Angleterre, et j'ai dû décrire tout au long la marche d'un procès par jury. Le mufti est un gentleman très distingué avec de grandes manières ; il est très bienveillant et très poli. Le kadi voulait à toute force me faire rester un autre jour pour dîner avec lui et le mufti ; mais j'ai répondu que j'avais une lanterne toute prête pour Louxor, et que je tenais à y arriver avant la fin du mouled, ou fête, et qu'il ne me restait que trois jours. Le kadi m'a donc accompagnée au bateau ; il a regardé mes cartes qui lui ont plu beaucoup, et il y a tracé la ligne du chemin de fer comme on le lui avait expliqué. Il a pris le thé avec moi.

Nous avons eu le premier bon vent le lendemain matin, et en un jour nous fûmes arrivés à Louxor, où nous abordâmes au coucher du soleil. Le bateau fut tout de suite rempli de monde. Omar et le reis ont immédiatement organisé une procession pour me conduire avec ma lanterne au tombeau d'Abou-el-Hadjad. C'était l'avant-dernière nuit de son mouled. Deux de mes marins portaient la lanterne ; les autres, renforcés par des hommes d'un bateau à vapeur qui était ici avec un prince prussien, chantaient et sonnaient le daraboukeh. Nous nous sommes mis en marche après que j'eus subi toutes sortes de salutations et d'embrassements du cheik Yousouf, et jusqu'au baisemain des petits garçons. La première chose que j'entendis, ce fut la voix joyeuse du vieux chérif qui remerciait Dieu que « notre bien-aimée » fût revenue. Puis nous avons longuement causé ; enfin on a récité d'autres fat'hah pour moi, pour vous et pour les enfants.

Je suis alors retournée à mon bateau pour me coucher. J'ai trouvé que le gardien de la Maison de France [61] avait été emmené à Keneh aux travaux forcés, après avoir passé huit jours aux chaînes et menottes de bois pour avoir résisté et tâché de faire valoir ses droits comme protégé français. Nous attendîmes donc son retour et les clefs qu'il avait prises avec lui, dans l'espoir que les autorités de Keneh ne voudraient pas m'empêcher d'entrer dans la maison. J'ai écrit à l'agent français à Keneh et au consul à Alexandrie ; enfin le troisième jour mon homme a été relâché. Que penseriez-vous en Europe en me voyant recevoir avec bonheur un domestique qui sortirait des chaînes et des menottes ? Justement, tandis que je causais avec Mohammed, un bateau remontait le fleuve au son de la musique et des chansons ; c'était un cheik-el-beled, d'un endroit au-dessus d'Esneh, qui avait été trois ans en prison au Caire. Ses amis faisaient maintenant toute la fantasia qu'ils pouvaient pour célébrer la fin de son malheur. De honte, il n'en est pas question ; pourquoi y en aurait-il en effet ? Tant d'honnêtes gens vont en prison que ce n'est pas là une présomption contre un homme quelconque.

J'ai dîné avec le maoun ; sa femme m'a fait le meilleur dîner que j'aie mangé dans ce pays ou même ailleurs : « Mange, ma fille, mange » ; et, malgré tout, j'ai réussi à la contenter. Jamais je n'ai goûté un tel baklouch. Hier, nous sommes rentrés dans la maison, et depuis lors j'ai eu des visiteurs en quantité.

Votre lettre m'a fait un bien grand plaisir ; elle est arrivée le premier de l'an au milieu de tout le bruit de la grande fête en l'honneur du saint de Louxor. Je voudrais que vous eussiez pu voir deux jeunes Arabes (de vrais Arabes de l'Hedjaz en Arabie) monter à cheval et jouer avec des dards et des lances. Je n'ai jamais rien vu de pareil. Un homme qui contrefaisait l'idiot se tenait entre eux, et ils galopaient autour de lui avec leurs lances croisées, les pointes reposant contre terre, dans un cercle si petit que les vêtements de l'homme qui était au centre volaient au vent produit par les jambes des chevaux. Ensuite ils ont jeté des djerids en les reprenant au grand galop ; mais ce qu'il y avait de plus beau à voir, c'était leur parfait empire sur leurs chevaux, qui étaient « comme de l'eau dans leurs mains », disait le cheik Hassan. Je me suis aperçue que je n'avais jamais vu de ma vie de véritable équitation.

Je suis maintenant dans le « palais » à El-Ouksour, avec une dahabieh, *Arouset-el-Rali (La Fiancée bien-aimée),* sous mes fenêtres, tout comme un pacha. Le petit bateau vous plairait, ainsi que son petit capitaine, le reis Mohammed. J'ai ici quelques amis noirs parmi les grands cheiks des Abab'deh qui voudraient me conduire à Khartoum, mais le voyage coûterait cinquante livres : j'ai donc refusé avec grande abnégation. Le cheik Ali, homme fort aimable, qui vient d'un pays au-delà de Khartoum, a un « takhteraouan » (une litière portée entre deux chameaux) : c'est lui qui m'aurait conduite confortablement. J'aimerais bien voir le pays des Noirs. Mustapha-agha et cheik Yousouf y viendraient avec une escorte d'Abab'deh. Le cheik Ali est si intelligent et si bien élevé que je me serais plu beaucoup avec lui, et le climat dans cette saison est délicieux. Il est allé dans le pays des Denka, où les hommes sont d'une coudée plus grands que le cheik Hassan, que vous connaissez et qui a demandé tendrement de vos nouvelles. Vous rappelez-vous de l'esclave denka qui avait trois pouces de plus que vous ?

En remontant le Nil nous avons eu une alarme causée par des voleurs. Sous la montagne de Gebel-Foudah, nous étions embarrassés dans des bas-fonds résultant d'un changement dans le lit du fleuve, et nous avons dû y passer toute la nuit. Vers trois heures du matin, le reis a envoyé un domestique pour me dire qu'il avait vu un homme rampant à quatre pattes sur la terre. Voudrais-je faire feu avec mon pistolet ? Mon revolver ayant été perdu à Alexandrie, j'ai été obligée de prier le reis de recevoir la troupe des voleurs armés, quelle qu'elle fût, très poliment, et de leur permettre de prendre tout ce qui leur plairait. Mais Omar a tiré plusieurs fois vos vieux pistolets de cavalerie, et, soit que les voleurs aient eu peur, ou que l'homme prétendu ne fût qu'un loup, nous n'avons plus entendu parler de rien. Mon équipage avait une peur horrible, et ils sont restés éveillés jusqu'au lever du soleil.

La nuit avant d'arriver à Keneh, qui est à quarante milles au nord d'El-Ouksour, mes hommes ont célébré une grande fantasia sur la rive du fleuve. Il n'y avait pas de vent, et nous trouvâmes une quantité de vieilles tiges de maïs avec lesquelles nous avons fait un feu de joie ; puis mes hommes ont battu le tambour, chanté et dansé. Omar lui-même s'est assez relâché de sa dignité pour danser la danse des jeunes gens d'Alexandrie ; le tout était très gai. J'ai beaucoup ri, surtout aux airs modestes et aux grâces d'un grand et gauche garçon, un certain Hezaim, qui faisait la fiancée dans la représentation d'une fête de mariage nubien. La nouvelle chanson de cette année est très jolie ; c'est une déclaration à un jeune Mohammed, dont l'air est charmant. Il y en a aussi une autre qui ressemble un peu à *« di Provenza al mar »* dans la *Traviata,* avec de fort jolies paroles. Comme en Angleterre, chaque année a sa nouvelle chanson, que tous les enfants répètent par les rues.

Permettez-moi maintenant de décrire l'état actuel des choses : du monderiat de Keneh [62] seul, 25 000 hommes ont été enlevés pour travailler pendant soixante jours sans paie ni nourriture ; chaque homme doit prendre sa corbeille, et un homme sur trois doit prendre une houe sans corbeille. Si l'on désire payer un substitut pour un fils aimé ou trop délicat, cela coûte 1 000 piastres et 600 au plus bas ; mais dans la plupart des cas c'est 800 ou 1 000 : c'est à peu près 300 ou 400 piastres pour la nourriture de l'homme. D'El-Ouksour seulement 220 hommes sont partis ; un tiers mourront probablement de froid et de misère (il fait un froid extraordinaire). C'est-à-dire que ce petit village, qui a tout au plus 2 000 âmes, hommes et femmes (généralement nous ne comptons pas les femmes par bienséance), payera en travail au moins 1 320 livres (333 000 francs) en soixante jours.

On nous a saisi aussi onze chameaux pour aller au Soudan. Un chameau vaut environ de 450 à 1 000 francs. Rappelez-vous que c'est là la seconde levée de 220 hommes en six mois, chaque levée de la durée de soixante jours ; la seconde fois on a pris des chameaux. De plus, il y a la conscription qui sert aux mêmes fins, puisque les soldats travaillent sur les chantiers du pacha. Le petit arrondissement de Kons, dont dépend El-Ouksour, a été frappé en chameaux, nourriture pour les bêtes et les chameliers d'une contribution de 6 000 bourses la semaine passée – 18 000 livres (459 000 francs). J'en ai fait le compte, et il coïncide avec ce qu'on m'avait dit. Au Caire, les gens sont payés et bien payés. Ici le blé coûte maintenant 400 piastres l'ardeb ; un petit pain moins grand que notre pain d'un sou coûte une piastre, – à peu près un sou et demi. Je n'ai pas besoin de vous dire quelle est la misère. Le mécontentement n'est plus caché. Chacun parle tout haut, et ils ont bien raison de se plaindre.

Voulez-vous que je vous dise ce que sont devenus les cent prisonniers qui ont été emmenés après l'affaire de Gow ? Pendant la marche à travers le désert, le mamelouk grec regardait sa liste chaque matin, et il disait : « Hosseym Achmet-Foulan (comme on dirait Don Fulano en espagnol, M. Untel), vous êtes libre. Ôtez-lui ses chaînes. » Très bien ; les trois ou quatre hommes restent en arrière où des Arnautes les étranglent hors de la vue des autres. C'est ce qu'on appelle le bannissement à F'zoughli. Vous rappelez-vous « Le citoyen est élargi » des massacres du mois de septembre à Paris [63] ? C'est là une coïncidence bizarre, n'est-ce pas ? Je ne veux rien dire de la fin de Hadji-sultan jusqu'à ce que je le connaisse d'une manière certaine ; mais je crois que la procédure a été celle que je viens de vous décrire : mis en liberté dans le désert et assassiné sur le chemin. Tout le monde est exaspéré ; même les femmes en parlent ; c'est dans l'air. Je n'avais pas passé cinq minutes dans un des villages sur le Nil, que je savais tout cela, même encore pis.

C'est curieux de voir comme les nouvelles voyagent ici. Les gens d'El-Ouksour savient le jour où j'ai quitté Alexandrie et le jour de mon départ du Caire, longtemps avant mon arrivée ici. Ils disent qu'Abou-el-Hadjadi m'a donné sa maison parce qu'il ne voulait pas finir son mouled sans moi. Je suis censée être spécialement protégée par lui, et la preuve, c'est que ma santé est meilleure ici que partout ailleurs.

A ce propos, le cheik Ali-Abad'deh m'a dit que tous les villages très voisins du Nil n'ont presque pas souffert du choléra, tandis que ceux qui sont à un demi-mille ou un quart de mille à l'intérieur ont été ravagés. A Keneh, deux cent cinquante personnes mouraient par jour ; à El-Ouksour, on dit qu'un enfant en est mort, mais je sais qu'il avait le foie malade depuis plus d'un an. Les Bisharis et les Abab'deh dans le désert ont souffert plus que les habitants du Caire ; or vous savez que le désert est généralement un endroit parfaitement sain ; mais l'eau fraîche du Nil paraît être le véritable antidote. Cheik Yousouf met la mortalité à Keneh sur le compte de l'eau du canal que boivent les pauvres gens. Je crois qu'il a raison.

El-Ouksour, 31 mars 1866.

J'ai fait une excursion à Medamont il y a quelques jours ; j'y ai déjeuné sous la tente de Mustapha au milieu de sa récolte de fèves. L'homme qui m'a accompagnée à Medamont m'a beaucoup intéressée : c'était autrefois un voleur fameux ; maintenant, c'est un garde et un honnête homme. Il était monté sur un âne de la grandeur à peu près du petit poing de Stirling. J'ai souri en lui disant : « C'est l'homme qui devrait porter l'âne. » Ce qui fut aussitôt fait ; il descendit, ou plutôt il permit à la bête de sortir d'entre ses jambes, et il courut en avant en prenant l'âne sur ses épaules. Sa manière de se tenir éveillé dans la nuit est originale : quoique les nuits soient encore froides, il se déshabille complètement, roule ses vêtements sous sa tête ; le froid le tient toujours éveillé. Je n'ai jamais vu une créature aussi forte, aussi active ni aussi saine. Il avait à raconter beaucoup d'histoires des bastonnades qu'il avait reçues, une fois mille coups de courbach sur les pieds et cinq cents coups sur les reins en même temps. « Pourquoi ? demandai-je. – Pourquoi ? Parce que j'ai planté un couteau dans le corps d'un kawas qui m'avait ordonné de porter des melons d'eau. Je lui ai dit que je n'étais pas son âne ; il m'a appelé d'un nom encore pire, mon sang a bouillonné, et voilà ! Le pacha qui était le maître du kawas m'a fait bâtonner. Oh ! c'était dans les règles et je n'ai pas dit une fois : "C'est assez." N'est-ce pas vrai ? » ajouta-t-il en s'adressant à un voisin. Évidemment il ne gardait pas de rancune, pas plus qu'il ne ressentait de honte.

Il raconte aussi une grande histoire d'une ville qui est à deux jours de Thèbes dans le désert, et qu'on ne trouve que par hasard, lorsqu'on a perdu son chemin, et le terrain y est tout couvert d'« antikehs » (antiquités) de grand prix. J'ai souri en lui disant : « Ton père y aura vu de l'or et des joyaux. – C'est vrai, me répondit-il ; quand j'étais jeune, les hommes n'avaient qu'à cracher sur une statue ou tout autre objet, vu qu'ils trouvaient de l'or en bêchant ; maintenant c'est une rare fortune d'en découvrir. »

A propos, M. S... m'a donné un fragment superbe d'un nez, d'une bouche et d'un menton en granit noir ; c'est si doux et si gracieux qu'on aurait envie de l'embrasser.

Je suis allée de nouveau sous la tente de Mustapha pendant la récolte des fèves. Cela me fait du bien, et c'est une promenade qui n'est pas trop longue. Le temps est devenu tout d'un coup très chaud, et tout le monde en est éprouvé ; mais l'air est d'une clarté et d'une beauté extraordinaires. Je bois du lait de chamelle tous les matins, d'après le conseil du chérif.

El-Ouksour, 10 mai 1866.

Ma toux a diminué, et je me porte beaucoup mieux ; je crois que le remède arabe, le lait de chamelle, m'a vraiment fait du bien. Il a le mérite d'être excellent, et j'ai senti de l'amélioration dès que j'ai commencé à en prendre. Que je voudrais vous en envoyer une pleine cruche tous les matins, tel que je le bois ; c'est le lait le meilleur, avec une écume qui ressemble à de la crème fouettée. Les Arabes sont persuadés que c'est très bon pour tous les malades. Un homme nommé Chériff amène sa chamelle ici chaque matin pour la traire ; le petit est très drôle, tout en jambes avec de grands yeux noirs et un poil doux ébouriffé de couleur chamois. Je voudrais aussi que vous pussiez voir les chameaux prendre leur repas ; ils sont les seuls animaux qui fassent usage d'une nappe. Le chamelier déploie un drap à terre et y verse un monceau de doura (maïs) ; alors monsieur le chameau et madame la chamelle prennent leurs places gravement vis-à-vis l'un de l'autre ; leurs compagnons se mettent en rang tout autour, et ils mangent d'une manière très convenable en balançant leurs longs cols en haut et en bas. Un seul chameau était de mauvaise humeur, et il a pris sa pitance à part, comme un enfant boudeur. « Quelquefois, m'a dit l'homme, il ne veut pas manger du tout. »

Rien n'amuse autant mes amis les Arabes que l'atlas que j'ai apporté avec moi. Cheik Hassan-el-Abab'deh, le cheik noir, surtout, reste assis sur le tapis pendant des heures entières, regardant les cartes et faisant de nombreuses questions. Il n'en avait jamais vu, mais il les comprend fort bien, et j'ai trouvé qu'il savait que la terre était ronde avant que je le lui eusse dit.

Un garçon copte m'a apporté un grand et beau lézard qui habite sur les arbres ; il avait presque un mètre de longueur ; mais il donnait tant de coups de griffes et il était si sauvage que je lui ai permis de s'échapper. Il ne voulait pas manger et j'avais peur qu'il ne mourût ; il était superbe. La maison est remplie de petits lézard bruns qui courent sur le plafond en attrapant les mouches et en criant très fort. Ils ont des pieds fort curieux avec le bout des doigts tout rond pour pouvoir s'attacher aux murs et aux plafonds ; ils courent très vite dans cette position, étant sens dessus dessous. Je viens de tuer le premier serpent de l'année.

Je me suis bien amusée hier dans ma promenade pour aller prendre mon lait de l'après-midi. J'ai trouvé Chériff furieux d'avoir été volé par une femme sous son nez. Il l'a vue prendre du hommuz (pois chiches) dans un champ qui était sous sa garde. Il voulait la chasser, quand elle a tranquillement laissé tomber le bout de son bourdeh (voile bleu épais qui couvre la tête et les épaules), et elle l'empêcha ainsi de s'approcher d'elle ; après avoir arrangé son paquet, elle s'en alla. Le respect de Chériff pour la harim (la femme) ne l'a pas empêché cependant de tenir sur elle un langage des plus expressifs.

L'architecte français qui est ici a fait de très jolis dessins de notre mosquée, soit de l'intérieur, soit du dehors ; c'est un bon exemplaire d'architecture arabe moderne, et l'architecte ne veut pas croire que cette mosquée ait pu être bâtie sans un plan, des élévations, etc., ce qui amuse beaucoup les gens d'ici qui fabriquent leurs édifices en se passant de toutes ces inventions.

M. et Mlle N... sont ici, et ils font beaucoup d'esquisses ; mon ami français prendra une place dans leur dahabieh (mon vieux Zenet-el-Bahreym), qui doit partir dans six ou sept jours. Je serai chagrinée de perdre sa compagnie ; il est très intelligent et laborieux, c'est un parfait gentleman. Nous sommes tous désolés de son départ, après avoir passé un mois ensemble à El-Ouksour.

La récolte est superbe cette année, et les prix ont baissé en conséquence ; mais la viande, le beurre, etc. coûtent toujours très cher.

Je suis devenue par trop célèbre comme une hakimeh (docteur) et je ferme boutique les jours de marché. Une très belle femme est venue hier pour me prier de lui donner un médicament pour la rendre plus belle encore. Un homme m'a offert une charge de chameau de blé, si je voulais bien lire « quelque chose » au-dessus de lui et de sa femme pour leur faire avoir des enfants. Je n'essaye pas même de leur expliquer combien ils sont déraisonnables ; je fais usage d'un argument plus intelligible en leur disant que toutes ces pratiques sentent l'« ebn-el-rukkeb » (la magie, l'art noir) et qu'elles sont « haram » au plus haut degré. J'ajoute qu'en outre elles ne sont que des mensonges. Les demandeurs et demanderesses qui s'adressent à moi pour entendre lire des charmes sont des coptes et des musulmans en nombre égal, et tous paraissent également indifférents quant au « livre » dans lequel on doit lire ; mais, à une seule exception près, toutes étaient des femmes. Les hommes sont en général parfaitement raisonnables quand il s'agit de médecine et de diète.

Aujourd'hui, un homme m'a amené un garçon sourd et aveugle ; pauvre petit, il était en train de perdre la parole, et, à ce qu'il paraissait, la mémoire aussi. Il savait le Coran par cœur avant la maladie qui a détruit en lui la vue et l'ouïe ; maintenant il ne veut pas parler, s'il n'y est forcé. Il a tâté ma main avec une grande attention, et à la fin il l'a flairée et pressée contre sa figure plusieurs fois. Je voudrais savoir quelle différence il percevait ainsi. J'ai remarqué qu'il était plus propre et mieux habillé que les autres enfants, et c'était touchant de voir la tendresse avec laquelle son oncle le conduisait et l'enveloppait dans un manteau. Le garçon se cramponnait à l'homme et frottait sa figure contre lui d'une manière caressante. C'est curieux de voir combien les gens d'ici sont bons envers quiconque est idiot ou complètement impotent, comme ce pauvre petit garçon. On ne s'attendrait pas à tant de bienveillance dans un pays où la vie a si peu de valeur et de sécurité.

Le patriarche nous a envoyé un coadjuteur à la place de notre évêque, qui est tombé en enfance depuis deux ans. Cheik Yousouf m'a appris cette nouvelle aujourd'hui, me donnant à entendre que je devais aller lui faire visite, d'après le même principe qui fait qu'il vient toujours me chercher pour me faire aller à l'église quand il y a un prêtre anglais ici qui célèbre un service.

J'attendrai jusqu'à mon arrivée au Caire pour chercher une servante, les femmes ici ne sachant ni repasser ni coudre. Donc, en attendant, la femme d'Abd-el-Kader, le cuisinier, fait mon blanchissage, et Omar repasse ; nous nous en trouvons parfaitement. Le petit Achmet sert à table, etc., et je crois que je suis plus et mieux servie que si j'avais une femme de chambre. Il serait inutile de prendre une esclave ; l'ennui de lui apprendre serait plus grand que le travail qu'elle pourrait jamais faire.

Ma réputation médicale est devenue beaucoup trop étendue, et tous mes médicaments communs – sels anglais, séné, aloès, rhubarbe, quassia – sont épuisés. Ce sont surtout les pauvres, ennuyeuses et laides vieilles femmes qui m'adorent ; elles me fatiguent du récit de leurs maux et de leurs douleurs. Elles sont ici comme partout la plus grande peste des docteurs. Maintenant on m'apporte les enfants malades, marque de confiance qu'on n'avait jamais vue, me dit-on, dans ce pays. Je suis sûre qu'un docteur européen pourrait faire ici de très bonnes affaires ; le peuple le payerait un peu, et il tirerait un bon profit des bateaux pendant l'hiver. J'ai reçu des dindes quand elles valaient six à sept shillings pièce sur le marché, et les fellahs me forçaient de les accepter.

El-Ouksour, 10 mai 1866.

La vraie chaleur d'été, le « shems-el-kebir » (grand soleil) a commencé pour tout de bon, et en conséquence je me porte beaucoup mieux. Vous donneriez un bon bakchich à ma chamelle, si vous pouviez voir comme je suis engraissée grâce à son lait ; c'est mille fois plus efficace que l'huile de foie de morue. On peut boire facilement quatre litres de ce lait, tellement il est facile à digérer.

J'ai prêté ma dahabieh à Mustapha, qui a des affaires à Keneh ; quand il sera de retour, je commencerai mes préparatifs de départ et je descendrai doucement le fleuve. Omar veut me persuader d'aller maintenant à Damiette pour amuser mon esprit et dilater un peu mon estomac, et je suis tentée de le faire.

Palgrave [64] était ici il y a deux semaines, et un témoin a dit : « Par Allah ! la manière anglaise est vraiment merveilleuse ; ce bey anglais m'a accablé de questions jusqu'à me faire sortir l'estomac du corps. »

Il y avait avec lui Mustapha-bey qui m'a beaucoup plu ; c'est un homme bon, doux et aimable, très intelligent et de beaucoup de bon sens. Je suis enchantée de voir qu'il me rend mon amitié ; il s'est déclaré un de mes derviches. À propos de derviches, je me rappelle la fête du cheik Goulnoul cette année. J'avais oublié la date, mais quelques personnes sont venues me chercher dans la soirée pour aller manger un peu de la viande du cheik, qui, dit-on, est un de mes dévoués patrons, étant le saint des pauvres et doué d'un esprit humble ; il paraît qu'il me protège. Il y avait à ce repas beaucoup de viande et des « melochia » (espèce de mélasse) et du pain ; après le dîner ont commencé des zikrs de différentes espèces et une « gama-el-fokara » (assemblée des pauvres). Gama est le vrai nom d'une mosquée : c'est-à-dire « rendez-vous ». Il y a un grand cercle d'hommes assis les uns à côté des autres par terre, tandis que deux poètes placés vis-à-vis l'un de l'autre improvisent des chants religieux. Cette fois la règle du jeu poétique était de finir chaque vers par un mot qui eût le son des « ouaed » (un), ou « el had » (le premier). Ainsi un poète chantait : « Qu'un homme prenne soin de bien voir comment il marche... » et : « Priez Dieu qu'il ne lui permette pas de tomber », mot qui en arabe a le son de « had ». Les deux poètes continuaient de cette façon, chacun d'eux chantant un vers alternativement. Un de ces poètes gesticulait presque autant qu'un Italien et il prononçait les mots en perfection ; l'autre était plus tranquille, sa voix était remarquable, et le tout ensemble était d'un bel effet. À la fin de chaque vers le peuple entonnait une espèce de chœur qui ressemblait terriblement au braiment des ânes. Le zikr des hommes d'Edson était fort curieux. Nos gens le célèbrent tranquillement et le mounshid chantait très mélodieusement. « Le chant du mounshid est pour le zikr comme le sucre dans le sorbet », me disait un homme qui est accouru tout ruisselant de sueur et avec un sourire radieux quand le zikr a été fini. Un de ces jours je vous expliquerai l'idée fondamentale d'un zikr, qui n'est au fond qu'un essai de rendre actuellement présente « la communion des saints », morts ou vivants.

Pendant que j'écris, ma dahabieh est arrivée, et son équipage ferle la voile avec l'adresse des marins anglais. Mes hommes des années précédentes se sont tous réunis de nouveau ; quelques-uns sont venus de la Nubie et d'autres du Delta : je vais donc voguer avec de vieilles connaissances.

Omar et Achmet m'ont suppliée de ne pas prendre

de femme de chambre ; ils vivent, disent-ils, comme des pachas maintenant qu'il n'y a que la dame à contenter. Ce sera pour eux un vrai plaisir de « lécher mes souliers qui sont si propres, mais les bottes de la *cameriera* étaient insupportables ». Le sentiment des domestiques arabes envers leurs collègues européens est un peu comme celui des Nègres de l'Amérique du Sud envers les « Blancs moyens » : un mélange de haine, de peur et de mépris.

Omar et Achmet m'ont fait une existence si confortable que je n'ai aucune raison de m'embarrasser d'« un vieillard de la mer » sous forme de servante ; la différence en dépense est considérable. Le plat de mon dîner leur sert d'assaisonnement pour leur pain et leurs fèves, tandis que la cuisine pour une femme de chambre, sa bière et son vin coûtaient bien davantage. Omar repasse mes effets très proprement, et le petit Achmet nettoie la maison aussi bien que possible. Pour moi, je dois avouer que je suis aussi soulagée par l'absence de l'élément civilisé que le peuvent être mes vassaux.

Vous ai-je décrit le Vendredi saint des coptes ? Figurez-vous quatre cent cinquante « rekahs » (saluts jusqu'à terre) dans une église ! J'ai vu bien des choses étranges, mais rien d'aussi bizarre que ces salutations des coptes.

Je suis allée l'autre jour à la vieille église où a été enterré le pauvre vieil évêque qui est mort il y a une semaine ; c'est à sept ou huit milles d'ici. Abou-Khom, « shahid » (martyr) chrétien, y est enterré. Le père de Mustapha était perdu dans le désert quand Abou-Khom lui est apparu et l'a reconduit sain et sauf. Il était alors monté sur un bon cheval habillé tout en blanc avec un « litham » (voile) sur la figure. Personne n'ose voler près de sa tombe, pas même un épi de blé. Il s'est révélé dans les anciens temps à un des descendants d'Abou-el-Hadjadi, et jusqu'à ce jour chaque copte qui se marie à

El-Ouksour donne une paire de poulets à la famille de ce musulman, en mémoire d'Abou-Khom.

Je ne sais plus que faire de mes malades. Ils viennent de quarante milles, et il y en a quelquefois trente ou quarante qui dorment à la porte de ma maison. Hier soir, j'ai dîné avec le maoun – à la fortune du pot ; j'ai été très contente du menu. La chère vieille dame était si désolée que son dîner ne fût pas meilleur qu'elle m'a envoyé ce matin un plateau d'excellente rahlaweh en manière de compensation.

Boulak, juillet 1866.

J'ai une belle tête de lion en granit, que j'enverrai à Alexandrie par un bateau de marchandise ; quand il y aura une occasion, vous pourrez la faire venir en Angleterre. J'ai aussi une charmante figurine brisée, mais je l'aime tant que je ne peux pas m'en séparer. J'ai encore un petit dieu en pierre de touche noire et quelques bons scarabées et autres objets ; ce sont tous cadeaux de mes malades à El-Ouksour.

Achmet se conduit très bien et se rend utile ; Omar ne me laisse manquer de rien. Je suis parfaitement bien maintenant avec tout mon ménage aquatique. Le reis tient une bonne conduite ; il est rangé et soigneux, et le marin, espèce de Caliban, est un digne sauvage. Omar a beaucoup à faire, allant au marché, faisant la cuisine, nettoyant le linge, le repassant et veillant à ce que tout soit en ordre ; mais il ne veut pas entendre parler d'une femme de chambre. Un vieux reis qui s'y connaît a examiné la carène de mon bateau, et il dit qu'il peut la réparer sans le faire sortir de l'eau. Nous verrons bien.

S'il peut le faire, ce sera très heureux. Comme je suis le docteur du fleuve, tous les marins sont heureux de me faire politesse. J'ai dû m'obstiner fort pour éviter d'entrer en exercice auprès des habitants riverains d'ici.

Nous avons un été des plus chauds ; maintenant il y a 98° Fahrenheit dans la cabine. Je n'avais pas été bien ces temps derniers ; j'étais surtout horriblement nerveuse et abattue ; mais « mes diables bleus » sont complètement partis, et je me sens beaucoup mieux.

Quelle guerre déplorable en Allemagne [65] ! J'attends les journaux avec anxiété. Ici on est dans la disette d'argent. Le vice-roi est à peu près en banqueroute, car personne n'a reçu un jour de paye depuis trois mois ; même les pensions de soixante piastres (huit francs cinquante) par mois aux pauvres vieilles esclaves de Méhémet-Ali sont arrêtées.

Je voudrais bien avoir ici les enfants pour jouer avec mon agneau noir et mon petit chat blanc, Ablouk et Biss. Le chat se sert de l'agneau comme d'un lit pendant la nuit entière, et ils jouent ensemble toute la journée.

Cinq cadavres ont flotté tout près de notre bateau pendant que nous étions mouillés dans le fleuve près de Ramleh ; il y avait dans le nombre un homme égyptien et une femme égyptienne liés ensemble. Les Grecs et les Maltais se tuent entre eux avec une parfaite impunité.

Boulak, 16 juillet 1866.

J'ai été honteusement paresseuse pendant ces derniers temps ; d'abord, je me sentais très mal, et puis j'ai trouvé ici un état de choses épouvantable... Personne n'est payé maintenant en Égypte ; toute les pensions et les salaires sont de trois mois en arrière ; les soldats et les ouvriers ne sont pas payés ; ce sont autant d'emprunts forcés ; il n'y a en somme qu'une ruine et une détresse universelles.

M. Palgrave a quitté l'Égypte, et je dois hériter de son petit domestique noir Mabrouk, qu'il a laissé malade à El-Ouksour chez Mustapha. Je vais le faire venir ici.

Je me porte mieux, quoique encore faible et nerveuse. Je me trouve très bien ici, ancrée à Boulak, avec mon reis et un marin. Un méchant « hachach » ou garçon mangeur d'opium a fait tourner la tête d'Achmet, qui s'est sauvé pendant deux jours et a dépensé cinq francs en vivant orageusement. Il est revenu tout repentant, mais il n'a pas eu de veau gras ; il a eu du pain sec et une confiscation de ses nouveaux habits.

La chaleur, quand j'ai quitté El-Ouksour, était prodigieuse. J'ai été retenue là pendant trois jours par la mort en couches de la pauvre petite femme et de l'enfant de cheik Yousouf : j'étais donc forcée d'attendre, de manger les viandes de la fête funèbre et d'être présente au « khatmeh » (lecture du Coran la troisième nuit). Si je ne l'eusse point fait, j'aurais paru peu aimable. Le kadi m'a donné un livre de prières fort curieux : *Le Guide des fidèles,* écrit au Darfour ! L'écriture en est fort belle, avec des décorations singulières, et la reliure est magnifique. Ce livre contient les noms de tous les prophètes et les cent appellations diverses de Mahomet : c'est donc un « hegab » ou talisman d'une grande puissance. Le kadi m'a priée de le garder toujours avec moi. On ne peut pas acheter de tels livres à prix d'argent. J'ai fait aussi l'acquisition d'un « hegab » fort beau en cornaline monté en émail ; un vers du Coran y est très bien gravé, et il date de deux cent cinquante ans.

La chaleur était si forte que je n'ai pas eu le courage

d'aller du bateau jusqu'à Keneh quand mes amis de l'endroit sont venus me chercher, et je n'ai pas pu davantage aller à Siout. Je n'ai jamais enduré une telle chaleur. À Benisouef, j'ai fait visite à la fille de notre maoun du lieu ; ç'a été une visite charmante. Le maître de la maison étant dehors, sa mère et sa femme m'ont reçue comme un membre de la famille ; c'est une très jolie femme avec de délicieux enfants : une petite fille pâle et mince de cinq ans, un beau garçon de quatre ans et un petit bébé de douze mois. L'hospitalité empressée de ces petites créatures était vraiment touchante. La petite fille a demandé qu'on lui mît sa plus belle robe, et elle s'est placée sérieusement et diligemment tout debout devant moi en demandant de temps en temps : « Dois-je te faire un sorbet ? » ; « Veux-tu que je t'apporte un café ? » Puis venaient des questions sur grand-papa et grand-maman, et Abd-el-Hamid, et Abd-el-Fettah. Pendant ce temps, le petit garçon s'asseyait sur ses talons devant moi, et il me faisait des questions dans son langage enfantin sur ma famille, en m'assurant que c'était un jour heureux pour lui, et en me priant de rester trois jours et trois nuits chez eux.

Leur père est entré alors, et il a donné une petite pièce de monnaie à chacun d'eux ; les enfants, après s'être consultés ensemble, ont lié la pièce dans un coin de mon mouchoir de poche, « pour que je dépense l'argent à mon voyage ». La petite fille a pris grand soin de mon chapeau, de mes gants et de mes souliers, toutes choses très étranges pour elle ; mais la politesse était plus forte chez ces petits êtres que la curiosité. J'ai déjeuné chez eux le lendemain, et j'ai trouvé qu'on faisait beaucoup de frais de cuisine pour moi.

J'ai pris une poupée pour ma petite amie Ayouseh, et des bonbons pour Mohammed ; mais les enfants ont mis tout cela de côté, afin de se dévouer tout entiers à l'étrangère. Ils ont fait ce petit sacrifice tout tranquillement, sans la moindre parade ni la moindre importunité ; bébé même paraissait avoir l'instinct de l'hospitalité, il était radieux de sourires. Il en était de même de la bonne vieillle femme, leur grand-mère, à El-Ouksour, qui voulait laver elle-même mes effets, parce que j'avais dit que l'esclave noire de Mohammed les lavait mal. Rappelez-vous que rendre des services subalternes à un hôte est regardé comme un honneur et un plaisir, et non pas du tout comme une dérogation à la dignité. Les dames font alors la cuisine elles-mêmes et elles disent : « Je ferai de mon mieux pour toi. » Ce qu'il y a de pis, c'est qu'elles vous font manger trop.

La petite Ayouseh m'a questionnée sur mes enfants, et elle a ajouté : « Que Dieu te les conserve ! Dis à ta petite fille que Mohammed et moi nous l'aimons de loin. » Alors Mohammed a déclaré que dans quelques années, s'il plaisait à Dieu, quand il serait « balal » (mariable), il l'épouserait, et qu'il vivrait alors avec moi.

Quand je suis retournée au bateau, l'effendi était malade d'un asthme, et je ne voulus pas lui permettre de m'accompagner par la chaleur (un homme poli accompagne toujours un hôte honoré jusqu'à sa maison, à son bateau ou à sa tente). Le petit garçon s'est alors offert à me reconduire, et nous sommes partis sur l'âne de l'effendi, que j'ai dû enjamber, avec Mohammed sur la housse de la selle devant moi. Il a été enchanté, cela va sans dire, de visiter le bateau, et il a joué et couru partout, jusqu'au moment où nous partîmes ; son esclave l'a reconduit alors à la maison. Ces enfants m'ont procuré un jour vraiment heureux par leur sentiment d'hospitalité ardente et gracieuse.

Boulak, 14 juillet 1866.

Depuis ma dernière lettre, mon bateau a été mis sens dessus dessous par un menuisier et un « menegget » (empailleur de coussins) ; je n'avais plus même un coin où je pusse écrire... Je vais beaucoup mieux, et je n'ai plus cette sensation d'abattement nerveux qui me rendait incapable et presque honteuse d'écrire. Mon jeune menuisier chrétien du rite grec, demi-syrien, demi-copte, est un type accompli du bourgeois du Caire ; il vous aurait plu. Il n'a pas voulu travailler le dimanche, mais il n'en est pas moins venu, monté sur un magnifique grand âne noir et très bien habillé, pour me faire une visite et m'accompagner dans ma promenade.

Je suis allée avec lui et Omar à la mosquée de la « sittie » Zeyneb pour demander des nouvelles de Mustapha-bey Soubky, le kahim-bacha que j'ai connu à El-Ouksour. Le portier de la mosquée m'a priée d'aller le chercher à la boutique d'un certain épicier, son grand ami, chez qui il va tous les soirs. En arrivant là, nous avons trouvé la boutique fermée ; une boutique est ici une sorte de boîte, avec le couvercle retiré en haut quand elle est ouverte, grande comme une petite boutique de savetier en Angleterre. Le jeune épicier allait se marier, et Mustapha-bey était malade. Je suis donc allée chez lui, à sa maison, dans un quartier (hara) où les rues sont très étroites ! Un eunuque m'a conduite au harem. J'y ai trouvé mon vieil ami assez souffrant ; mais j'ai passé une soirée agréable avec lui, sa jeune femme – esclave géorgienne qu'il avait épousée, à quatorze ans, et la naine bouffonne de la Ouaddeh Bashe (mère d'Ismaïl-pacha, le vice-roi). J'ai gagné le cœur de la naine en me levant pour la saluer, toute vieille et difforme qu'elle est. Les autres femmes ont souri, mais la vieille naine a apprécié mon attention. Elle est Circassienne, et elle m'a paru intelligente. Vous voyez comme les *Mille et Une Nuits* sont absolument vraies et encore réelles ; de grands beys vont s'asseoir chez des épiciers, et un menuisier n'hésite pas à offrir une politesse à des « naas omra » (gens nobles). Voilà ce qui rend la société arabe inintelligible et impossible à la plupart des Européens.

Le petit aide de mon menuisier est le fils d'un « mouushid » (chanteur à la mosquée), et la nuit il s'asseyait et il chantait de sa voix enfantine, et avec sa petite figure ronde et innocente, des chansons très passionnées. Il a à peu près huit ans ; il chante avec goût et avec une précision merveilleuse, mais sans expression. Cependant, un jour, je lui ai demandé une chanson sacrée qui commence ainsi : « Mon ardent amour pour Toi, ô Pleine Lune (le Prophète), m'empêche de dormir » ; alors le petit garçon s'est échauffé, et il a montré un sentiment très vif de ce qu'il chantait.

Je vous ai dit que M. Palgrave m'a abandonné le soin d'un petit garçon noir, maintenant à El-Ouksour, où il l'a laissé fort malade chez Mustapha-agha. L'enfant m'a dit qu'il était un « myan-myan » (cannibale) ; il n'avait pourtant pas l'air d'un ogre. J'ai écrit à Mustapha de l'envoyer ici par la première occasion. Achmet s'est remis de sa mauvaise humeur, et je me trouve tellement mieux de n'avoir pas de servante que je resterai ainsi. La différence de dépense est énorme, et le gain en paix et en tranquillité est encore plus grand ; plus de murmures, plus d'exigences ni d'ennuis. En tout cas je porterais un sac sur le dos plutôt que de recommencer encore l'expérience. Un Européen sans éducation n'est qu'un élément de trouble dans la vie de famille en Orient ; l'espèce de relation filiale, à la fois familière et respectueuse, des domestiques orientaux à l'égard d'un maître qu'ils aiment est chose odieuse aux domestiques anglais et plus encore aux domestiques français. Si je trouve par hasard une femme arabe ou abyssinienne qui puisse me convenir, je la prendrai ; mais naturellement cela est rare. Une fille novice ne peut rien faire, non plus qu'une fellaha, et, quant à une femme du Caire, elle s'ennuierait mortellement dans le Saïd. Pour ce qui regarde les soins et les attentions, je n'ai besoin de rien, et l'économie en vin, en bière et en viande est très grande ; on peut très bien nourrir six ou huit Arabes avec l'argent nécessaire pour un seul Européen.

Pendant tout le temps que le menuisier, son garçon et deux rempailleurs de coussins étaient ici, un petit plat de légumes bouillis avec une livre de viande paraissait sur la table, suivi d'un poulet ou d'un pigeon pour moi. Le ragoût était alors mis à terre pour les hommes, avec deux pains d'une piastre chacun et une cruche d'eau par personne ; quatre hommes et deux garçons dînaient ainsi fort bien. À déjeuner c'était un melon d'eau, un autre pain et une tasse de café par personne ; cependant je passe pour une vraie Arabe en fait d'hospitalité. Naturellement les Européens ne peuvent vivre de cette manière ; ils méprisent les Arabes parce qu'ils sont si sobres, et de son côté le domestique arabe n'est guère flatté de voir que l'Européen demande toute espèce de luxe coûteux qu'il trouve inutile pour lui-même. En même temps, l'Arabe est obligé de se tenir sur la défensive, afin de ne pas devenir le souffre-douleur de son camarade européen qui le méprise quand il fait les corvées. Dans ces conditions, l'Arabe ne fait pas une foule de choses qu'il fait avec empressement quand il travaille uniquement pour le maître.

Boulak, 15 juillet 1866.

Hier soir les deux rempailleurs de coussins sont venus pour me faire une visite amicale ; ils se sont assis, et ils ont commencé à raconter des histoires ; j'ai commandé du café. Un pêcheur avait arrêté son bateau à côté de nous pour prendre part à la conversation, et l'un des rempailleurs a raconté l'histoire de deux pêcheurs. L'un était juif, l'autre musulman ; ils s'étaient associés dans le temps du Prophète (sur lequel soit la bénédiction de Dieu et la paix !). Quand le juif jetait son filet, il faisait appel au prophète des juifs, et chaque fois il le retirait plein de poissons. Le musulman en appelait à notre maître Mahomet et son filet était toujours rempli de pierres, jusqu'à ce qu'un jour le juif lui dise : « Éloigne-toi, ô homme ! tu nous portes malheur ; dois-je continuer de prendre la moitié de tes pierres et te donner la moitié de mes poissons ? Non pas. » Le musulman alla alors trouver notre maître Mahomet, et il lui dit : « Vois, j'invoque ton nom quand je jette mon filet, et je ne prends que des pierres ; c'est une calamité. Comment cela se fait-il ? » Mais le Prophète béni lui répondit : « C'est parce que ton estomac est noir intérieurement et que tu ne penses qu'à vendre ton poisson à un prix inique et à frauder ton associé et tes acheteurs, tandis que le cœur du juif était pur envers toi et envers le peuple ; Dieu l'a donc écouté plutôt que toi. » J'espère que le pêcheur a été édifié par cette belle morale.

J'ai entendu aussi de bonnes histoires du plongeur en chef du Caire, qui est venu examiner la quille de mon bateau ; il m'a raconté en chuchotant à voix basse une longue histoire de la descente de son grand-père sous les eaux du Nil, dans la terre des gens qui habitent là-bas, et qui ont des crocodiles apprivoisés pour chasser le poisson à leur place. Ces pêcheurs étranges lui donnèrent une sacoche pleine d'écailles de poissons, en lui enjoignant de ne jamais revenir et de ne raconter à personne ce qu'il avait vu ; quand il arriva chez lui, les écailles étaient changées en pièces de monnaie. Mais le conte le plus singulier, c'était l'histoire que le hadji Hannah faisait de sa propre vie, et aussi le voyage de la mère d'Omar, qui avait porté sa vieille mère dans un panier, sur sa tête, de Damiette à Alexandrie, conduisant par la main Omar, alors tout petit garçon. Il est vrai que l'énergie de beaucoup de femmes d'ici est étonnante.

Le Nil monte rapidement, et le « bishir » est venu (le messager qui précède le hadji et apporte les lettres). « Bishir » signifie « porteur de bonnes nouvelles » littéralement. Aujourd'hui bien des cœurs sont légers, et bien d'autres sont au désespoir. J'irai à l'Abassieh pour voir le Mahmal (tapis sacré) et l'arrivée des hadjis.

Vendredi prochain il faut que je fasse sortir de l'eau mon bateau, ou au moins que je fasse visiter la carène, afin de raccommoder les mauvais endroits. Il paraît que j'ai guéri une fois de la dysenterie un reis du pacha à Minyeh. Il ne l'a pas oublié, quoique pour moi je ne m'en souvienne plus. J'aurai donc un bon emplacement sur le bord du Nil. Je vais déménager tous mes effets et moi-même dans un bateau qui appartient à Zoubeydeb, afin de surveiller mes calfateurs pendant trois ou quatre jours.

Je désire beaucoup lire le livre de Baker[66]. J'ai été enchantée de celui d'Abd-el-Kader[67] que Dozon m'a envoyé, et je voudrais avoir l'original pour le faire voir au cheik. Le livre d'Abd-el-Kader est un mélange curieux de bon sens et de crédulité « tout à fait arabe parmi les Arabes ». Je vai écrire un article sur les croyances populaires de l'Égypte ; ce sera intéressant, j'espère.

A propos, je lis dans quelques journaux et revues des considérations à perte de vue sur de prétendues conspirations mahométanes. On s'appuie sur la grande quantité de pèlerins qui, l'année passée, sont allés de tous les pays à La Mecque. C'est chercher midi à quatorze heures. L'an dernier, le jour du sacrifice d'Abraham, c'est-à-dire le jour du pèlerinage (le sermon sur le mont Arafat), est tombé un vendredi ; et, quand cette coïncidence arrive, il y a toujours une foule énorme ; c'est dû à l'idée populaire que le « hadji-el-gumma » (pèlerinage du vendredi) est sept fois béni, ou même l'équivalent de sept pèlerinages faits dans les années ordinaires. Le premier mendiant dans la rue peut vous dire cela ; ainsi vous pouvez vous imaginer quelles absurdes théories on invente, faute de se renseigner.

Le « Mouled-el-Nebbi » (fête du Prophète) a commencé. On m'a promis une table dans la tente du grand derviche pour voir le « Doseh ».

Le Nil monte toujours rapidement. Nous tuerons le pauvre petit agneau d'El-Ouksour le jour où l'on ouvrira le canal, et la nuit nous aurons une fantasia ; j'en suis fâchée pour mon petit chat blanc qui dort toutes les nuits sur le cou laineux d'Ablouk (l'agneau), qu'il aime passionnément. Minette (« Biss » est le mot arabe pour Minette) m'a été donnée par un garçon copte à El-Anksour ; elle est extrêmement gentille, et elle est vive et souple auprès d'un chat anglais autant qu'un Arabe l'est auprès d'un Anglais. Elle, Achmet et Ablouk jouent sans cesse ensemble.

Voici un immense bouquet, un grand rond écarlate entouré de blanc et de vert avec de longs roseaux sur lesquels sont enfilés une à une des fleurs de tubéreuse, figurant ainsi une immense fleur avec des pistils blancs.

Les jardiniers arabes l'emportent même sur les bouquetières françaises en fait de bouquets.

Il faut cependant finir cette lettre sans fin. Je vais bien mieux. L'été sur le Nil a été brûlant. Je ne pouvais pas comprendre comment mes hommes avaient la force de ramer.

Boulak, 20 août 1866.

Depuis ma dernière lettre, j'ai eu une attaque bilieuse et une congestion du foie. Tout le monde a eu la même chose, la plupart plus que moi ; mais j'étais fort malheureuse et honteusement maussade. Omar disait : « Ce n'est pas vous, mais la maladie qui dit cela », quand je trouvais à redire à tout, et c'était vrai. Je suis exaspérée aussi, et hors de moi à propos de mon bateau.

Je suis allée à Ata-el-Khalig (coupure du canal) pour voir la grande fête de « la Fiancée du Nil [68] ». C'est un spectacle charmant, mais, au retour, nous avons presque coulé à fond. Je suis passée avec tous mes effets dans un bateau appartenant à Zoubeydeh, et nous avons hissé mon bateau à terre ; nous l'avons trouvé pourri de l'avant à l'arrière. Me voici donc au beau milieu de marchands de bois et de scieurs, etc., attendant qu'on reconstruise la carène. Mon reis disait qu'il avait apporté le bois sur sa tête pendant tout le temps : mais que pouvait dire un homme comme lui contre la parole d'un « kaouagah » (monsieur) ? Omar achète le bois et surveille, d'accord avec le reis ; les constructeurs paraissent être de bons ouvriers et très probes. Je paye jour par jour, et j'ai un étranger pour tenir mes comptes ; chaque morceau de bois doit être neuf. Jamais je n'ai vu chose aussi pourrie surnager sur l'eau. Si j'avais remonté la cataracte, je n'en serais jamais revenue vivante.

Mabrouk, le domestique de M. Palgrave, est arrivé et me plaît assez. C'est un garçon robuste et lourd, avec une bonne humeur qui ne se dément jamais, et pas du tout sot. Il a le bon vrai rire de Nègre qui me fait penser au vent frais et aux montagnes lilas du Cap, quand je l'entends. Lorsque je lui ordonne de faire quelque chose, il le fait avec un soin extrême et puis il demande : « Tayib ? » (Bien ?) Et si je dis : « Tayib », il part, ainsi que dit Omar, « comme un canon dans la figure de Milady », avec un rire retentissant. Achmet, qui est moitié plus petit que Mabrouk, lui commande et lui enseigne les choses avec un air de haute dignité, en me disant dans sa commisération : « Vous le voyez, madame, il est tout nouveau, tout naïf. »

Achmet, il y a deux ans, n'avait jamais vu un vêtement ni aucun article de la vie quotidienne ; c'est maintenant un valet éveillé, avec une très bonne tenue pour servir à table, arranger mes effets, etc. Il fait habilement la cuisine. Les garçons arabes sont merveilleux ! Je lui donne maintenant les gages par grand avancement, d'un napoléon par mois ; dorénavant il soutiendra sa famille. Il est d'une tête plus grand qu'un enfant de huit ans.

J'ai le dessein d'écrire un article sur les différentes fêtes et les différentes coutumes des coptes et des musulmans ; mais il faut que j'attende d'avoir vu Abou-Seyfeyn, près d'El-Ouksour, le grand saint chrétien près de qui se rendent tous les gens possédés, « les fous », pour être guéris. Le vice-roi fait une guerre sans merci à toutes les fêtes et à tous les usages. Le « Mahmal » a été mutilé cette année, et la foire de Tantah a été interdite. Et puis les Européens gâtent tout ; les Arabes ne vont plus à « l'Ata-el-Khalig », et les voitures frangies au « Doseh » étaient comme les nôtres au Derby. Ce n'est que dans la Haute-Égypte que les vieilles mœurs subsistent encore.

Demain, mon pauvre agneau noir sera tué sur la nouvelle proue du bateau ; un peu de son sang sera répandu dessus, et sa chair bouillie sera mangée par les ouvriers pour nous préserver du mauvais œil. Le jour où le bateau sera mis à flot, quelques « fikis » liront le Coran dans la cabine et ils auront de nouveau du mouton bouilli et du pain. Les « ma-alims » (ouvriers habiles) chrétiens tiennent à la cérémonie du mouton tout autant que les autres, et ils la célèbrent toujours pour une nouvelle maison, un nouveau bateau, un nouveau moulin, une nouvelle roue à aubes, etc.

La femme et les enfants d'Omar viendront d'Alexandrie pour le voir ; il ne veut pas me quitter d'un seul jour, parce que je suis très souffrante et très faible. Je ne sais pas ce que je deviendrais sans ses soins fidèles et dévoués. Il ne sort jamais, excepté le matin pour aller au marché, et quelquefois pour surveiller le bateau qui est couché tout près de notre maison sur le rivage. Il semble ne jamais avoir d'autre pensée que celle de mon confort ou de mon bien-être... Que ce serait charmant, si vous pouviez venir ici ! Si vous ne venez pas, j'irai à El-Ouksour dès les premiers jours d'octobre. On me mande de la Haute-Égypte que les habitants s'enfuient de leurs terres, parce qu'ils se trouvent dans l'impossibilité de payer les taxes qui ont été triplées ; ils ne peuvent plus vivre, la ruine est universelle...

Voilà un siècle que je ne suis pas sortie et que je n'ai vu quelqu'un. Est-ce que vous reconnaîtriez la femme de votre cœur dans une paire de larges pantalons roses et un tob turc ? Tel est pourtant mon costume au moment où je vous écris cette lettre. La femme qui est venue pour coudre ma robe ne savait pas exécuter une œuvre si difficile : elle m'a donc confectionné une simple paire de pantalons larges.

Adieu ! je n'ai pas besoin de vous dire combien votre demi-mot sur la possibilité que vous veniez me voir me fait souhaiter que ce vœu se réalise ; en même temps j'ai peur de vous persuader.

La grande chaleur est complètement finie avec la crue du Nil ; l'air est frais et bon sur le fleuve, les nuits sont presque froides.

Boulak, 27 août 1866.

Depuis deux ou trois jours, nous avons été désespérés à propos du bateau. Toutes les membrures étaient terminées samedi, et l'on allait commencer à mettre les planches et à calfater, quand tout à coup le vieux Nil a monté pendant la nuit en menaçant d'emporter mon navire ; mais, grâce à Abou-el-Hadji et à cheik El-Bostaoui, il a été sauvé. Vous rappelez-vous le grand timonier qui allait avec nous à Bedrishayn et que nous trouvâmes si mal élevé ? Il avait la surveillance d'une dahabieh tout près de la nôtre, et il a appelé tous les autres reis et timoniers pour l'aider : « Ô hommes d'El-Bostaoui ! ceci est *notre* bateau (cela veut dire : nous sommes les serviteurs de son propriétaire), et il est dans nos figures. » Le timonier donna alors l'exemple, il se déshabilla, apporta du sable et enfonça des pieux toute la nuit ; au lever du soleil, mon bateau était entouré d'une digue presque aussi haute qu'un homme. Les riverains de Boulak étaient tout surpris de voir les superbes reis travailler pour rien, comme des fellahs. Mes trois ma-alims, le constructeur en chef, le calfat et le contremaître, étaient restés aussi toute la nuit avec Omar et mon reis, et ils travaillaient comme les autres.

Le cheik des constructeurs de bateaux étant venu faire visite à un de mes ma-alims, qui est son neveu, et sachant de quoi il s'agissait, est venu à une heure du matin et est resté jusqu'à l'aube. Quand les ouvriers passaient à ce moment pour aller à leurs différents travaux, il les appelait en leur disant : « Venez et finissez ce bateau ; il doit être prêt pour demain soir. » Quelques-uns de ces hommes ont fait des objections, et ils ont dit qu'ils allaient à tel ou tel autre endroit ; ils ont reçu quelques coups *pro forma,* et la conséquence a été que le matin, quand je suis allée voir comment marchait le travail, j'ai trouvé quarante-six hommes qui travaillaient à mon bateau. Le vieux cheik avait fixé une tâche pour chaque équipe de quatre hommes, et il avait dit ensuite : « Si cela n'est pas fait ce soir, ô chiens ! demain je mettrai un chapeau. » Traduit, cela veut dire : « Aujourd'hui j'ai frappé modérément comme un Arabe, mais demain, s'il plaît à Dieu, je battrai comme un Européen et je jouerai sérieusement du bâton. »

En somme, le bateau, qui n'était qu'un squelette hier matin, est maintenant, à quatre heures de l'après-midi, achevé, calfaté, enduit de poix, et en très bon état : donc, si le Nil emporte la digue, mon bateau flottera sain et sauf.

Le rivage est couvert des débris d'autres bateaux qui étaient à demi terminés. Je crois que je dois l'ardeur des ma-alims et du cheik des constructeurs à une de mes absurdes politesses arabes. Le jour qu'Omar a tué le pauvre Ablouk sur la proue du bateau, les trois ma-alims sont venus à bord pour manger leur portion ; j'ai suivi alors la vieille coutume arabe, et j'ai mangé sur le plateau de bois avec eux et le reis « pour la bonne chance », ou plutôt, comme nous disons ici, « pour une bénédiction ». Il paraît que cela a causé à ces gens une immense satisfaction.

Mon reis a pleuré la mort du pauvre agneau qui le suivait au café et au marché, et qui était pour lui « comme un fils », disait-il ; mais, nonobstant cette douleur, le reis en a mangé. Omar, avec son économie habituelle, a choisi à la dérobée les meilleurs morceaux pour composer mon dîner pendant trois jours. Il a allumé alors un feu de vieux bois, il a emprunté un chaudron à des derviches ; puis il a coupé le mouton en morceaux, il a ajouté de l'eau, du sel, des oignons et quelques herbes, et il a fait bouillir le tout. Le chaudron de cuivre pour la lessive (grand plateau rond et plat comme un bain) a été rempli de morceaux de pain, sur lesquels le bouillon était lentement versé, jusqu'à ce que le pain fût trempé. Après ce premier apprêt, il mit une couche de riz bouilli, puis les morceaux de viande bouillie, et par-dessus le tout du beurre, du vinaigre et de l'ail mêlés ensemble. Voilà ce qui s'appelle un « fettah » ; c'est le plat orthodoxe des derviches, il est de toutes les fêtes, demi-régal, demi-religieux, demi-charitable. C'est un mets excellent qui ne coûte pas cher. J'ai demandé combien de personnes avaient mangé, et la réponse a été que cent trente hommes « avaient béni ma main », et j'ai dépensé cent soixante piastres pour le pain, le beurre, le vinaigre, etc. L'agneau valait deux napoléons, en tout trois napoléons, et même moins, car moi aussi j'ai, pendant trois jours, mangé du mouton.

Les trois ma-alims sont venus à bord du bateau où je suis rentrée, et ils ont mangé ; c'était vraiment beau de nous entendre ! Comme nous étions polis ! « Encore un morceau, ô ma-alims ! » ; « Dieu soit loué, nous avons bien mangé ; maintenant, nous retournons à notre travail. » ; « Par le Prophète, du café et une pipe ! » ; « En vérité, tu es bien du peuple le plus noble du monde. » ; « Ô ma-alims ! vous nous avez honorés et réjouis. » ; « En vérité, ceci est une journée blanche entre toutes les journées », etc.

Un ingénieur égyptien, fort habile élève de Whitworth [69], qui habite un bateau à côté du mien, s'est fort amusé de tout cela, et il m'a dit : « Ah ! vous savez à merveille comment il faut les conduire ! »

Je viens de savoir que mes caisses sont arrivées et qu'elles sont en quarantaine. Hier, le pacha a fait venir plusieurs wagons pleins de choses nouvellement débarquées pour son harem, et après qu'elles ont été déchargées, les hommes ont été envoyés purger la quarantaine à Suez. N'est-ce pas caractéristique ?

Jamais je n'ai vu d'hommes faire une meilleure journée que ceux qui ont travaillé à mon bateau. C'est charmant de voir le menuisier tenir son bois d'une main et d'un pied pendant qu'il le débite, assis par terre précisément comme on le voit dans les anciennes fresques. Vous rappelez-vous la représentation de la construction d'un bateau dans les tombeaux de Sakkhara ? Eh bien, c'est exactement la même chose, tout est fait avec une herminette (adze) ; mais leur ouvrage n'en est pas moins bon, je vous l'assure.

J'ai pour voisin maintenant un certain Goudah-effendi, ingénieur, qui a fait ses études et s'est marié en

Angleterre. Sa femme y est allée avec les enfants, et il habite dans le bateau de Haref-effendi. Il vient souvent me rendre visite pendant la soirée, et je suis aise de le voir ; c'est un homme excellent et très intelligent.

Mes amitiés à tout le monde chez nous ; j'ai une agrafe merveilleuse pour A... Il l'aura dès que je trouverai une occasion pour la lui envoyer ; elle vient de Jérusalem. J'ai aussi une bûche d'un des cèdres du Liban. Mon menuisier musulman, qui a aplani le bout cassé de cette bûche, en a avalé la sciure, parce qu'il croit que « Notre Dame Marie » s'était assise sous l'arbre avec « Notre Seigneur Jésus. »

Boulak, 21 septembre 1866.

Du matin au soir Omar est sur le bateau à surveiller l'ouvrage, le bois, les clous, le chanvre, etc. que les Arabes insouciants gaspilleraient sans cela. Je n'ai donc que Mabrouk et Achmet, et vous seriez étonné de voir comme je suis bien servie. Achmet fait un très bon dîner, le sert proprement et commande à Mabrouk. Quelquefois je siffle et j'entends le mot « hader » (prêt) sortir de l'eau, et Achmet entre tout à coup avec l'eau qui coule de son nez innocent ; il a l'air d'un petit triton descendu de quelque fontaine de la Renaissance, avec addition d'une chemise bleue et d'une calotte blanche. Mabrouk est un grand lourdaud de Nègre de l'espèce qui rit et devient grosse ; il est gauche, mais il n'est pas bête et de plus il est très bon et très docile. C'est un excellent sauvage et le vrai type de la bonne humeur. S'il est d'une tribu cannibale, il faut que son peuple mange de la chair humaine par un sentiment perverti de philanthropie. Mais la laideur de Mabrouk ne peut se décrire. Vous seriez enchanté de son gros rire ; en somme, la gaieté de mon ménage m'est très agréable. Un autre garçon, qui s'appelle Achmet aussi, vient à la nage d'un autre bateau de Goudah-effendi, et ce sont alors de grands jeux de piraterie, des vols de pots rouges sur les bateaux des potiers. La plaisanterie consiste à saisir un pot sous le nez même du propriétaire et à se sauver à la nage en le brandissant en l'air. Là-dessus le potier emploie à leur égard un langage des plus éloquents ; les enfants le dépassent encore, et tout le monde est à la joie de son cœur.

J'espère que M. Palgrave ne reviendra pas de Soukoum-Kaleh tout juste pour reprendre Mabrouk, quand il est devenu habile, non pas précisément à voler des pots, mais à bien faire sa besogne. Déjà il fait très bien le blanchissage ; ses bras noirs et forts sont ce qu'il faut pour un garçon blanchisseur. Achmet attend impatiemment votre arrivée. Il est fou du désir d'aller en Angleterre, et il a fait un petit plan pour s'insinuer dans vos bonnes grâces et vous suivre comme votre « domestique à tout faire ». Il est très petit, pas beaucoup plus grand qu'un enfant de huit ans ; mais un garçon arabe ne doute de rien, et il sert admirablement. Que dirait une respectable cuisinière anglaise en voyant « deux plats et une douceur » cuits par un bébé en chemise bleue, sur quelques briques, avec du vieux bois, le tout très bien fait, et suivi d'un café incomparable ?

Le menuisier finira aujourd'hui ce qu'il a à faire au bateau, et le peintre commencera ensuite ; dans une semaine, je serai de nouveau chez moi. À présent, je suis retirée dans un bateau qui appartient à Zoubeydeh et qui n'est pas très confortable.

Boulak, 15 octobre 1866.

Depuis quatre jours, je suis de retour dans mon propre bateau qui est maintenant extrêmement confortable. Le salon a été élargi, et j'ai un bon bureau pour écrire, avec des divans bas et commodes, au lieu de bancs ; j'ai fait ajouter une espèce de garde-manger et de cabine-dortoir sur le devant, de manière que personne n'ait à traverser le salon pour aller se coucher. Toute la partie du harem est réservée pour moi seule. A l'arrière, il y a une bonne grande cabine avec des lits qui seraient assez aérés même pour vous. Je vais partir dans dix jours.

Nous l'avons échappé belle cette année en évitant une inondation. J'ai peur que les récoltes de « doura » (maïs) et de coton aient beaucoup souffert. C'était bien triste de voir les villageois près d'ici arracher à grand'peine un peu de doura vert lorsque le Nil engloutissait lentement les champs.

J'ai été forcée de faire battre Mabrouk hier pour avoir fumé en cachette, offense très grande ici pour un garçon ; on considère cela comme un manque absolu de respect. On lui a donc ordonné avec beaucoup de solennité de se coucher à terre, et Omar lui a administré deux coups avec le bout d'une corde, en manière d'excuse pour une flagellation qui aurait étonné un garçon d'Eton. Le bâton ici n'est que nominal, excepté entre les mains officielles. Je ne peux pas dire que Mabrouk m'ait paru très impressionné de la chose, car il riait gaiement avec Omar moins de dix minutes après ; mais l'affaire a été conduite avec tout le sérieux d'une exécution.

Chizaoni, l'ami de cheik Stanley, a marié sa propre sœur avec son esclave nègre, sous prétexte que ce dernier était le meilleur jeune homme qu'il connût. Que dirait une famille européenne d'un tel arrangement ?

J'irai à El-Ouksour aussitôt que je le pourrai. Mon reis est fort désireux de louer le bateau et de gagner de l'argent. C'est un très honnête homme, quoique maussade, mais c'est un grand travailleur et il est très soigneux. Le défaut de ses qualités est son mauvais caractère.

Mon bateau est très léger et il file bien maintenant ; la proue est tout à fait relevée. Je ne l'ai pas encore essayé à la voile, mais je ne doute pas qu'il ne marche bien, comme disent les Arabes. Nous avons eu une grande chance ; un peu plus, nous coulions à fond dans la nuit où a eu lieu la section du canal. Nous aurions pu être tous noyés comme des rats dans une citerne, entre les hautes digues du fleuve. La reconstruction, le calfatage, le tonnage, l'addition faite à la cabine, la peinture, une tente nouvelle et un nouveau pont m'ont coûté 6 500 francs ; Omar a gagné 250 francs en vendant le vieux bois et les vieux clous. Il m'a rendu aussi 2 000 piastres, près de 300 francs, que les ouvriers lui avaient donnés comme une sorte de bakchich. Chaque ouvrier paye une, deux ou trois piastres par jour au « wakil » (agent) qui surveille ; c'est son profit, et à ce taux il est énorme. J'ai demandé : « Pourquoi ne l'avez-vous pas refusé ? » Omar m'a répondu que les hommes étaient encore assez payés après cette déduction qui est l'usage ici, et que dans son opinion cela venait de la poche du maître : donc c'était de la tricherie.

Omar a toute raison d'être fier de son œuvre, car le bateau est comme neuf, et tout est bien fait, excepté la peinture du dehors ; sur cet article, il a été trompé, mais c'est une très petite affaire. Je lui ai donc payé les dépenses du voyage de sa femme et de ses enfants d'Alexandrie ici et retour ; je lui ai permis en outre de porter de la maison à mon compte un peu de viande chez Ali, où ils logeaient ; cela suivant l'habitude arabe, quand les hôtes ne sont pas riches.

Les discussions sur la Jamaïque m'intéressent. Je connais les Noirs pareils à des tigres dont parle sir Samuel Baker ; je connais aussi des grands qui les valent ou peu s'en faut. J'ai vu moi-même au moins cinq différentes espèces de Noirs non arabes qui différaient plus entre eux que les Suédois ne diffèrent des Espagnols ; d'autres étaient tout à fait semblables à nous. Naturellement, comme toutes les créatures ignorantes et enfantines, ils ont besoin d'être gouvernés d'une main vigoureuse. Mais je suis convaincue que les manières et l'éducation sont au fond la seule vraie différence entre les hommes ; la nature humaine est la même partout.

Mon reis a inventé une si jolie sentence l'autre jour, qu'il faut que je vous l'écrive. Un reis copte a volé un peu de notre bois ; nous le lui avons repris de force ; il y a eu par conséquent quelques injures lancées à l'adresse des nazaréens par Hosseim et Ali. Mais le reis Mohammed a répondu : « Ne dites pas cela ; Girgis est, il est vrai, un voleur, mais bien des chrétiens sont honnêtes. Voyez plutôt : tous les gens en ce monde sont comme des soldats ; quelques-uns portent du rouge et quelques autres du bleu ; quelques-uns servent à pied et les autres à cheval ; d'autres encore servent sur les bateaux ; mais tous sans exception servent un sultan, et chacun se bat dans le régiment où le sultan l'a placé. Celui qui fait le mieux son devoir est le meilleur, que son habit soit rouge, ou bleu, ou noir. » J'ai ajouté : « Voilà d'excellentes paroles, ô reis ! Elles sont dignes d'être entendues du haut des chaires les plus saintes. » On est étonné des heureux dictons qu'émettent les gens d'ici ; ils cultivent beaucoup la conversation, précisément parce qu'ils ne savent pas lire, et il s'ensuit qu'ils ont une grande facilité pour narrer et colorer les choses. Chacun appuie ses idées par des paraboles. Hadji-Hannah m'a raconté deux histoires merveilleuses de fées, que je vais écrire pour ma petite R...

J'ai dit à Achmet, il y a quelques minutes, de balayer le plancher après dîner. Il hésitait à venir, et je l'ai appelé de nouveau. « Quelle est cette conduite de ne pas balayer quand je l'ordonne ? – Par le Dieu Tout-Puissant, répondit le garçon, ma main ne balayera pas après le coucher du soleil dans ton bateau, ô dame ! J'aimerais mieux avoir la main coupée plutôt que de balayer hors du temps qui t'appartient. » J'ai donc découvert qu'il ne faut pas balayer ni la nuit, ni pendant trois jours après le départ d'un hôte dont on désire le retour, ni après le départ du maître de la maison. « Est-ce que tu crois que mon frère balayerait la poussière de tes pieds sur le plancher d'El-Ouksour ? a continué Achmet ; il aurait trop peur de ne pas revoir ta figure fortunée. » Si vous ne voulez pas revoir un de nos visiteurs, vous cassez une « gulleh » (jarre d'eau) derrière lui, quand il quitte votre maison, et vous balayez les empreintes de ses pieds.

Je ne veux plus écrire de politique, c'est trop triste, et les cancans du Caire sont odieux, comme vous pouvez en juger par les productions de mesdames Audouard et Solt. Rappelez-vous seulement qu'il n'y a pas de loi ni de justice hors de la volonté ou plutôt du caprice d'un seul homme. C'est presque impossible pour un Européen quelconque de comprendre parfaitement un tel état de choses. Il n'y a qu'une familiarité complète avec la classe gouvernée, c'est-à-dire opprimée, qui puisse vous en instruire. Un homme, quelque intime qu'on puisse le supposer avec celui qui gouverne, ne peut pas le concevoir. Si la farce d'une constitution est jamais jouée ici, ça sera une chose prodigieuse.

Boulak, 19 octobre 1866.

Je partirai bientôt pour la Haute-Égypte. Saïd Mustapha est arrivé hier ; il m'a dit que tous les Grecs sont partis, et le pauvre Autrichien qui était à Thèbes est mort. Je représenterai donc l'Europe, dans ma seule personne, de Assiout, je suppose, jusqu'à Khartoum.

Mabrouk vous enchanterait. Quelqu'un lui demandait l'autre jour, après qu'il avait été battu, s'il ne voulait pas se sauver ; c'était, a dit l'homme, pour voir ce qu'il répondrait. Je soupçonne que cet homme voulait voler Mabrouk et puis le vendre. « Moi, me sauver, répondit le Nègre, pour manger des lentilles comme vous, quand mon effendi me donne de la viande et du pain tous les jours, et que je mange tout ce que je veux ? » N'est-ce pas que voilà une délicieuse pratique de la liberté ? La jouissance que trouve à vivre ce garçon est vraiment agréable à voir ; d'ailleurs il travaille très bien et avec beaucoup de bonne volonté, et il est une source intarissable d'amusement pour nous.

Je reçois du Saïd de tristes détails : les taxes nouvelles et les nouvelles levées de soldats poussent le peuple au désespoir. Beaucoup, après qu'ils ont payé toutes les exactions de leurs chefs, s'enfuient du pays qui ne peut plus les nourrir pour se joindre aux Bédouins dans le désert, ce qui est la même chose que si nos paysans se faisaient bohémiens.

Les femmes d'Omar et d'Ali, les deux enfants et la sœur de la femme d'Ali sont venus ici hier. Mabroukah, la femme d'Omar, est une agréable jeune personne, et les bébés sont de beaux et forts enfants de très bonne humeur. Mabroukah et ses compagnes étaient habillées avec magnificence, et l'insouciance avec laquelle les femmes orientales traitent leurs vêtements leur donne une espèce de grand air qu'aucune duchesse parisienne ne peut espérer d'égaler. Observez que je ne trouve pas que ce soit là une vertu ; mais il y a quelques défauts qui offrent une apparence de vanité.

J'ai pour vous une superbe photographie d'une célèbre chanteuse de Damas. Je l'enverrai quand il y aura une occasion. J'ai aussi un beau petit sphinx assis, un dieu, et quelques scarabées. En voulez-vous ? Le sphinx ferait une charmante épingle.

Il y a eu une grande fête d'un cheik dans la nuit d'hier ; grand bruit de tambour et de chants, et beaucoup de monde a passé le fleuve. Le Nil s'écoule avec une rapidité peu ordinaire, et je crois que je ferais mieux de m'en aller bientôt, car la boue du Caire ne sent pas aussi bon, je soupçonne, que la boue de la Haute-Égypte.

Boulak, 23 octobre 1866.

Tout est prêt et je vais mettre à la voile le 27. Mes hommes ont cuit leur pain et reçu leurs gages pour aller jusqu'à El-Ouksour et ramener le bateau au Caire pour le louer à mon profit. Mabroukah, la femme d'Omar, avec ses enfants et son frère, sont retournés à Alexandrie. Je suis contente de m'en aller. Mon séjour ici a été ennuyé et tourmenté, et je suis fatiguée de sentir toutes les petitesses et les méchancetés qui forment les on-dit de ce canton. Il est vrai que j'en entends fort peu, mais il n'y a que cela. Dans tous les cas je serai mieux à El-Ouksour, maintenant que l'hiver a commencé de si bonne heure. Vous ririez d'un semblable hiver, puisque je suis assise dehors sous une tente, toute la journée, habillée de vêtements d'été, et que, la nuit, je n'ai besoin que de deux couvertures de laine. Mais, ici-bas, tout est relatif, et, selon moi, il fait froid. Mabrouk aussi a cessé de regarder ses habits d'un air de reproche, comme c'était son habitude dans les premiers temps, et il trouve qu'une grosse capote est très confortable pendant la nuit.

J'ai été interrompue par mon reis et un de mes hommes, qui sont venus me montrer le calicot multicolore qu'ils ont acheté, l'un pour sa femme à El-Ouksour, l'autre pour sa fiancée à Assouan. Cette dernière n'a que huit ans ; Hassan l'a habillée et il a payé toutes ses dépenses depuis cinq ans, suivant la coutume dans ce pays. Le reis a acheté en outre un mouchoir de soie de onze francs pour mettre sur la tête, mais c'était une clause du contrat de mariage. Il m'a fallu voir, admirer et souhaiter bonne chance aux chiffons et aux filles qui doivent les porter. Puis nous avons eu quelques mots de conversation sur la possibilité de louer le bateau et de faire de l'argent pour « el gemma », cela veut dire « pour toute notre compagnie, à nous tous qui vivons ensemble ». Le reis espère que les « kaouagahs » ne seront pas trop grossiers dans leurs manières et qu'ils ne seront pas trop enclins à faire usage du bâton, comme solution de toute difficulté.

Quelques jeunes « sharafas » sont venus aujourd'hui pour me dire adieu et m'apporter leurs lettres. Je leur ai demandé s'il y avait de la vérité dans le bruit qui court que les ulémas prêchent contre les Européens (on le dit constamment) ; ils n'avaient rien entendu de semblable et m'ont dit en outre qu'ils ne savaient pas que les Européens eussent rien fait dernièrement qui pût avoir de l'importance pour les musulmans. Je finis ici cette lettre, et bientôt je vous écrirai de nouveau. Je me sens comme le Juif errant et je soupire après mon « chez-moi » et après du repos, sans être pourtant mécontente, Dieu le sait, de ce que j'ai et de ce dont je jouis. Si je pouvais voir ma santé s'améliorer, et retourner chez nous l'été prochain !

El-Ouksour, 21 novembre 1866.

J'écris par le bateau à vapeur en réponse à votre lettre, qu'il vient de m'apporter. Je crois que je serai parfaitement d'accord avec vous sur l'Italie et l'Allemagne. Je déteste ce retour de l'Europe à « ce beau vieux régime et système fort simple, que celui-là doit prendre qui a le pouvoir de prendre, et que celui-là doit garder qui le peut * ». Jamais on ne pourra me persuader de considérer le pouvoir comme le droit. Merci pour les journaux. Je suis désireuse d'apprendre quelque chose sur l'affaire de Candie [70]. Tous mes voisins, qui ont des fils déjà grands, sont fort tristes. Ces pauvres créatures sont vraiment misérables.

Je suis très contente que le vieux lion vous plaise. Je l'ai pris pour vous dans un temple où il servait de marchepied aux voyageurs pour monter sur leurs ânes. Si vous voyez le consul prussien, je vous prie de lui dire que je lui recommande fortement le copte Théodoros pour agent consulaire ici ; depuis plusieurs années, il a rempli toutes les fonctions de l'agence à la satisfaction générale. C'est un homme excellent. Son fils est un charmant garçon et un de mes meilleurs élèves.

Je suis arrivée à El-Ouksour dans la matinée du 11. Je voulais écrire sur-le-champ ; mais j'ai pris froid le

* Ancienne chanson anglaise. *(N.d.T.)*

quatrième jour de mon arrivée et j'ai été assez souffrante. Nous sommes venues très vite, car mon bateau vole maintenant ; quatorze jours jusqu'à El-Ouksour et seulement onze jusqu'à Keneh. Mais là nous avons eu un vent contraire, et mes hommes ont tiré la corde en chantant la chanson bien connue du « reis-el-aris » (fiancé) qui va retrouver sa fiancée. Nous étions fort gais et nous avons joué un bon tour à un coquin qui voulait exiger vingt-cinq francs pour me conduire aux tombeaux ; nous l'avons fait courir à plusieurs milles, pour chercher des ânes sans nombre, et après son retour nous lui avons ri au nez. Telles sont les plaisanteries des bateliers.

En arrivant à El-Ouksour, j'ai entendu un charivari de voix et j'ai compris que j'étais chez moi aux voix perçantes des petits enfants : « El Sitti, el Sitti, el Sitti ! » (La dame, la dame, la dame !) Des visiteurs toute la journée, cela va sans dire. La nuit, une autre dahabieh est arrivée – grande commotion, car du Caire on avait télégraphié de l'arrêter (ce que je savais avant mon départ).

Un « ouali » (saint) indien, avec un nombreux harem et une suite considérable, était sur la dahabieh. Il ne s'inquiète guère des pachas et des moudirs, et il donne des sommes immenses en charité aux pauvres. Le gouvernement le fait espionner, mais je ne peux pas comprendre pourquoi, car il est absolument en dehors de tout ce qui peut influer sur la politique égyptienne, ses biens étant à Hyderabad. Au-delà d'Assouan il sera suivi par des Arnautes ou quelque chose de semblable. Que ce soit un saint, que ce soit un magicien, il n'en est pas moins bon et franc. Il m'a donné des pilules à prendre ; quelques-uns me prient de les essayer, d'autres me supplient de ne pas y toucher et de les jeter dans le

Nil, de peur qu'elles ne me changent en jument ou en ânesse. Je vais les garder jusqu'à ce qu'un apothicaire puisse les analyser. Quand la dahabieh est arrivée, j'ai dit : « Ô Mustapha ! que le saint indien soit dans ton œil ; un Indien est tout un avec un Anglais. » Comment savais-je qu'il y eût un Indien et un saint ? En attendant, le saint avait un pouce malade, et quelqu'un ayant appris à son esclave qu'il y avait une dame anglaise qui était un merveilleux docteur, il m'a envoyé chercher dans la matinée, et je suis allée dans le harem.

L'Indien a été très amical ; il m'a fait asseoir à côté de lui, et il m'a dit qu'il était quatrième descendant d'Abd-el-Kader-el-Gilami de Bagdad * ; mais son père s'est établi à Hyderabad, où il a d'immenses possessions. Il déclarait qu'il était un ouali ou saint, et il prétendait qu'il le serait surtout, s'il pouvait me mettre sur le chemin des derviches ; il m'a donné les pilules dont j'ai parlé plus haut pour ma toux et il m'a adressé une foule de questions. A la fin, il m'a remis cinq dollars (vingt-cinq francs) en me demandant si j'en voulais davantage. Je l'ai remercié de grand cœur en baisant l'argent avec politesse ; je lui ai dit ensuite que je n'étais pas assez pauvre pour en avoir besoin, mais que je le donnerais en son nom aux pauvres d'El-Ouksour et que jamais je n'oublierais que le cheik indien s'était conduit comme un frère avec une Anglaise dans un pays étranger. Il a parlé alors avec louange des « lois des Anglais », et il a dit beaucoup de choses aimables pour moi personnellement, en ajoutant encore : « Je te dis que tu es un derviche, et je te prie de ne pas m'oublier. »

Un autre Indien de Lahore, homme intelligent et tail-

* Abd-el-Kader est le saint de Bagdad. Les Bédouins croient fermement en lui et ils le voient de temps en temps. Il paraît une fois par an monté sur un magnifique cheval et parfaitement armé. *(N.d.T.)*

leur du cheik, à ce que je crois, est venu me voir avec un docteur syrien. Le peuple d'ici assurait qu'il était un « balaouar » (danseur de corde ou gymnaste). Les autorités ont retenu le bateau avec de belles paroles, jusqu'à ce que des ordres fussent venus de Keneh pour le laisser partir. Le cheik, en attendant, est descendu à terre et a fait des miracles : il parfumait les mains de quelques personnes en les touchant avec les siennes, et il faisait sortir des guinées anglaises d'une jaquette sans poches. Je n'étais pas là pour voir tout cela, mais le docteur en racontait des merveilles. En tout cas, il a dépensé ici deux cent cinquante francs en un jour, et c'est un vrai derviche. Le cheik et tout son harem étaient vêtus pauvrement, et ils ne portaient point d'ornement. J'espère que Saïd-Abdourhaman s'en retournera sain et sauf. C'est la première fois que j'ai vu un Oriental voyager pour son plaisir. Il avait dix ou douze personnes dans son harem, dont ses trois petits enfants, et dans sa suite à peu près vingt hommes, la plupart Arabes de la Syrie, autant que j'en puisse juger.

Le jour suivant j'ai déménagé du bateau dans la vieille maison ; j'y ai trouvé toute une aile en ruines, grâce aux débordements du Nil et à l'absence de toutes réparations. Il reste encore cependant une bonne partie suffisamment habitable. J'ai réglé mes comptes avec mes hommes, et cheik Yousouf m'a écrit en arabe un inventaire qui nous a fait beaucoup rire. Nous étions fort embarrassés pour exprimer en arabe une saucière ou un moule à pâté ; un effendi élégant qui était assis avec nous, ne pouvant plus se contenir, s'est écrié avec un étonnement irrésistible : « Il n'y a pas d'autre Dieu que Dieu ! Est-il possible que quatre ou cinq Européens puissent avoir besoin de toutes ces choses pour manger, boire et dormir en voyage ? » (N. B. J'ai grand'peur que les Européens ne trouvent l'installation fort mesquine.) Sur quoi, maître Achmed, avec la fanfaronnade d'un voyageur qui a vu des villes et des hommes, a dit : « Oh ! effendi, cela n'est rien ; notre dame est presque comme un enfant des Arabes : un ou deux plats, un morceau de pain, quelques dattes et la paix (comme nous dirions : et c'est fini). Mais il te faudrait voir les marchands de Scanderieh (Alexandrie) : trois nappes, quarante plats ; chaque personne a sept assiettes de diverses espèces, sept couteaux, sept fourchettes et sept cuillers grandes et petites, et sept différents verres pour le vin et la bière et l'eau. – C'est la volonté de Dieu, répliqua l'effendi, un peu interloqué ; mais, ajouta-t-il, il doit être pourtant très fatigant pour eux de manger leur dîner. »

A ce moment est survenu un impudent marchand qui prétendait descendre jusqu'au Caire avec cinq personnes et ses marchandises, dans mon bateau, pour rien. Mais j'ai dit : « Ô homme ! le bateau est ma propriété, et je recevrai pour le louer ton argent aussi bien que celui des Européens. » Il a offert alors vingt-cinq francs ; on l'a mis à la porte au milieu d'une huée générale pour son avarice et son cynisme. Toute la compagnie a récité un fat'hah pour le succès du voyage, et le reis Mohammed a été invité « à avoir les yeux bien ouverts ». On lui a de plus fait promesse d'un tarbouch, s'il se conduisait bien.

Enfin je suis allée faire une visite à mon amie, la femme du maoun, pour lui parler de sa charmante fille et de ses petits enfants. J'ai été, cela va sans dire, une heure à faire des salams, dans la rue : « Shiraftini baladna », c'est-à-dire : Tu as honoré notre pays de tous côtés ; la bénédiction vient avec moi, etc.

Tout est meilleur marché que l'an passé, mais il n'y a pas d'argent pour rien acheter. Les taxes sont devenues intolérables. Comme disait un fellah : « Un homme ne peut pas éternuer sans qu'un kawas soit tout prêt à lui faire payer un impôt. » Les oignons que nous achetons au marché, même pour un sou, sont taxés sur la place ainsi que le poisson que l'homme prend sous mes fenêtres. J'ai payé une première taxe pour acheter mon charbon et une autre taxe pour le faire peser. Les pauvres gens n'ont pas d'argent ; on leur demande de payer dès maintenant les impôts de l'année prochaine, ce qui leur est impossible, et ils sont alors affreusement battus.

Les membres nubiens de l'assemblée des délégués [71] sont passés l'autre jour sur trois bateaux remorqués par un bateau à vapeur ; ils étaient fort alarmés et très chagrins. J'ai rencontré quelques Égyptiens et, leur parlant à l'européenne, je leur ai dit : « Maintenant vous aiderez à gouverner votre pays ; quelle belle chose pour vous ! » Ils m'ont regardée d'un air plein de tristes reproches : « Ne riez pas à nos dépens, ô effendim ! Quelles paroles sont les vôtres ? Et qui, sur les rives du Nil, ose dire autre chose que "hader" (c'est bien) avec les mains sur la tête et un salam jusqu'à terre, même à un moudir ? Penses-tu donc parler devant l'effendina ? Es-tu folle, effendim ? » Les misérables délégués à la chambre égyptienne (Dieu me pardonne !) descendent le fleuve avec leur cœur dans leurs souliers.

Le premier bateau à vapeur plein de voyageurs vient d'arriver (27 novembre) et avec lui l'ennui de toutes les femmes qui veulent m'emprunter ma selle à âne. J'ai défendu à Mustapha de l'envoyer chercher ; mais ces dames font peur au pauvre vieux, et il vient me baiser la main et me prier de ne pas lui faire avoir une affaire avec une vieille femme qui se prétend parente d'un consul et grande dame dans son propre pays. Je suis assez sotte pour accorder aux craintes de Mustapha ce que j'avais juré de refuser dorénavant. L'an passé, cinq femmes ont toutes envoyé chercher ma selle en même temps que d'autres objets : pliants, ombrelles, bière, etc.

Les gens haut placés sont furieux contre le saint indien parce qu'il les a traités partout comme de la boue. Un grand personnage est allé le voir et l'a prié de lui vendre un jeune mamelouk. L'Indien, qui n'avait ni parlé ni salué, a éclaté alors : « Tais-toi, méchant ! Est-ce que tu oses me demander une âme pour la porter avec toi en enfer ? » Pensez un peu à la surprise du Turc distingué. Il n'avait jamais entendu pareil langage. L'histoire a remonté le fleuve, et je n'ai pas besoin de dire qu'elle est très goûtée par tout le monde.

La nuit dernière, cheik Yousouf a donné une soirée ; il a tué un mouton et on a lu le « Sirat-el-Ressoul ». C'était la nuit anniversaire de la grande vision du Prophète, et pour l'islam c'est une nuit capitale. Malheureusement je ne me portais pas assez bien pour y aller. Maintenant qu'il n'y a plus de kadi ici, cheik Yousouf a beaucoup d'affaires à arranger ; il est venu me trouver et il m'a dit : « Expose-moi les lois du mariage et de l'héritage chez les chrétiens, afin que je ne cause aucun tort aux coptes, car ils ne veulent pas aller chez le prêtre pour faire arranger leurs affaires d'après l'Évangile, et je ne peux pas, dans les Évangiles, trouver d'autres lois que celles qui sont relatives au mariage. » Je l'ai tout à fait édifié avec le texte évangélique sur l'argent du tribut en lui disant de décider d'après les propres lois de son pays, parce que les chrétiens n'ont d'autres lois que celles des nations chez lesquelles ils vivent. Le pauvre Yousouf était fort perplexe à propos d'un cas de divorce. J'ai refusé de lui donner un avis, en alléguant que tous les savants de l'Angleterre ne s'étaient pas encore mis d'accord sur le texte qu'on devait suivre en pareil cas.

Vous rappelez-vous l'histoire allemande de ce garçon qui voyageait « *um das Gruseln zu lernen* » (pour apprendre ce que c'est que le sentiment de la peur) ? Eh bien, moi qui n'ai jamais frémi, j'ai eu ce sentiment l'autre soir. Je prenais tranquillement mon thé, avec quatre ou cinq hommes, quand un chat s'est présenté à la porte. Je l'ai appelé : « Biss, Biss ! » en lui offrant du lait ; mais le chat, après nous avoir bien regardés, s'est sauvé. « Tu fais bien, ô dame ! a dit un marchand d'ici, homme tranquille et sensé, d'être bonne pour ce chat, car je crois que chez lui il a fort peu à manger ; son père, pauvre homme, ne peut pas faire la cuisine tous les jours pour ses enfants. » Puis il ajouta, par manière d'explication aux personnes présentes : « C'est Yousouf, le fils d'Ali-Nassiri. Ce doit être Yousouf, parce que son frère jumeau Ismaïl est avec sa mule à Negadeh. » J'avoue que j'ai frissonné ; sans doute j'ai entendu des absurdités presque aussi grandes de la part de messieurs et de dames en Europe ; mais une « extravagance » venant de dessous un caftan produit un effet tout autre qu'une extravagance en frac. « Comment, mon garçon boucher qui apporte la viande est un chat ? dis-je toute haletante. – Certainement, et il sait très bien, vous voyez, où aller pour trouver un bon morceau à manger. Tous les jumeaux sortent la nuit sous la forme d'un chat quand ils se couchent ayant faim ; leurs propres corps restent comme morts à la maison pendant ce temps, et il ne faut pas les toucher alors, sinon ils meurent pour tout de bon. Quand les jumeaux atteignent l'âge de dix ou douze ans, ils perdent cette habitude. Votre petit Achmet en est là. – Oh ! Achmet ! » Achmet arrive : « Garçon, est-ce que tu ne sors pas la nuit comme un chat ? – Non, a répondu Achmet tranquillement, je ne suis pas un jumeau ; ce sont les fils de ma sœur qui sont des jumeaux. » J'ai demandé si les gens d'ici n'ont pas peur de ces chats. « Non, il n'y a aucun danger, ils ne mangent qu'un peu du dîner, mais, si vous les frappez, ils le racontent le jour d'après à leurs parents : "Un tel m'a battu dans sa maison hier soir" et ils montrent leurs meurtrissures. Non, ce ne sont pas des afrits ; ce sont des beni-Adam (fils d'homme). Les jumeaux seuls sont sujets à ce changement, mais, si on leur donne une espèce de soupe faite d'oignons et de lait de chamelle, quand ils viennent de naître, ils n'y sont jamais soumis. » Omar déclara n'avoir jamais entendu parler de cela ; je suis sûre pourtant qu'il le savait ; seulement il a eu peur qu'on se moquât de lui.

Un missionnaire américain m'a raconté quelque chose de semblable, comme existant parmi les coptes ; mais cette croyance est purement égyptienne ; la même superstition s'y retrouve dans les deux religions. J'ai demandé ce qu'il en était à plusieurs coptes qui m'ont assuré que le fait est parfaitement vrai, et ils me l'ont expliqué de la même manière. Est-ce un reste de la doctrine de la transmigration ? Dans tous les cas, cela explique parfaitement l'horreur qu'on a ici à la seule idée de tuer un chat.

Un pauvre pèlerin, venu du lointain pays des Noirs, est tombé malade hier dans un village à six milles d'ici ; il ne savait que peu de mots arabes, et il demandait à être conduit chez les Abab'deh. Le cheik-el-beled l'a mis sur un âne et l'a envoyé avec son petit-fils à la maison de cheik Hassan. Le pèlerin appela Hassan et le pria d'avoir soin du petit garçon et de l'envoyer chez son oncle au Caire. Hassan répondit : « Oh ! vous allez guérir et vous conduirez le garçon vous-même. – Je ne peux pas le conduire au tombeau avec moi », répondit le pèlerin noir. En effet, il mourut pendant la nuit, et le petit garçon se rendit chez Hassan et, se plaçant au pied de la natte d'Hassan, il lui dit : « Ô Hassan ! mon père est mort. » Les deux cheiks et plusieurs hommes se sont alors levés et sont allés s'asseoir avec le jeune garçon jusqu'au lever du jour, parce qu'il refusait de se coucher et de quitter le corps de son père. Au lever du soleil, il a dit au cheik : « Prends-moi maintenant et vends-moi pour acheter de la toile nouvelle, afin d'habiller mon père pour le tombeau. » Tous les Abab'deh ont pleuré quand ils ont appris cela, et Hassan est allé acheter de la toile et des douceurs pour le petit garçon qui restera avec lui. Voilà ce qu'est la mort sur la grande route en Égypte. Je raconte le fait comme l'esclave noir d'Hassan me l'a appris. Nous avons tous pleuré de nouveau sur le pauvre petit garçon qui s'était levé d'à côté de son père mort pour dire : « Viens, vends-moi, afin d'habiller mon père pour le tombeau. » Ces curieux pèlerins noirs m'intéressent toujours. Plusieurs d'entre eux mettent quatre ans pour se rendre à La Mecque et s'en retourner chez eux ; des enfants leur naissent en chemin, et ils apprennent quelques mots d'arabe.

Je suis obligée de cesser ici ma lettre, car Mahboubeh vient d'arriver pour me frotter à la façon de son pays avec ses douces mains brunes et avec des huiles pour faire sortir les douleurs de mes os. Embrassez R... pour moi. Que ne donnerais-je pas pour voir sa figure !

El-Ouksour, 12 janvier 1867.

Le temps s'est changé en mieux et il ne fait pas du tout froid. Nous verrons ce que la chaleur fera pour moi. L'hiver a été le plus froid que j'aie vu en Égypte.

Mon cœur soupire après R... sur votre description. Que n'avons-nous le tapis du prince Achmet et que ne pouvez-vous venir tous ici pendant quelques mois !

Nous avons été très agités la semaine passée ; un garçon a été tué d'un coup de fusil, dans un champ de cannes à sucre ; il était en ce moment avec quatre coptes. Au commencement l'affaire prenait une mauvaise tournure pour eux, mais le maoun m'a dit qu'il est convaincu qu'ils sont innocents et que, s'ils sont coupables, ce n'est que de peur. Des voleurs ont assassiné le pauvre enfant. Ce qui m'a frappée et surprise dans cette affaire, c'est l'excessive horreur et la consternation qu'elle produisait ; le maoun n'avait pas eu un meurtre dans son arrondissement depuis huit ans. La place du marché était encombrée de femmes en pleurs. L'horreur du meurtre me paraît plus forte ici que partout ailleurs. M. Palgrave dit la même chose des Arabes de l'Arabie centrale dans son livre [72]. Ce n'est pas là l'idée que nous nous faisons du sentiment des Orientaux ; mais un meurtre en Angleterre n'est rien en comparaison de la scène d'ici. Je crains que nous n'ayons beaucoup de vols, à cause de la détresse et du nombre de personnes qui quittent leurs terres, faute d'argent pour payer les taxes. N'ayez aucune peur pour moi, car j'ai deux gardiens chaque nuit dans la maison, le gardien régulier et un amateur de bonne volonté, homme dont j'ai conduit le fils avec moi au Caire pour qu'il fît ses études à Ghama l'Azar.

Les quatre coptes ont de nouveau changé leur témoignage aujourd'hui, et, après avoir juré que les voleurs étaient des étrangers, ils ont accusé du meurtre un homme qui tuait des oiseaux pour moi tout l'hiver, et le pauvre diable a été emmené chargé de chaînes à Keneh.

Vous vous seriez amusé à me voir portée, dans mon propre fauteuil, sur les épaules de quatre hommes, comme un candidat victorieux, ou plutôt comme un des pharaons qui figurent dans un ancien bas-relief sur les murs du temple. Devant moi marchaient les porte-flambeaux avec des torches en feu ; un cortège de divers suivants, tous en loques, fermait la marche. C'est en une telle pompe que je suis allée dîner avec le consul anglais.

Ismaïl, le vieux domestique de Belzoni, est mort, âgé de plus de cent ans ; dans sa jeunesse, il avait fait le trajet à pied du Caire à El-Ouksour en douze jours, pendant lesquels il ne s'est reposé qu'un seul jour. Étant reparti le lendemain pour Abou-Simbel, près de la seconde cataracte, il y arriva le huitième jour. Il avait servi Belzoni, et, quand il radotait, il me priait toujours d'aller avec lui à Abou-Simbel rejoindre son maître. Il n'a pas été malade ; il s'est éteint comme une bougie qu'on souffle. On aurait pu faire de lui un tableau superbe du vieil Isaac mourant. Son arrière-petit-fils m'a apporté un morceau de la viande cuite pour les funérailles, et il m'a priée de vouloir bien manger pour que je devienne aussi très vieille, selon la superstition du pays. Quand le buffle a été tué pour le cheik Abou-el-Hadji, l'homme qui avait droit aux pieds a été assez bon pour les donner à Omar qui voulait m'en faire de la gelée. J'en éprouvai un sentiment de profanation, comme si j'eusse mangé un descendant du bœuf Apis. Je vous enverrai une petite collection d'objets divers ; il y a un fléau d'Osiris (les antiquaires l'appellent un fouet, mais c'est évidemment un fléau), pris sur une momie très aristocratique. Ce fléau est fort curieux, ainsi que d'autres choses que je vous ferai tenir.

Je voudrais pouvoir vous présenter un de mes nouveaux amis ; c'est un Arabe qui a étudié la médecine à Paris pendant cinq ans. Il m'a été sympathique sur-le-champ, parce que, comme la plupart des Arabes bien élevés, il ressemble tout à fait à Don Quichotte – mais Don Quichotte dans son bon sens. Cette espèce de pédantisme innocent et cet amour excessif et naturel d'un langage exalté et de beaux sentiments sont inaccessibles à un Européen, sinon peut-être à un Espagnol. Une telle disposition d'esprit diffère absolument des rodomontades italiennes ou de l'exagération française. Je suppose que la plupart des Européens trouvent cela absurde, mais, pour moi, je pleurais quand je lisais *Don Quichotte* dans ma jeunesse, et je m'exclamais d'indignation quand ces faquins d'Yanguois battaient le plus noble des chevaliers. A présent il me semblait que j'étais Sancho, quand j'écoutais mon ami réciter des pièces de poésie héroïque ou prononcer de sages dictons et en faire des applications modernes, avec ce curieux mélange de bon sens solide et d'exaltation qui est le cachet particulier du grand Don Quichotte. Les insultes que mon ami a dû subir, lui un chérif et un homme instruit, de la part de Turcs grossiers, me rappelaient de nouveau la scène des facteurs. Il m'a dit que souvent, la nuit, dans sa chambre, il pleurait comme une femme sur les misères qu'il était forcé de voir sans pouvoir les soulager. Tous les hommes qui me sont les plus sympathiques ont tous, je l'ai découvert, été plus ou moins élèves d'un certain cheik qui est mort maintenant, et qui paraît avoir eu le don d'inspirer les sentiments les plus probes à ses disciples.

Les voyageurs commencent à arriver, mais je crois que le nombre n'en sera pas très fort cette année, pas un dixième de ce qu'il était les années précédentes.

El-Ouksour, 22 janvier 1867.

Depuis une semaine le temps est magnifique et je me sens un peu mieux. Mon bateau est arrivé aujourd'hui ; tous les hommes sont de fort bonne humeur, et tout est en un ordre parfait. Seulement les gens du Caire ont jeté le mauvais œil sur le bateau, ce qui a fait casser le fer du gouvernail, qui a dû être réparé à Benisouef ; à cela près tout va bien. Les locataires de ma dahabieh m'ont envoyé des oies sauvages ; ce sont de grands chasseurs. Ils vont jusqu'à Ouady-Halfeh, et nous devons tous prier ardemment, afin que le bateau descende la cataracte sain et sauf ; les autorités d'ici ont écrit à celles d'Assouan de veiller de tout leur pouvoir à ce que les hommes de la cataracte fassent aussi de leur mieux. L'artiste, M. Sear, est ici depuis quelques jours, et il va partir pour la seconde cataracte ; il a fait pour vous un petit dessin de ma maison ; c'est une vue nouvelle. Les Américains fourmillent, et sur les bateaux à vapeur ; il y en a aussi beaucoup en dahabiehs.

Un individu fort étrange est venu ici l'autre jour ; c'est un robuste Holstenois, homme d'une cinquantaine d'années, qui erre dans le Soudan et le Sennaar depuis quatre ans, et qui, n'ayant pas le sou, a cependant traversé la Nubie à pied en mendiant. Il n'était pas du tout fatigué, et il parlait avec enthousiasme de l'hospitalité et de la bonté des « tigres » de sir Samuel Baker : *« Ja, das sind die rechten Kerls ! das ist das glückliche Leben ! »* (Oui, voilà des gaillards comme il en faut ! Voilà l'heureuse vie !) Il dit que, si vous allez dans ces pays avec une troupe armée les Noirs naturellement montrent les dents, car, pour eux, des hommes avec des fusils, cela veut dire des marchands d'esclaves ; mais, si vous allez seul et pauvre, ils tuent un bœuf en votre honneur, à moins que vous ne préfériez un mouton ; ils vous donnent une cabane et tout ce qu'ils peuvent vous offrir, entre autres de la « merisseh » (bière) à vous griser comme un lord, et ce sont de jeunes demoiselles qui vous versent le breuvage. Ajoutez que vous n'êtes pas obligé de porter des habits. Je suis sûre que, si vous aviez entendu cet homme, vous seriez parti sur-le-champ pour l'intérieur du pays. Je lui ai donné à dîner, plus une bouteille de vin ordinaire, qu'il a vidée, et quelques francs, et le voilà reparti allègrement pour le Caire. Je voudrais bien savoir ce que les Nubiens ont dû penser d'un « kouagha » (monsieur) qui mendiait. Il m'a dit qu'ils étaient très bons et que souvent ils s'étaient privés eux-mêmes pour lui donner la seule chose qu'ils eussent à leur disposition : du pain de dourah et des dattes.

Nous parlions le soir des histoires racontées par cet homme, d'anthropophagie et de sauvages qui se font des têtes démesurément hautes avec l'édifice qu'ils tissent de leurs propres cheveux ; nous parlions aussi d'autres choses non moins bizarres, quand Hassan a raconté une histoire qui m'a beaucoup plu.

« Mon père, a-t-il dit, le cheik Mohammed, qui était bien plus grand et plus beau que moi, voyageait une fois très loin dans le pays des Noirs ; lui et les hommes qui l'accompagnaient avaient fort peu de choses à manger, ils n'avaient rien tué depuis plusieurs jours. Tout à coup ils entendirent une espèce de gémissement qui venait d'un trou dans le rocher. À ce bruit, quelques-uns des hommes entrèrent dans le trou, et ils en tirèrent une créature ; je ne sais pas, et mon père ne le savait pas non plus, si c'était un fils d'Adam ou une bête. Mais cela ressemblait à une femme affreuse et contrefaite, ayant six doigts à chaque pied. Les hommes voulaient la tuer suivant la loi de nature qui leur faisait déclarer que, du moment que c'était une bête, c'était une nourriture permise ; mais, quand elle vit le couteau, elle se mit à pleurer tristement en se couvrant les yeux de terreur. Mon père a dit alors : "Par le Dieu tout-puissant ! vous ne tuerez pas cette pauvre bête-femme qui nous supplie ainsi pour sauver sa pauvre vie. Je vous dis qu'il est défendu de manger une créature qui ressemble si bien au fils d'Adam." La bête ou la femme se cramponnait à lui et se cachait sous son manteau. Mon père la porta quelque temps derrière lui sur son cheval, jusqu'au moment où ils virent d'autres êtres de la même espèce ; alors il la renvoya vers ses semblables, mais il dut employer la force pour la faire partir, parce qu'elle s'attachait à lui ! Crois-tu, ô dame ! que ce fût vraiment une bête, ou quelque espèce particulière de fille d'Adam ? – Dieu seul le sait, répondis-je pieusement, mais, par le nom miséricordieux du Tout-Puissant, ton père, ô cheik ! s'est conduit en vrai gentleman. » Cheik Yousouf a été d'accord avec moi et a exprimé l'opinion décidée qu'une créature qui pouvait comprendre la vue d'un couteau et qui agissait d'une telle manière n'était pas une nourriture permise. Vous voyez quel véritable Arabe était Don Quichotte. C'est une scène tout à fait digne de lui, le grand noble Abab'deh protégeant la pauvre bête-femme, probablement une gorille ou une chimpanzée, et la portant en croupe sur son cheval.

El-Ouksour, 3 février 1867.

Il y a ici un homme de Girgeh ; il dit qu'il est marié à une princesse-fée (ginneyeh). J'ai demandé d'être présentée à la fée, mais je soupçonne qu'il y aura quelque entrave.

Vous rappelez-vous Alexis qui me disait : « Allez, madame, vous êtes trop incrédule ! » Il est incompréhensible que l'on puisse faire ici des prodiges et des miracles, car les faiseurs de miracles ne gagnent rien à ce métier, et même très souvent ce sont eux qui donnent, comme ce « ouali » indien dont je vous ai parlé, qui m'a donné cinq dollars. Ses miracles étaient tous gratuits, ce qui était la chose la plus miraculeuse venant d'un saint. On me promet que la ginneyeh viendra à travers la muraille. Si elle y réussit, je serai bien obligée de croire en elle, car les inventions mécaniques n'existent pas à El-Ouksour. Tout le harem y croit, et l'épouse selon la chair jure qu'elle sert la fée comme une esclave et appuie de tout son pouvoir le mensonge ou l'illusion de son mari. Je n'ai pas vu l'homme, mais je ne serais pas surprise que ce fût une illusion. Les visions et les révélations *(bona fide)* sont assez communes pour que je croie qu'il y a peu d'impostures proprement dites. En attendant, la familiarité engendre le mépris. Les djinns, les afrits et les shaitans inspirent bien moins de respect que le plus stupide revenant chez nous, et le Diable (Iblis) est réduit à une déplorable insignifiance.

Je ne peux pas vous décrire la misère qui règne ici ; l'esprit se lasse rien que d'y penser : chaque jour un nouvel impôt. Maintenant toute bête, chameau, vache, mouton, âne, cheval, est soumise à la taxe. Les fellahs ne peuvent plus manger de pain ; ils vivent de farine d'orge mélangée d'eau et de légumes crus, de vesces, etc., ce qui, pour un peuple habitué à une bonne nourriture, est terrible ; je vois croître autour de moi les guenilles, les haillons et l'anxiété. Les impôts rendent la vie presque impossible : cent piastres par feddan. Pour chaque récolte, pour chaque bête sur pied, on paye une première fois, puis une seconde quand on la vend au marché ; il y a un impôt sur chaque homme, sur le charbon, sur le beurre, sur le sel. Je suis étonnée de n'être pas plus tourmentée pour de l'argent ; trois personnes en tout ont essayé de m'en demander ou de s'en faire prêter.

Merci pour l'épilogue de Westminster ; il m'amuse toujours beaucoup. Ainsi Térence était un Nègre ! Je dirais cela à Rachmeh, si je pouvais lui faire comprendre ce que c'était que Térence, et que lui – Rachmeh – eût besoin d'être encouragé ; mais ce digne garçon ne s'est jamais imaginé que sa peau fût en aucune manière inférieure à la mienne. Il n'y a aucune trace du Nègre dans le Davus de Térence.

Mon domestique nègre, Mabrouk, est devenu énorme ; sa voix s'est développée et résonne comme un tonnerre. Il est de la race des éléphants plutôt que de celle des tigres ; c'est un jeune sauvage fort doux. S'il s'en va, je suis tentée de prendre à sa place la bonne petite Dinka, la nièce du cheik Yousouf. Mais avoir une fille pour servante est impossible quand on n'a pas de harem. Dans le bateau, Achmet suffit sous les ordres d'Omar ; mais, dans cette grande maison pleine de poussière, avec des commissions à faire, des gens qui vont et viennent à surveiller, des pipes et du café à servir, etc., il faut deux domestiques pour être à son aise. C'est étonnant comme ces garçons apprennent vite, et comme ils font bien leur service. Achmet, qui est tout petit, serait un domestique passable pour un homme seul ; il sait faire la cuisine, laver, nettoyer les chambres, faire les lits, servir à table et tenir l'argenterie, le tout suffisamment bien. Mabrouk est plus lent, mais il a le même mérite qu'avait notre pauvre Hassan ; jamais il n'oublie ce qu'on lui dit de faire. A l'ouvrage il est très propre, quoique d'une saleté désespérante pour ses habits ; il ne peut pas s'y accoutumer et il se roule dans la poussière ou s'appuie contre un mur de boue sale, sans s'inquiéter de sa chemise bleue qui vient d'être lavée. Achmet est plus vif et encore moins soigneux ; mais ce sont tous les deux de bons garçons qui aiment beaucoup Omar. Ils l'appellent « oncle Omar », mais celui-ci les gronde assez sévèrement, s'ils se conduisent mal. J'ai remarqué qu'ils prenaient leurs plus grands ébats quand je suis seule à la maison, et qu'Omar est au marché ou à la mosquée. Les petits coquins ont découvert que leurs rires « n'affectent pas mes nerfs », et la plaisanterie est souvent partagée avec moi. Je voudrais que R... pût voir les enfants ; ils l'amuseraient. La petite fille de Yousouf est charmante et très intelligente ; sa manière emphatique de s'expliquer et ses gestes vous enchanteraient. Son cousin et futur mari, âgé de cinq ans (elle en a six), a cassé la poupée que je lui avais donnée, et le récit qu'elle me fit de l'aventure était très dramatique. Elle finit en lançant un coup d'œil plein de câlinerie du côté de l'armoire : « Bien sûr, dit-elle, il n'y a plus de poupée là-dedans ; oh ! non, il n'y en a plus. » C'est une belle petite fille, bien plus arabe que fellah ; une vraie « shaitan » (démon), dit son père. Elle est venue très affairée m'offrir ses services pour les gâteaux du Bairam : « Oh ! ma tante, si tu as besoin de quelque chose que je puisse faire ?... » me dit-elle en retroussant ses manches.

Mabrouk me supplie de demander à M. Palgrave qu'il me le cède et d'envoyer un autre domestique à sa place. Je vais faire la proposition, car Mabrouk me convient et je conviens à Mabrouk. C'est humiliant de trouver combien j'ai pris plus de goût pour les sauvages que pour les « cercles polis ». Si Mabrouk reste avec moi, je lui achèterai peut-être une femme un de ces jours ; ce serait une action éminemment respectable et pieuse, et il pourrait entretenir sa femme comme il faut. Les bébés vous seront envoyés.

La chaleur a commencé (7 mars), et comme toujours ma santé s'est améliorée ; mais je suis un peu faible et j'ai peur de me fatiguer. Je vais me soigner, afin d'être mieux pour jeudi prochain. J'attends pour ce jour-là J... et R... ; ils m'ont télégraphié qu'ils doivent quitter le Caire demain dans un bateau à vapeur. Les gens d'ici veulent absolument faire pour elle de grands dîners et des fantasias. J'espère qu'ils pousseront jusqu'à Assouan et qu'ils me prendront avec eux. Le changement me fera du bien, et je voudrais la voir le plus longtemps possible, avant qu'elle quitte l'Égypte pour tout de bon. Il faut que je m'arrange aussi avec R... pour mes lettres, etc.

Mustapha m'a enfin trouvé une chamelle ; cela n'a pas été facile, parce que tous nos chameaux ont été pris pour les travaux. Vous ne pouvez vous imaginer ce qu'est la guerre de Crète pour les gens d'ici. Ils n'ont aucun plaisir à tuer des chrétiens, et ils ne haïssent qu'une chose, c'est de quitter leurs familles et d'endurer le froid et la misère.

Il y a longtemps que je n'ai eu de vos nouvelles et j'attends des lettres avec anxiété ; racontez-moi, je vous en prie, toutes les nouvelles de la famille. Votre antiquaire de Dublin m'a bien amusée, lui qui voudrait blanchir à la chaux mademoiselle Rhampsinitus et l'identifier avec la bien-aimée de Salomon (ou Salim) ; la tête me tourne en lisant sa lettre.

Un drogman m'a donné une vieille chaise longue de voyage, cassée, et Yousouf s'est assis dans un fauteuil pour la première fois de sa vie : « Puisse l'âme de l'homme qui l'a construit trouver un siège en paradis ! » s'écria-t-il, exclamation qui me paraît tout à fait de circonstance quand on s'asseoit dans un confortable fauteuil. Dans le cas présent, l'objet ne méritait guère la reconnaissance de Yousouf.

La situation des affaires ici est curieuse. Les dernières lois ont empêché tout prêt d'argent, et les prisons sont remplies de cheiks-el-beled dont les villages ne peuvent payer les impôts. Des hommes fort respectables m'ont offert de partager avec moi leur blé qui sera coupé dans six semaines, si seulement je voulais payer leurs impôts actuels. Je prendrais la moitié de la récolte, et la moitié des impôts avec intérêt sur l'autre moitié ; cela ferait une bagatelle comme trente pour cent par mois. Un Grec de Koos ferait ce commerce ; mais, comme il connaît les gens d'ici, il n'accepterait que ceux qui donnent pour cautions de bons « cadees », et il ne perdra pas une « faddah » (centime).

Notre prison est remplie d'hommes, et nous leur envoyons leur dîner à tour de rôle. L'autre jour une femme y alla avec son mari ; elle portait sur la tête une grande écuelle en bois contenant le dîner qu'elle leur avait préparé. Un certain effendi, un nouveau ouakil, se trouvait à la prison. « Que viens-tu faire ici ? » dit-il à cette femme en l'appelant d'un nom injurieux. Son mari répondit : « Oh ! effendi, c'est ma femme ! » Là-dessus il fut battu jusqu'à ce qu'il eut perdu connaissance ; puis il y eut une grande lamentation. Le malheureux fut apporté tout près de ma maison, au milieu d'une foule de femmes qui hurlaient comme des possédées ; la sienne surtout criait et se frappait la tête et jetait de la poussière en l'air, *more majorum,* comme vous pouvez le voir dans les tombes. Tels sont les divertissements d'une perception d'impôts dans cette contrée.

La misère en Angleterre est terrible, mais au moins

elle n'est pas le résultat d'extorsions comme dans ce pays, où la nature est si riche et si glorieuse, et l'humanité si misérable. Ce n'est pas un peu de famine, c'est la cruelle oppression qui maintenant exaspère le peuple. Jusqu'ici ils ne se sont jamais plaints, mais aujourd'hui des villages entiers sont abandonnés et des milliers d'individus se sont enfuis dans le désert qui s'étend entre cet endroit-ci et Assouan.

El-Ouksour, 12 avril 1867.

Même ici l'hiver a été mauvais ; je n'ai jamais vu tant de toux et de rhumes à El-Ouksour. Enfin je vais mieux, ayant retrouvé le sommeil, et je rattrape le temps perdu en dormant toute la nuit et encore pendant le jour ; j'espère que je vais reprendre des forces.

La visite de J... a été une vraie « red » (fête), comme disait tout le monde. En me levant le matin du jour où elle devait arriver, j'ai trouvé la maison décorée avec des branches de palmier et des fleurs de citronnier, et les saints drapeaux d'Abou-el-Hadji flottant sur mes balcons. Les gens de la mosquée les avaient apportés, disant que toute la population était joyeuse parce que c'était un jour heureux pour moi. Si j'avais voulu confesser ma religion, j'aurais dû sans doute arracher avec indignation les bannières qui portaient l'inscription : « Il n'y a pas d'autre Dieu que Dieu, et Mahomet est son prophète. » Mais il me semblait que, si des imans et des muezzins pouvaient envoyer leurs drapeaux pour orner une maison chrétienne, le chrétien pouvait trouver moyen de subir cette complaisance. Puis il y eut une fantasia, et tous les « notables » étant montés à cheval pour aller à la rencontre du bateau, l'accueil fut chaleureux et général. Le lendemain je suis partie avec R... et J... dans le bateau ; nous avons eu quelques journées très agréables jusqu'à Assouan et pendant le retour. Ils ont été un jour ici, et j'ai loué une petite dahabieh pour aller avec eux jusqu'à Keneh où ils s'arrêtèrent un jour ; après quoi, je suis revenue ici à la voile avec cheik Yousouf. Malheureusement il faisait très chaud pendant la semaine qu'ils ont passée ici ; depuis, la température a été fraîche.

J... m'a laissé son petit chien terrier, noir et brun ; il s'appelle Bob ; c'est une charmante petite bête ; mais je ne puis pas espérer de l'emporter sur Omar dans ses affections. Le chien dort dans ses bras, et Omar le gâte et le caresse toute la journée ; il raconte à tout le monde comment Bob boit du thé et du café et mange des friandises, et les gens de dire : « Masha-Allah », au lieu de maudire le père du chien, comme je m'y attendais. L'autre jour un visiteur un peu scrupuleux s'est reculé d'un air alarmé à l'approche de Bob, qui l'a regardé fixement et s'est ensuite jeté sur les genoux de cheik Yousouf ; une fois là et en lieu sûr, il se mit à aboyer, défiant quiconque oserait faire une objection à sa présence. Je n'ai jamais ri d'aussi bon cœur, et Yousouf aussi est parti d'un fou rire. C'est seulement la gueule du chien qui est impure, et Yousouf déclare que Bob est un chien très bien élevé et qu'il n'essaye jamais de lécher personne : aussi le choie-t-il, il lui donne du thé dans sa propre soucoupe, mais *jamais* dans sa tasse.

Je vais hériter d'un autre petit Nègre qui est avec une famille de Keneh, le plus drôle petit gamin du monde. J'espère qu'il sera bon et innocent comme Mabrouk. Je ne comprends pas pourquoi je m'attends toujours à trouver ces prétendus sauvages si différents des autres personnes. Les naïfs récits de Mabrouk sur son village, sur les animaux et la nourriture de son pays, sur son enlèvement par des hommes d'un village voisin qui voulaient le vendre pour un fusil (un enfant le prix d'un fusil !), mais qui en furent empêchés par une razzia de Turcs qui tuèrent les premiers agresseurs et prirent tous les enfants : il raconte tout cela comme chez nous un enfant pourrait parler des oiseaux qu'il a dénichés. Mabrouk a les mêmes notions générales du bien et du mal ; mais sa tribu ne connaît ni le pain, ni l'usage d'aucun vêtement, ni le beurre, ni le fromage. Ils n'ont pas de lait à boire ni même de bière d'Afrique (merisseh) ; il y pleut constamment, les nuits y sont mortellement froides, au point que l'on y mourrait sans un grand feu. Ils ont deux produits de la civilisation : des fusils et du tabac qu'ils payent en garçons et en filles volés par eux. Je voudrais savoir où se trouve ce pays. On l'appelle « Sowaghli ». Le peuple le plus voisin s'appelle « Mueseh » ; il habite sur le bord de la mer, et il y fait moins chaud qu'en Égypte. Il doit être dans l'hémisphère du Sud. Mon nouveau négrillon vient du Darfour. M... ne sera-t-il pas charmé de ses domestiques ? Cet enfant du Darfour trottera derrière lui, car il sait tirer et nettoyer les fusils, tout petit qu'il est. J'espère qu'il pourra passer l'hiver ici ; je suis sûre qu'il s'y plairait.

La poste ici est terrible ; je ne m'inquiète guère qu'on lise mes lettres, pourvu qu'on me les envoie. Je reçois souvent l'*Athenæum*[73] et j'ai reçu de vous plusieurs revues ; je vous en suis très reconnaissante. J'écrirai bientôt une nouvelle lettre. Je suppose que vous aurez entendu parler de J... et de son voyage. Ce qui m'a fait le plus de plaisir, ç'a été de descendre le cataracte dans une petite barque ; c'était une belle fantasia.

El-Ouksour, 19 avril 1867.

Depuis que la chaleur est arrivée, je me sens mieux. J'attends mon bateau dans deux ou trois semaines, et j'irai au Caire le mois prochain ; quand j'y serai, je pourrai prendre mes dispositions pour l'hiver prochain. Mustapha viendra avec moi et, en revanche, il enverra mon cheval à Saïs dans un bateau avec ses deux chevaux. Je serai contente d'avoir sa compagnie, cela me sera très commode. Yousouf viendra peut-être aussi.

J'ai fait ces jours derniers une nouvelle connaissance qui m'a bien divertie ; dans les romans du siècle dernier on l'aurait appelé un « sage Arabe ». Cheik Abdurrahman habite un village à une demi-journée d'ici ; il est venu pour me faire visite et me traiter d'après la science de Galien[74] et d'Avicenne[75]. Imaginez un homme grand, maigre et élégant, avec la barbe grise, les yeux doux et clairs, absorbé par des études d'un autre âge, un docteur en théologie, en droit, en médecine et en astronomie. Nous avons passé trois jours à discuter et à nous faire des questions ; j'ai consenti à prendre une potion ou deux qu'il a préparées devant moi, au moyen de matériaux fort innocents. Mon ami n'est ni charlatan, ni superstitieux ; il y a deux cents ans, il aurait été un meilleur médecin que la plupart de ses confrères en Europe. A vrai dire, j'avalerais plus volontiers ses drogues maintenant que celles de beaucoup de nos docteurs. Je l'ai trouvé, comme tous les théologiens instruits que j'ai connus, très libéral et très tolérant. Vous ne pouvez imaginer rien de plus intéressant ni de plus curieux que la conversation d'un homme savant et intelligent, mais profondément ignorant de toute la science moderne de l'Occident. S'il m'a paru agréable, en retour il m'a trouvée charmante, et il a juré par Dieu que j'étais un véritable mufti, et que nulle part un homme ne pourrait passer mieux son temps qu'en conversation avec moi. Il m'a dit qu'il avait connu deux ou trois Anglais qui lui ont beaucoup plu, mais que, si toutes les Anglaises me ressemblaient, le pouvoir devait nécessairement être dans nos mains, parce que mon « akl » (cerveau, intelligence) était bien au-dessus de celui d'aucun homme qu'il eût connu. Notre médecine lui répugne parce qu'elle consiste en palliatifs, qu'il méprise, car il cherche toujours à guérir ses malades radicalement. Je lui dis que, s'il avait étudié l'anatomie, il saurait que les cures radicales sont difficiles à obtenir ; il a fini en regrettant de ne pas savoir l'anglais ou quelque autre langue européenne, et aussi de ne pas avoir appris notre « ihn » (science).

Nous nous sommes alors lancés dans les doctrines sympathiques, les vertus occultes des pierres précieuses, etc., et j'ai avalé ma potion, composée de réglisse, de cumin et de soude, au moment juste où le soleil entrait dans une certaine maison et où l'aspect de la lune était favorable. Il m'a parlé avec de grands éloges d'un sien ami, un savant juif du Caire. J'aurais pu me croire écoutant Abou-Suleyman de Cordoue, à l'époque où nous étions des barbares et où les Arabes étaient la nation savante. Il y a quelque chose de fort attachant dans les manières douces et pleines de dignité de tous les savants que j'ai vus ici ; la simplicité de leurs vêtements et de leurs habitudes rend ce fait plus frappant encore. J'avais grande envie de photographier mon cheik assis sur mon divan et tirant de son sein des manuscrits pour me lire les paroles d'El-Hakim-Lokman [76], ou pour m'accabler en me citant l'opinion de quelque médecin dont le nom même m'était inconnu.

La main du gouvernement pèse terriblement sur nous. Toute la semaine on a travaillé la nuit et le jour à couper le blé, qui n'était pas encore mûr, parce que 310 hommes doivent partir demain pour travailler au chemin de fer qui passe au-dessous d'Assiout. Naturellement ce blé vert n'est ni vendable ni sain à manger ; la magnifique récolte de cette année s'est ainsi au dernier moment changée en amertume. Dans un village voisin, tous les hommes sont partis et il en manque encore 7 pour compléter la corvée. El-Ouksour compte 1 000 mâles de tous âges : aussi pouvez-vous juger combien il nous reste d'hommes valides après qu'on en a pris 310. Les pauvres coptes travaillent aujourd'hui à leurs 450 « rekahs » (prosternations), qui ont lieu le vendredi saint. Comme ils seront fatigués et abattus pour partir demain à l'ouvrage, surtout après un jeûne rigoureux de 55 jours !

Le nouveau serviteur nègre qui doit venir chez moi est, me dit-on, un chrétien copte, ce qui est singulier, puisqu'il vient du Darfour, pays mahométan. Mabrouk me convient de mieux en mieux ; il a un caractère excellent et un bon cœur ; je me suis vraiment attachée à lui. Sa figure agréable et honnête vous plaira, j'en suis sûre. Je n'aime pas à penser trop que je vous verrai, vous et M..., l'hiver prochain, par crainte d'une déception. Si je suis trop malade et en trop misérable état, j'aime autant que vous ne veniez pas ; il est pénible d'être avec quelqu'un qui ne fait que tousser et haleter et qui ne peut rien faire comme tout le monde. Mais, si je reprends un peu cet été, je serai enchantée de vous voir tous deux encore une fois.

Cette maison-ci tombe en ruines, ce qui attire les serpents et les scorpions. J'ai envoyé chercher le « haoui » ou charmeur qui a pris un serpent, mais qui ne peut pas tirer les scorpions de leurs trous. Une de mes dindes grasses vient d'être leur victime, et je suis sans cesse en transes pour mon petit Bob ; il est vrai qu'il est toujours dans les bras d'Omar. Je crois vous avoir décrit la fête du cheik Gibricel, le dîner et les poètes improvisateurs ; cette année, j'ai eu un beau morceau de déclamation en mon honneur. Une vraie calamité, c'est la perte de notre bon maoun. Le moudir l'a hêlé de son bateau et lui a donné l'ordre d'aller tout de suite à Keneh sans autre avis. Nous lui souhaitons bonne chance ; c'eût été bien, s'il était turc. Il est nommé « nazir-el-gism » ou surveillant des pauvres diables qui travaillent au chemin de fer. Il ne gagne que cinquante-sept francs de plus par mois ; là-dessus il doit nourrir un cheval et un âne, achetés de ses propres deniers, garder un saïs, et il ne sait pas faire marcher les fellahs. Le proverbe a raison : « Pelez un oignon autant que vous voudrez, un habile homme trouve toujours moyen de le peler encore » ; cela veut dire que, même du plus pauvre diable d'ouvrier, on peut, à force de coups, se faire donner encore quelque chose ; mais notre cher maoun, Dieu le bénisse ! sera ruiné et rendu misérable par son avancement. J'ai reçu de lui hier une lettre désolée.

Thèbes, 23 mai 1867.

Je n'ai le temps de vous envoyer que quelques mots par Sefer-pacha, qui part demain matin de bonne heure. Le petit domestique du Darfour m'a été amené ; il est très intelligent. J'espère qu'il ira bien ; il a complètement perdu son air solennel, et paraît très heureux et capable, je crois, de s'attacher aux gens. J'ai dû le gronder pour sa malpropreté et pour le langage inconvenant auquel il se complaisait à l'excès ; mais il est très enfant, et j'espère qu'il perdra bientôt cette vilaine habitude. Mon bateau vient d'arriver en bon état. Il m'a apporté toutes sortes de choses ; les livres et les joujoux ont été les bienvenus. Ces derniers ont fait les délices du petit Darfour, et il a été grondé pour avoir « joué avec la Sitt », au lieu de penser à ce qu'il avait à faire. J'ai peur de le gâter, il est si caressant et si mutin ! Il est en train de perdre ses dents de lait ; il ne peut donc pas avoir plus de huit ans. Au premier abord il ne m'a pas plu ; je craignais qu'il ne fût maussade, mais c'était l'effet de la « khaff » (peur), mot qui vous frappe toujours les oreilles ; maintenant qu'elle s'est dissipée, il arrive toujours en gambadant pour jouer avec moi. Il est extrêmement intelligent et a une jolie petite mine d'enfant nègre.

Les peuplades du Darfour sont, comme vous le savez, une race indépendante et brave ; ils ne sont pas du tout des « sauvages ». Je ne puis m'empêcher de penser combien R... serait enchantée de ce petit garçon. Il m'a priée de lui donner le portrait de la sultane d'Angleterre qui est dans *L'Illustration,* et il l'a collé sur le couvercle intérieur de sa malle.

Je suis, comme toujours, mieux depuis que la chaleur a commencé il y a six jours. Je partirai d'ici dans une semaine. Mustapha et Yousouf viendront avec moi au Caire. Yousouf était enchanté de votre lettre ; ses yeux étincelaient, et il a pris une enveloppe épaisse pour l'y garder soigneusement. Omar disait qu'une pareille lettre est comme une « hegab » (amulette), et Yousouf répondit : « Oui, c'en est une et jamais je ne pourrais en avoir de plus efficace (« baraka », bénédiction ou quelque chose comme la vertu qui émane de Jésus), si jamais j'en portais ; je ne m'en séparerai de ma vie. »

Nous avons eu une très jolie fête pour le cheik ; vous avez une photographie de son tombeau. J'ai passé une soirée fort agréable avec cheik Abd-el-Moutanah, qui autrefois me regardait d'un air revêche ; mais maintenant nous sommes « comme des frères ». Je l'ai trouvé très intelligent et mieux instruit qu'aucun des Arabes que j'ai rencontrés, parmi ceux qui vivent tout à fait à part des Européens. J'ai été étonnée de voir qu'il « abondait dans mon sens », lors de ma dispute avec le cheik Abdul-Rhaman ; il disait que c'était le devoir des musulmans d'apprendre de nous ce qu'ils pouvaient et de ne pas rester dans l'ornière de la vieille routine.

Dimanche, le patriarche m'a traitée avec impolitesse et n'a pas voulu manger avec moi, et, lundi, un « ouali » (saint) m'a choisi les meilleurs morceaux de ses propres doigts, et m'a accompagnée dans l'intérieur du tombeau. Le patriarche a fait une sottise en venant ici. Il s'est présenté comme le protégé et le prôneur du pacha ; il a « mangé » et battu les fellahs, et voulait maltraiter une femme qui parlait de divorcer. Les coptes d'El-Ouksour ont dû payer mille francs pour l'honneur de sa présence, en outre des moutons, des volailles, du beurre, etc. Si j'avais du goût pour faire des prosélytes, je pourrais en convertir plusieurs auxquels il en cuit au dos et à la poche ; mais les missionnaires américains y réussiront. Les musulmans ont une sympathie naturelle pour une religion qui n'a point d'images ni de moines, et dont les prêtres se marient comme tout le monde : aussi les coptes ne sont-ils guère effrayés. On me dit qu'il y a cinquante protestants à Kous, et le patriarche était furieux parce qu'il ne pouvait pas les battre. Omar fut assez poli pour lui préparer un grand dîner hier soir chez

Mikhaïl, un de nos voisins ; le dîner a duré jusqu'à deux heures du matin. Notre gouvernement devrait peser fortement sur le patriarche à propos des prisonniers abyssiniens. Je n'ose donner le nom de la personne de qui je tiens tout ce que je sais, mais c'était une personne digne de foi, un chrétien. Le patriarche m'a répondu avec âpreté, quand je l'interrogeai sur l'état de la religion en Abyssinie, « qu'ils étaient les fidèles serviteurs de la foi et qu'ils lui obéissaient ». Toutes les fois qu'il y a de la brouille chez les coptes, leurs prêtres sont au fond de l'affaire. Si le patriarche le voulait, ces prisonniers seraient mis en liberté, et il le ferait bien, s'il ne détestait pas si amèrement les Européens.

J'aimerais bien avoir la *Revue des Deux Mondes*[77], mais je ne sais comment elle pourrait me parvenir, ni ce que la poste ferait payer au-dessus du Caire ; elle ne se charge que des lettres, parce que tout est transporté à dos d'homme. « Inshallah ! Je suis le porteur de bonnes nouvelles », crie le facteur en jetant la lettre par-dessus le mur. Je suis heureuse de pouvoir vous envoyer promptement cette lettre. Giafar-pacha[78] est venu ici comme un gentilhomme, seul et sans suite ; il est de retour du Soudan, où pendant deux ans il a été chef absolu. Il est très aimé et respecté, paraît sensé et agréable, tout à fait différent des gros bonnets turcs que j'ai vus jusqu'ici. Tout grand seigneur qu'il est, il a fait asseoir devant lui Yousouf, Mustapha et Abdallah, et il est extrêmement poli et simple dans ses manières. Je crois que Giafar-pacha est un vrai Turc et non un mamelouk comme les autres. Je vous récrirai bientôt. Sous peu, vous saurez que je vais beaucoup mieux et que tout prospère chez moi.

Benisouef, 30 juin 1867.

J'écris avec l'espoir que cette lettre vous parviendra sûrement par la poste, afin que vous ne me croyiez pas perdue. J'ai quitté El-Ouksour le 31 mai. Nous avons mis une semaine pour arriver à Assiout, qui est à mi-chemin d'ici, et depuis ce temps nous avons eu à lutter sans relâche contre un furieux vent du nord et du nord-est. Je suis comme Ulysse, le grand voyageur, j'ai vu « des villages et des hommes » ; mais mes compagnons à moi n'ont ni murmuré ni déserté, quoique ce soit pour eux une mauvaise affaire, car ils ont déjà reçu leur argent, compté à raison de vingt jours de paye environ, et à ce prix ils doivent me conduire au Caire. Ils ont tout mangé et sont maintenant obligés de s'arrêter ici pour faire du pain ; mais ils sont d'aussi bonne humeur que si tout allait bien.

Ma flotte se composait de ma dahabieh, vaisseau amiral, d'une allège, d'un « kyasseh » pour mon cheval et le saïs. On avait mis à bord deux pauvres vieilles veuves toutes ridées, qui vont au Caire voir leurs fils en garnison dans cette ville, une grande provision de pain dur, du blé, de la farine pour tous les jeunes gens de « ma famille » qui font leurs études à Gama l'Azar, et en outre plusieurs bizarres petits tas d'argent lentement amassé dans ma malle pour ces « megouarin ». N'aimeriez-vous pas pouvoir vous procurer pour M... un sac de pain, un panier d'oignons et quarante-cinq francs ?

Le beau brun cheik El-Arab-Hassan voulait venir avec moi ; mais je le connaissais pour être un viveur, et je demandai à Yousouf comment m'y prendre pour refuser sa compagnie sans violer les lois de l'hospitalité. Mon « père », le vieux chérif, a donc dit à Hassan qu'il ne permettrait pas à sa fille de voyager avec un homme qui fréquentait la mauvaise compagnie.

A l'abri de mon pavillon naviguaient deux ou trois petits bateaux qui portaient des familles entières. Un d'eux était fort joli ; le gouvernail était tenu par une charmante petite fille de cinq ans toute potelée. Ils espéraient échapper au danger d'être pris et forcés de travailler en chemin, en se mettant sous ma protection, et ils nous ont quittés à leurs villages respectifs.

Je me porte assez bien, mieux qu'à mon départ, en dépit du vent. Jusqu'aujourd'hui nous n'avons pas eu de chaleur cette année, relativement aux autres années, s'entend.

Le pauvre reis Mohammed a eu une terrible attaque d'ophtalmie ; il restait accroupi tout d'un tas en se lamentant jour et nuit ; il s'écriait : « Je suis musulman ! » ce qui revenait à dire : « La volonté de Dieu soit faite ! » À un endroit l'on m'a reconnue, et j'ai dû visiter une quantité de malades ; un brave homme a tué un mouton et nous a régalés tous avec de la viande et du « fatireh ». La partie du fleuve où le vent nous a retenus est égayée par l'usage qui permet aux femmes de se mêler aussi librement aux hommes qu'en Europe. J'ai eu beaucoup de plaisir à voir les jolies figures des jeunes filles, et à causer avec les femmes qui venaient remplir leurs jarres d'eau et regarder par les fenêtres de la cabine, ce que d'ailleurs elles ne faisaient jamais sans demander la permission.

Le cheik Al-Haouari m'a donné deux moutons qui sont dans le kyasseh avec quatre autres, tous provenant de cadeaux qu'on m'a faits ; Omar les destine à votre table au Caire. Le cheik désire vivement vous donner une fête à son palais, si vous remontez le fleuve, avec une fantasia à cheval, un grand dîner et des danseuses.

Je suis en effet chargée de beaucoup de messages pour « el-kebir » (le grand ou le maître). Il faut que je fasse partir cette lettre tout de suite, car voici mes hommes de retour avec leur pain.

Boulak, 28 juillet 1867.

Votre lettre m'arrive à l'instant même ; elle m'apporte un soulagement inexprimable, après la grande anxiété où je n'ai cessé d'être depuis que j'ai su votre maladie, dont j'ai appris la nouvelle en arrivant ici. Je ne puis vous écrire rien de plus propre à vous plaire et à vous réconforter qu'en vous annonçant que je me porte beaucoup mieux.

La chaleur a été intense et le vent très fatigant, mais je vais mieux, et je ne me sens plus à beaucoup près aussi faible qu'auparavant. Je suis ici à l'ancre sur le fleuve, en face de mes vieux quartiers. Je n'ai pas encore mis pied à terre à cause du vent chaud et de la poussière, dont on souffre naturellement beaucoup moins sur la rivière. J'ai vu très peu de monde, et je n'ai qu'une voisine dans un bateau mouillé tout près du nôtre ; c'est une très séduisante Circassienne, ancienne esclave d'un riche pacha, maintenant mariée à un drogman très respectable ; elle est venue passer une ou deux semaines dans son bateau. Elle est jeune, jolie et très aimable ; nous nous voyons souvent, et nous sommes très bien ensemble. C'est une petite personne très religieuse ; je l'ai rendue très heureuse en lui assurant qu'il n'entrait pas dans mes dévotions journalières de maudire le Prophète et d'injurier le Coran.

Mes huit « megouarin » (étudiants à Gama l'Azar [79])

viendront ici, aussitôt que la lune sera favorable, lire une nuit le Coran à mon profit et manger un bon dîner de mouton bouilli. Nous tuerons un des moutons d'El-Ouksour en leur honneur. J'ai dit au jeune chérif, s'il trouvait quelque Malais de la ville du Cap, de l'amener avec eux.

Je suis bien aise que les Anglais aient fait une réception cordiale à « l'emir-el-moornenin » (commandeur des croyants) ; l'effet en sera bon dans tous les pays musulmans. Un drôle de petit Indien de Delhi, qui s'est converti à l'islamisme et qui a passé quatre ans à La Mecque pour servir d'interprète à ses compatriotes, est établi maintenant à Karnak. Je l'ai envoyé chercher, et il est venu en tremblant de tous ses membres. J'ai demandé pourquoi il avait peur. « Oh ! peut-être que j'étais en colère pour quelque chose. » Il était mon rayah, et j'allais peut-être le faire battre. » Alors, m'adressant à lui : « Demande pardon à Dieu, ô homme ! lui dis-je. Comment pourrais-je te battre plus que tu ne pourrais me battre moi-même ? N'avons-nous pas de lois ? Et est-ce que tu n'es pas mon frère, et le rayah de notre reine, comme je le suis, et rien de plus ? – Masha-Allah ! se sont écriés pleins d'admiration et de surprise les six ou huit fellahs qui attendaient la consultation, ne t'avons-nous pas dit que l'amour de la Sitt amène la bonne fortune, et non pas le malheur et le bâton ? » J'ai découvert que le petit Indien avait été domestique dans un hôpital de Calcutta, et qu'il a exercé aussi la médecine pour son propre compte. Je lui ai fait cadeau de quelques drogues, surtout pour les maux d'yeux, qu'il savait assez bien traiter. Nous sommes devenus grands amis ; il était au désespoir quand je partis, et il voulait venir avec moi comme un domestique volontaire. Si je n'avais pas eu déjà les deux Nègres, je crois que je l'aurais mis à l'essai.

Je jouis d'une faveur singulière : « *Ich bin bei lebendigem Leibe besungen.* » (Mes louanges ont été chantées de mon vivant.) Plusieurs troupes de vrais Arabes sont venues avec leurs malades sur des chameaux de plus loin qu'Edfou. Je leur ai demandé enfin ce qui les avait amenés, et ils m'ont répondu qu'un « shaer » (barde ou poète) voyageait en chantant mes louanges, « comme quoi la fille des Anglais était une fleur sur la tête des Arabes, et que les malades devaient aller sentir le parfum de la fleur et se réjouir à contempler l'éclat de la Blonde (Noorin) » – c'est mon nom. Voilà de bien grands mots pour parler de « quelque remède ». Mais ici nous n'avons pas l'idée qu'un homme se rende ridicule quand il parle sur un ton romantique, même d'une vieille femme. J'espère que J... vous aura dit comment les habitants d'El-Ouksour l'ont reçu avec R... et comment les serviteurs de la mosquée ont envoyé les drapeaux sacrés pour décorer ma maison du haut en bas, en honneur et en réjouissance de son arrivée, et pour montrer qu'ils vous souhaitaient toutes sortes de bénédictions divines.

Il est inutile de parler de l'état des affaires dans ce pays ; tout le monde souffre terriblement des impôts, qui sont énormes, de la ruine totale des fellahs et de la destruction du commerce. Mes ouvriers en chef de l'an passé sont venus me voir et m'exprimer leur joie de ce que j'avais eu si bonne chance avec le bateau, et de ce qu'il ne lui était arrivé rien de fâcheux. Mon épicier est à moitié ruiné par les « améliorations » faites « à l'instar de Paris », de longues routes militaires toutes droites percées au beau milieu du Caire [80]. Les propriétaires sont expropriés, et il n'en est que cela. Mais ceux à qui l'on a laissé une moitié de maison sont à plaindre, parce qu'ils sont forcés de lui bâtir une nouvelle façade à l'alignement sur le modèle des maisons d'Europe ; ce qui la rend inhabitable pour eux et invendable.

Les bateliers du Nil sont fort inquiets sur le sort des équipes envoyées à Paris [81] ; ils craignent que le sultan français ne retienne ces gens par force. Je leur ai assuré qu'ils reviendront tous en bonne santé et heureux, rapportant en outre un bon bakchich du sultan. Beaucoup d'entre eux trouvent que c'est une espèce de dégradation d'être envoyés pour que les Parisiens les regardent comme une « anteka », mot qui a la même signification que « curiosité » chez nous.

Je me trouve très bien de mes deux domestiques. Mabrouk lave très bien ; c'est un bon marmiton. L'enfant du Darfour est, selon ses petits moyens, femme de chambre et valet de chambre. Il est fort ennuyeux pour salir tout de suite ses habits ; mais son naturel est bon, et il est intelligent. Ce qu'il raconte de l'instruction primaire au Darfour est curieux. Quand un petit garçon a remporté le prix d'excellence, il est porté en triomphe chez son père, qui donne une fête pour le maître et les écoliers. Vous n'apprendrez sans doute pas sans étonnement que les Nègres du Darfour savent presque tous lire et écrire. J'ai un beau *Guide de la foi,* écrit, il y a très longtemps, en langue du Darfour. Le kadi d'El-Ouksour me l'a donné. Mon pauvre enfant du Darfour s'est excusé auprès de moi de son ignorance ; on l'avait volé, m'a-t-il dit, quand il commençait à fréquenter l'école. Je voudrais bien qu'un domestique anglais ou français pût entendre les instructions données ici par un ahlim aux domestiques. Que l'Européen serait furieux ! Sur ceux qui veulent s'instruire l'instruction produit de l'effet ; mais ils sont naturellement peu nombreux, et elle n'en produit aucun sur ceux qui ne la recherchent pas d'eux-mêmes. Il est curieux de savoir jusqu'à quel point, ici, les enfants sont laissés sans instruction religieuse. Je ne sais si c'est pour cette raison qu'ils deviennent si dévots en grandissant.

A... paraît douter s'il viendra, et craindre que M... ne s'ennuie. Étais-je autrement que les autres quand j'étais enfant ou jeune fille, ou le monde a-t-il changé ? Quand j'avais l'âge de M... j'aurais trouvé fou celui qui aurait parlé d'un voyage sur le Nil comme pouvant être ennuyeux ; je me serais embarquée dans un cuvier, si on m'avait offert de m'y prendre, et avec quelles délices ! Le roman, l'originalité paraissent tout à fait morts et disparus. Même vieille et malade, et pas très heureusement placée pour me divertir, je ne peux comprendre qu'on se fasse à l'idée de ne pas s'amuser et s'intéresser à quelque chose. Si M... veut voir le Nil, qu'il vienne, parce que cela vaut la peine d'être vu ; mais, si on l'envoie seulement à cause de moi, n'en faites rien. Je sais que je suis une triste compagnie maintenant, et je suis capable, comme M. Woodhouse dans *Emma* [82], de dire : « Prenons tous du gruau. »

Nous ne savons rien à Boulak d'une prohibition de la poudre à fusil, sinon qu'en ce moment même quatre Européens tirent sans désemparer à Embaleh, juste en face de nous sur l'autre rive.

Le pacha veut évidemment établir un droit de visite sur le Nil. Son discours à Paris, à propos de l'esclavage, en est la preuve [83]. Dans la bouche d'un homme qui a tant d'esclaves dans son harem, qui a plusieurs régiments et troupeaux d'esclaves sur ses plantations de cannes à sucre, son discours est fort surprenant. Mes gens ne veulent pas sortir seuls, de peur d'être arrêtés par les kawas et envoyés à l'armée ou aux fabriques à sucre.

Vous serez fâché d'apprendre que votre robuste ami Hassan a eu cinquante paires de courbach (c'est-à-dire cinquante coups sur la plante de chaque pied) et 150 francs d'amende. Il menait deux ânes à l'hôtel Sheppeard [84] avant le lever du soleil pour des Français, un monsieur et une dame qui voulaient aller aux Pyramides ; un kawas l'a rencontré, a mis la main sur les ânes, et, comme Hassan refusait de les céder, il cracha sur la selle de femme et injuria le harem d'Hassan en le frappant avec son courbach. Hassan, perdant patience, a pris le kawas dans ses bras et l'a jeté par terre, puis s'en est allé. Quatre kawas se mirent aussitôt à sa poursuite et le conduisirent au « zaptieh » (poste de police), où ils ont juré tous qu'il les avait battus, qu'il leur avait déchiré leurs habits et volé à l'un d'eux une montre imaginaire, le tout évalué à 600 francs. Après la bastonnade, on le mena en prison, les mains enchaînées ; il y fut condamné à être soldat. Mais on intercéda pour lui, et l'affaire s'arrangea pour 150 francs. Hassan vous envoie son salam.

J'espère que l'horrible nouvelle que vous m'apprenez sur Maximilien est fausse [85]. Dieu veuille que sa pauvre femme meure comme elle est, sans jamais revenir à cette vie ! Pour moi, rien ne m'afflige plus que l'enquête de Sheffield *. Comment, après cela, grand Dieu ! osons-nous parler de « sauvages » et injurier les Abyssiniens ? Si tels sont les fruits de la liberté et de la civilisation chrétienne, je commence à me réconcilier avec le gouvernement turc. Il est moins effrayant de voir des hommes souffrir sous l'oppression que de les voir si profondément dégradés, et de voir des hommes bien élevés approuver tacitement une pareille corruption.

* A propos des *Trade Unions,* quand les ouvriers ont brûlé les maisons et les outils de ceux qui voulaient continuer à travailler. L'enquête fit grand bruit en Angleterre à cause des détails qu'elle révélait sur la brutalité des ouvriers de l'Union. (*N.d.T.)*

La nuit dernière a été fort jolie : tous les bateaux partaient pour le mouled de Saïd-el-Bedaoui à Tantah. Chacun d'eux avait une espèce de pyramide de lanternes ; les derviches psalmodiaient ; les profanes avaient une musique et des chants profanes ; j'étais assise, je regardais et j'écoutais, en pensant combien de milliers d'années sont passées depuis qu'on faisait la même chose en l'honneur de Bubastis. Les habitants du Caire ont reçu l'ordre d'illuminer pour témoigner ainsi leur joie du retour de leur maître.

Je crois que je ne vous ai rien dit de ce que je voulais dire. Je ne puis trouver les mots, et l'on étouffe à écrire, surtout quand on sent ce qu'on ne sait comment écrire.

Boulak, 7 août 1867.

Ma jolie voisine est retournée à la ville. C'était une bonne petite femme, et elle m'amusait beaucoup. Je m'aperçois qu'un bon et respectable harem turc est une excellente école de connaissances utiles, travaux d'aiguille, cuisine, etc. Mais cela doit être ennuyeux d'avoir à élever de petites filles à l'intention de son mari, comme le faisait la maîtresse de mon amie. J'ai remarqué qu'elle ne s'inquiétait nullement du pacha, dont elle avait été l'esclave, mais qu'elle aimait beaucoup « sa dame », comme elle l'appelait par politesse.

Comme toutes les Circassiennes que j'ai vues, elle regardait comme une destinée fort désirable d'être vendue ; elle ne s'est jamais plainte d'avoir été volée, et ne paraissait pas affligée pour ses parents comme le sont tous les Nègres. Je suis convaincue que, si nous arrêtons la traite des Circassiens, ce sera pour eux une grande privation. La traite africaine est une tout autre affaire.

La chaleur a été prodigieuse, mais je vais beaucoup mieux. J'ai retrouvé un bon appétit et j'engraisse ; malheureusement il a fait trop chaud pour qu'on pût bouger. Le Nil est monté hier de dix coudées, et la coupure du « halig » a eu lieu [86]. Le fleuve est assez gros maintenant, mais on dit qu'il baissera vite cette année. Je ne sais pourquoi. Le grand vent dure toujours ; il a soufflé pendant trois mois sans une intermittence de plus de dix heures. On dit qu'on n'a jamais vu pareille année. C'est fort désagréable ; mais le fleuve est très beau à voir, rouge comme le sang et violemment agité par le vent du nord qui lutte contre le courant rapide.

Je ne sais comment ce pays marchera ; il n'y a point d'argent, et on me dit que la dette est énorme. Personne n'est payé et les obligations de la Daira subissent un fort escompte. Cette guerre a ruiné le pays [87]. Il y a maintenant une surtaxe sur tous les animaux, et une capitation qui comprendra les femmes et les enfants est imminente. Vous ne pouvez vous imaginer la détresse et le mécontentement ; et, comme par moquerie, on ordonne de préparer une superbe illumination pour fêter le retour du maître.

Deux de mes anciens marins sont allés à Paris dans la dahabieh – bateau du Nil – de l'impératrice, et ils en arrivent. Quand je les verrai, je m'attends à un amusant récit de leur voyage. Le père du pauvre Adam est mort du chagrin que lui causa le départ de son fils ; rien n'a pu lui persuader qu'Adam reviendrait sain et sauf ; il est mort d'une maladie de cœur. Le fils est revenu en bonne santé et avec de beaux habits ; mais on dit qu'il est très abattu par la perte de son père.

J'apprends que les Arabes sont terriblement choqués

par la manière de danser des Françaises et par celles de la basse classe en général. Ils s'asseoient dans les cafés comme des « shaers » (poètes ou bardes) et racontent les merveilles de Paris à une foule stupéfaite. Ils sont enchantés de la politesse des agents de police français, qui ne les battirent pas, une fois qu'ils s'étaient pris de querelle avec des gens du pays, mais qui, bien au contraire, les accompagnèrent poliment jusqu'au bateau après avoir grondé les autres. La nouveauté et la joie de n'être pas battus les ont enivrés.

C'est un spectacle bien curieux de voir décharger des bateaux d'énormes blocs de pierre. On voit exactement comment on portait les pierres dans les anciens temps ; les ouvriers balancent leurs corps tous ensemble comme un grand reptile qui aurait une quantité de jambes, et ils fredonnent une chanson monotone pour marquer la cadence. Cela ne ressemble en rien à la façon de porter de lourds fardeaux en Europe.

La nuit commence à tomber, et il fait trop de vent pour les bougies : je suis donc forcée de m'arrêter et d'aller manger le dîner que Darfour m'a déjà annoncé deux ou trois fois. Le petit garçon a fait beaucoup de progrès ; c'est un charmant enfant très vif et très doux. C'est le jour du blanchissage aujourd'hui. Je voudrais que vous pussiez voir Mabrouk accroupi là dehors, savonnant le linge avec ses superbes bras noirs. C'est un fin blanchisseur et un bon cuisinier, mais un parfait sauvage.

Boulak, 18 septembre 1867.

Vous pouvez vous imaginer combien je suis heureuse d'avoir reçu votre dernière lettre, qui m'apprend l'arrivée probable de M..., bien qu'elle ne me dise rien de vous-même. Si M... vient vraiment, faites-moi savoir par quel bateau, afin que je puisse envoyer Omar à sa rencontre, car je me rappelle bien l'horrible désolation de débarquer à Alexandrie sans trouver personne pour vous aider. Mon idée est que M... devra bien voir Le Caire tout d'abord, puis partir pour quatre ou cinq mois, le temps d'aller jusqu'à Ouaddi-Halfeh (la seconde cataracte), et ne pas trop se presser de venir me retrouver. Omar est fou de joie à la pensée de l'arrivée de M..., et reis Mohammed se creuse la tête pour savoir quels hommes l'on pourra prendre sachant exécuter une fantasia sans se faire payer trop cher.

Omar me prie de vous présenter à vous et à Sitti R... son meilleur salam et de vous donner l'assurance qu'il aura grand soin de son jeune maître et qu'il le gardera de très près. Il ne veut pas que je prenne un autre serviteur ; il dit qu'il se tirera très bien d'affaire avec les deux domestiques et un marin habile à laver le linge. Je crois que M... sera enchanté de Mabrouk. Le jeune cannibale fait très convenablement la cuisine maintenant sous la direction d'Omar et lave très bien ; mais il est maladroit à l'excès, et pousse les hurlements les plus farouches, maintenant que sa voix est devenue pleine et forte comme lui-même. De plus, il ne veut pas être grondé ; mais il est honnête, propre et soigneux. Je n'aurais pas cru qu'une créature humaine pût rester aussi complètement sauvage au milieu de gens civilisés. Je respecte, je l'avoue, sa « hauteur sauvage », surtout parce qu'elle est combinée avec la vérité et l'honnêteté.

A bord de la *Marie-Louise,* Boulak, 17 octobre 1867.

Il ne faut pas m'en vouloir, si je n'ai pas écrit depuis longtemps. J'ai été malade, mais je vais beaucoup mieux... Omar ira, s'il est possible, dimanche à Alexandrie au-devant de M...

On est en train de peindre mon bateau, et c'est presque fini ; aussitôt qu'on aura terminé, Omar m'y installera et s'en ira... Je suis passée de mon bateau dans une petite cange [88] ; mais elle était remplie de punaises et de guêpes, et trop sale : aussi me suis-je transportée dans une bonne dahabieh qui appartient à Mohammed-Omar, drogman très respectable, et j'espère pouvoir retourner dans la mienne dimanche prochain. Mais, juste Ciel ! suis-je tombée sur le Barbier lui-même devenu peintre ? Et, comme la petite cange était mouillée à côté de l'*Uranie* pour qu'on y pût transporter les matelas, les tapis, etc., je devins sa victime. D'abord on me demanda soixante-quinze francs pour acheter de la couleur. « Pour une noble dame comme toi, il faut de la couleur de premier choix, et tu sais que cela coûte ; je suis ton serviteur et je voudrais te faire honneur. – Très bien, répondis-je, prends l'argent et aie soin que la couleur soit de premier choix, sinon ton bakchich sera mauvais aussi. » C'est entendu ainsi, il se met à l'œuvre, puis il se précipite chez moi et me dit : « Viens, ô bey, ô bacha ! et regarde-moi ce blanc qui brille comme du lait, comme du verre, comme la pleine lune. » Je vais et je dis : « Masha-Allah ! Mais maintenant fais-moi le plaisir de te dépêcher, car mon fils sera ici dans quelques jours et rien n'est prêt. » Fatale remarque ! « Masha-Allah bismillah ! Que Dieu le conserve, qu'il prolonge tes jours ! Laisse-moi t'apprendre le moyen de le préserver du mauvais œil, car ton fils est beau sans doute comme un mamelouk de mille bourses. Tu lui cracheras à la figure quand il mettra le pied sur ce bateau et tu lui dira des injures à haute voix, de manière que tout le monde t'entende, et quand il sortira, oblige-le de porter des habits déchirés et sales. Combien as-tu d'enfants ? et notre maître, ton maître ? etc., etc. – Shukr Allah ! (grâce à Dieu !) tout ira bien chez nous, répondis-je ; mais, par le Prophète ! travaille, ô ma-alim (mot qui est équivalent de *Meister* en allemand), et ne me romps pas davantage la tête. » Mais j'ai été forcée de me réfugier loin de la langue de Hadji-Ali. Lisez l'histoire du Barbier, et vous saurez précisément ce qu'est Hadji-Ali. Juste au moment où je quittais mon bateau et qu'il se mettait à travailler, le peintre que j'ai employé l'an passé et dont je n'avais pas été contente alla trouver le cheik des peintres et lui persuada de mettre mon homme en prison pour travailler à trop bon marché, ce qui fut fait au point du jour. J'ai donc envoyé mon reis chez le cheik pour l'informer que, si mon homme n'était pas de retour le lendemain matin avant l'aube, j'enverrais chercher un peintre européen et que je forcerais le cheik à payer la note. Inutile de dire que mon homme est revenu.

Mon timonier Hassan et un très brave homme, Hussein, qui sait laver et se rendre toujours agréable et utile, sont arrivés d'El-Bastoui il y a quelques jours ; ils attendent ici que j'aie besoin d'eux. Hassan, pauvre Nègre petit et laid, a eu sa maison brûlée par un incendie dans son village, et il a perdu tous les vêtements qu'il s'était achetés avec ses gages ; c'étaient, quelques-uns du moins, de très bons habits, et la perte est sensible. Il est le frère de mon reis et réellement très bon homme, propre ;

soigneux et tranquille, plus que mon reis même ; c'est une famille respectable.

Le grand et robuste Hazzazin me doit toujours deux cents piastres qu'il me payera par son travail : j'ai donc encore cinq hommes et un domestique à trouver. J'espère qu'un gentil garçon appelé « Hiderbi » (le lézard) viendra. Ils ne toucheront rien jusqu'à la veille de notre départ, sauf le reis et Abdul-Sadiez qui sont en permanence. Mais Hassan et Hussein travaillent aussi gaiement que s'ils étaient payés. On crie après le bakchich ; mais on devrait se rappeler tout ce qu'on obtient ici pour rien, et sans que personne – fait assez curieux – songe à demander du bakchich. Une fois la semaine, nous levons les ancres, de crainte qu'elles s'embourbent, et six ou huit hommes y travaillent pendant une heure ; puis le mât est baissé, opération qui demande douze ou quatorze hommes, puis dressé de nouveau, et l'on y emploie autant de monde, et personne ne reçoit un centime.

L'autre jour au marché, Omar rencontra un « marchand agréable », un Abyssinien tout frais arrivé de son pays, qu'il avait quitté à cause de la tyrannie de Kassa, *alias* Théodoros, le sultan. Le marchand avait amené sa femme et son harem pour s'établir ici. Il raconte que la grande majorité des Abyssiniens sont enchantés d'apprendre que les Anglais vont conquérir le pays comme il l'espèrent, et que tout le monde hait le roi, sauf deux ou trois cents vauriens qui forment la garde du corps [89]. Ce marchand avait vu les prisonniers anglais, qui ne sont pas maltraités, à ce qu'il dit, mais qui sont certainement en danger, car ces mêmes vauriens, qui craignent la vengeance des Anglais, ont toutes les peines du monde à empêcher le roi de les mettre à mort ; il prétend aussi qu'il y a une femme en prison avec les femmes indigènes. Hassan, l'ânier, quand il était marmiton au Caire, connaissait le sultan Théodoros : c'était le seul homme que l'on eût pu trouver pour servir d'interprète entre le roi de l'Abyssinie et Mohammed-Ali-pacha, que Théodoros était venu voir. Ce marchand exprima en même temps un souverain mépris pour le patriarche et pour leur « matraam » ou métropolitain, que les journaux anglais appellent l'« abuna ». « Abuna » est un mot arabe qui veut dire « notre père ». Cet homme est un copte du Caire ; il était autrefois le parasite des missionnaires anglais ou plutôt allemands qui étaient ici. C'est un hypocrite consommé. Qu'est-ce que c'est, s'il vous plaît, que cette absurde nouvelle d'une lettre écrite à Théodoros par le patriarche arménien de Jérusalem ? Qu'avait-il à faire là-dedans ? Le patriarche copte dont la résidence est au Caire le pouvait faire, s'il y était obligé.

Enfin, mon bateau est fini. Demain Omar nettoiera les fenêtres, et samedi il y installera les coussins, les tapis, etc., et moi ! Et dimanche il ira à Alexandrie. Eh bien, il faut que j'aille me coucher ; cette lettre partira demain. J'entends la voix terrible de Hadji-Ali, le peintre, au dehors ; je vais me retirer avant qu'il arrive à la porte de la cabine, de peur qu'il ne veuille encore m'importuner. J'espère que M... sera content de son voyage ; tout le monde est désireux de lui plaire. Le cheik de l'Haouara m'a envoyé son frère pour me faire souvenir de m'arrêter à son « palais » près de Girgeh, afin qu'il puisse faire une fantasia pour mon fils. M... verra donc la vraie manière dont les Arabes montent à cheval, et le djerid, et des moutons rôtis entiers, et tout le reste. Le cheik est le dernier des grands chefs arabes de l'Égypte ; il a des milliers de fellahs et de grands revenus.

A bord de l'*Uranie*, Boulak, 21 octobre 1867.

Je viens à l'instant de recevoir votre lettre du 10 de ce mois. Bien des remerciements. Comme vous disiez que le *Sumatra* partait le 10, j'ai envoyé Omar à la hâte hier matin, pensant qu'il pouvait être arrivé en dix jours. Mabrouk est un excellent cuisinier sous les ordres d'Omar ; Le petit Darfour est valet de chambre, et Omar sera femme de chambre et servira de chaperon à M... Je suppose qu'il ne sera pas très difficile. J'ai tout à fait oublié de vous remercier pour les caisses et leur contenu. Mes esclaves sont enchantés de tout ce que le « grand maître » a envoyé. Une pièce et un quart de cet excellent calicot écru furent tout de suite découpés par Hadji-Hannah pour faire douze paires de larges culottes et deux « gellabieh » (longue chemise arabe) ; ces dernières ont été envoyées pour être teintes en bleu, selon l'usage de ce pays, après avoir été cousues. Darfour embrassait avec béatitude la couverture de cheval, à l'idée qu'il n'aurait plus jamais froid la nuit. J'ai donné aussi cinq mètres d'étoffe au petit Hassan, mon timonier, qui a eu ses habits brûlés. Les gilets en coton imprimé et les chemises en flanelle rouge ont été donnés à faire ; mes garçons seront comme des pachas cet hiver, ont-ils dit au reis. Je regrette la magnifique jupe en soie que vous m'avez envoyée, mais tout le reste est parfait. On ne peut rien acheter ici que de la pacotille.

Mon reis est terriblement troublé à propos du mauvais œil. « Ton bateau, Masha-Allah ! est si beau qu'il rend jaloux tous ceux qui le regardent ; et maintenant qu'on verra un fils avec toi, Bismillah ! comme une fleur, en vérité, j'ai peur ; je crains l'œil des gens. » Nous avons apporté un tambour de basque et une darabouka (petit tambour fait d'une jarre en terre cuite sans fond et d'une peau de mouton), et nous sommes en quête d'un homme qui chante bien, afin d'avoir une fantasia à bord du bateau. J'avais dix hommes pour le bateau l'an passé à cause des voyageurs anglais, mais pour moi-même je n'en prendrai que huit. J'ai dû faire faire une nouvelle voile cette année et acheter une vergue. Notre voile était en loques et trop petite, et la vergue n'était pas assez longue. Nous avons donc fait une grande voile neuve, et du meilleur de l'ancienne nous avons fabriqué un nouveau tape-bord et complété les tendelets qui étaient en trop petit nombre. J'attends le moment où l'*Uranie* prendra son vol avec sa grande aile blanche.

On me dit qu'un vieux copte de Koos très respecté, qui fut longtemps employé par le gouvernement, a été mis aux fers et emporté dans l'espace de vingt minutes à F'zoughli avec deux de ses amis pour s'être fait presbytérien. Voilà une idée toute nouvelle en Égypte, et nous nous demandons pourquoi le pacha est si désireux de « brosser l'habit » du patriarche copte. Nous apprenons aussi que les habitants du Saïd se sauvent en masse, étant absolument incapables de payer les nouveaux impôts et de faire les travaux qu'on exige d'eux. Même ici on bat terriblement les gens pour faire rentrer les impôts de cette année.

El-Ouksour, 20 décembre 1867.

Nous sommes arrivés ici tous sains et saufs, depuis trois jours. M... est frais comme une rose, et engraisse avec l'habitude de se lever matin et une vie tranquille.

Nous allons partir pour la Nubie tout de suite après Noël, que nous voulons fêter ici. Le temps est superbe. Entre autres calamités, le chien de votre fusil s'est cassé ; on l'a donné à réparer à Ali-Kamouri (avec la permission spéciale du maoun qui m'a donné un « teskereh » ou certificat), mais je crains qu'il ne fasse pas une besogne élégante. M... et C... vont à la chasse avec un ami de mes amis, un Bédouin. J'espère qu'il pourra tuer quelques gazelles chez les Abab'deh en Nubie. Je m'arrêterai à Syaleh pour faire visite à la mère du cheik, et alors M... pourrait aller avec eux pendant quelques jours dans le désert. Quant aux crocodiles, Inshallah ! nous mangerons leurs cœurs, et nous ne leur permettrons pas de manger les nôtres. Vous pouvez être tranquille à ce sujet : M... est « sur la tête et dans l'œil » de tout mon équipage, et on ne lui permettra pas de sa baigner dans les « endroits immondes ». Le reis Mohammed l'en a empêché à Gebel-Abul-Foda. Vous serez ravi de voir la bonne mine de l'enfant ; tous ses vêtements sont trop étroits maintenant, surtout sur la poitrine... Il dit qu'il est parfaitement heureux, et qu'il ne s'est jamais plus amusé qu'avec moi, ce que je trouve flatteur. Il commence à baragouiner un peu l'arabe, et il s'est mis en tête de rester avec moi et d'apprendre le français, l'arabe et le turc. Pour bien des raisons, je crois que ce ne serait pas mauvais pour lui...

Une moitié de la vieille maison d'El-Ouksour est tombée dans le temple six jours avant mon arrivée ici ; voilà donc, je suppose, la fin de la Maison de France [90]. On pourrait la rendre de nouveau très agréable à peu de frais ; mais le consul ne le fera sans doute pas, et certainement je ne le ferai pas non plus, à moins d'en avoir besoin. Rien ne tient plus que les petites chambres sur le devant et le grand vestibule avec les deux chambres qui lui font suite. Toute la partie que j'habitais est tombée avec l'escalier ; on ne peut donc pas y entrer. Heureusement Yousouf avait dit à Mohammed de transporter mon petit mobilier dans la partie solide, parce qu'il se méfiait du reste.

Nous avons un temps délicieux, comme serait chez nous un été magnifique. Cheik Yousouf a un bébé ravissant, une exacte miniature de lui-même. Il est un peu mon filleul, car son nom est « Noor-ed-Din-Hisham-Abul-Haggag » ; et on l'appellera « Noor » (lumière) comme moi.

Je finis. Le moudir de Kive a fait cruellement battre tous les cheiks-el-beled. Un d'eux est mort sous le bâton, et le cheik des Abab'deh deux heures après, furieux de l'insulte qu'on lui a faite en donnant l'ordre qu'il fût battu – car cet ordre ne fut pas exécuté. Néanmoins, le moudir n'a pas pu recueillir l'argent des impôts ; il a été renvoyé et remplacé par un homme nouveau. Personne n'a d'argent. Je ne sais où il est passé. La misère des employés du gouvernement au Caire était terrible ; depuis neuf à douze mois, ils n'ont rien touché.

Assouan, vendredi soir, ramadan.

Je n'ai pas d'almanach, mais vous pouvez savoir la date en consultant votre carnet de poche rouge, qui donne le commencement du ramadan à El-Ouksour cette année. On a reçu un télégramme qui le fixe au jeudi, mais les autorités ont dit que, pour sûr, les astronomes de Londres étaient mieux renseignés, et l'ont fait le vendredi. Demain, nous ferons notre marché, et après-demain nous remonterons la cataracte, Inshallah ! en sûreté. L'eau est très bonne, à ce que nous dit Jésus, le pilote nègre. Il va jusqu'à la seconde cataracte, et s'en revient ensuite.

J'ai l'intention de rester deux mois en Nubie. Le temps ici est la perfection même. Nous avons été fort heureux jusqu'ici ; l'hiver a été doux et charmant. Nous sommes très confortablement installés, l'équipage est excellent et tout dévoué à M... Mabrouk aussi s'est dévoué à lui. Le cheik des Abab'deh a promis de nous rejoindre, s'il le peut, après avoir escorté environ quatre cents bachibouzouks jusqu'à Oueddy-Halfeh ; on les y envoie parce que les Anglais sont en Abyssinie.

El-Ouksour, 28 avril 1868.

J'ai reçu votre lettre du 27 mars il y a quelques jours, et j'étais vraiment trop faible pour écrire ; mais la chaleur a commencé depuis trois jours ; ma toux a disparu, et je me sens beaucoup mieux. M... aussi fleurit sous les rayons du soleil qui le grillent, et proteste contre un déplacement. Il parle beaucoup l'arabe et est ami avec tout le monde. De tous côtés, ce sont des « salam aleykoum ya maris ». Il en est arrivé à savoir les lettres, et j'espère qu'il ira plus loin. Vous serez enchanté de voir ses joues pleines et roses, ses larges épaules et sa vigueur. Je n'ai jamais vu un tel progrès en mieux dans une créature humaine.

Un Belge vient de mourir ici ; ses deux esclaves, un très gentil petit Nègre et une jeune fille abyssinienne, ont persuadé à mon petit coquin de Darfour de me décider par ses cajoleries à les prendre sous ma protection, ce que j'ai fait, voyant bien qu'ils allaient être « annexés » par un copte, agent consulaire de France à Keneh. Je crois que le Belge a laissé de l'argent pour eux ; je n'ai pas besoin de dire qu'ils n'en auraient pas un sou, si quelqu'un ne s'en occupait. J'ai donc pris le garçon, Ramadan, avec moi, et quand je partirai, je prendrai la fille aussi. Je les mènerai tous deux au Caire, j'arrangerai leurs affaires, je leur ferai présenter un livre scellé qu'ils ont à leur consul là-bas, selon le désir de leur maître, et alors je marierai la fille à quelqu'un de convenable. Je l'ai laissée dans le harem de Mustapha jusqu'à mon départ, cela valait mieux.

J'ai beaucoup joui de notre voyage en Nubie, et je voudrais aller demeurer avec les descendants d'un grand « ras » (chef) qui m'a reçue à Ibrim, et qui dirait comme Ravenswood * : « Tu es venue dans une maison déchue, et il ne reste personne pour te servir que moi-même. » L'endroit était un paradis, et le Nubien avait les grandes manières d'un ancien et très fier gentilhomme. J'avais une lettre pour lui de cheik Yousouf.

Depuis que j'ai écrit ce qui précède, le temps est redevenu tout à fait froid ; nous avons donc décidé d'attendre que la chaleur reprenne pour tout de bon. M... est si enchanté d'El-Ouksour qu'il voudrait y rester. Je voudrais que vous puissiez voir votre fils, les jambes et les pieds nus, avec une chemise et une paire de larges caleçons blancs comme en portent les Arabes, courant ici et là avec les fellahs. Il est le « frère » ou le « fils » de tout le monde, et on lui donne même le salut « salam aleykoum ». Je voudrais seulement être au Caire pour lui trouver une manière de professeur ; il apprendra très vite à parler une langue étrangère.

* Sir Walter Scott, *La Fiancée de Lamermoor.* (*N.d.T.*)

Minyeh, mai 1868.

Nous arrivons en ce moment à Minyeh, d'où le chemin de fer [91] emportera rapidement les lettres. A Keneh et à Siout, nous avons dîné chez des amis qui nous ont donné une fantasia. Vous auriez bien ri d'entendre la fille qui est venue danser à Esneh prêcher un sermon à M... sur une vie pure ; mais c'était une vieille amie à moi, et elle donnait des conseils bons et sincères.

M... est plus fort et mieux portant que je ne l'ai jamais vu. Au Caire, je vais chercher quelque jeune Américain un peu convenable qui puisse lui apprendre l'arabe et le français.

Tout le monde est enchanté au sujet de l'Abyssinie : « Grâce à Dieu, notre pacha craindra les Anglais plus qu'auparavant et le sultan aussi. » Et quand je me plaignais de la dépense, ils se sont tous écriés : « Ne regardez pas à la dépense ; cela vous vaut plus de dix millions ; vos visages sont blanchis et votre pouvoir augmente devant le monde entier ; mais pourquoi ne nous prenez-vous pas aussi en revenant ? »

J'ai vu à Keneh un homme très intéressant, un copte qui s'est fait presbytérien, et qui a persuadé à cent autres individus à Koos d'en faire autant ; ils ont pour ministre un missionnaire américain. Le perverti a été envoyé au Soudan par le patriarche, mais on l'a ramené. C'est un vieillard superbe, et je sentis que je regardais le visage d'un martyr chrétien, spectacle curieux au dix-neuvième siècle. L'expression calme, intrépide et ravie en extase, ressemblait à ce qu'on voit dans un noble tableau de l'ancienne école italienne ; il avait aussi le maintien parfait du croyant sincère qui n'affecte pas de « faire le pieux ». Lui et le mufti, excellent homme aussi, disputaient sur la religion d'une façon plaisante et amicale qui aurait été inintelligible à Exeter Hall. Quand le copte fut parti, le mufti a dit : « Ah ! nous les remercions, car, quoiqu'ils ne connaissent pas la vérité de l'islam, ce sont de braves gens, marchant droit et capables de mourir pour leur religion ; leur exemple est excellent. Dieu soit loué pour eux ! »

Le Caire, 3 juillet 1868.

M... est allé à Alexandrie, et Omar a presque pleuré. « Il me semble déjà sentir comme nous serons tristes sans lui, quand il partira », disait-il. Darfour exprime son intention d'aller avec M... « Il faut que tu me donnes au jeune homme comme bakchich, parce que j'ai beaucoup d'esprit et que je pourrai lui dire ce qu'il doit faire. » Voilà l'impertinence du petit gredin. Les esclaves de Térence sont ici des personnages réels. Vous auriez ouvert de grands yeux l'autre jour en voyant le vieux Achmet-agha Abdel-Sadig, un de nos bons amis d'Assouan, quand il a dîné avec nous, caresser le petit garçon, lui donner de petites tapes amicales et rire démesurément aux contre-sens de M... C'est un des membres du Parlement pour Assouan, un homme riche et très respecté dans le Saïd. L'affaire de l'Abyssinie est un désappointement terrible pour le pacha ; il s'était attendu à un tout autre dénouement et il est furieux [92]. Le clergé copte est prêt à nous égorger. Les Arabes sont enchantés : « Dieu bénisse le général anglais ! Il a fait peur à notre pacha ! »

Giafar-pacha a invité M... à venir à Khartoum, et il

a proposé d'envoyer une troupe pour l'amener, à partir de Kourosko sur le Nil. Il est gouverneur du Soudan, homme très tranquille et qui « ne mange pas le peuple ». C'est le seul Turc dont j'aie une bonne opinion.

Nous avons décidé d'aller à Beyrouth samedi par un bateau à vapeur russe. Je suis très faible, mais le changement d'air me fera peut-être du bien. Je prends Omar et le petit Darfour. Mes hommes sont enchantés de la chaise que vous avez envoyée et disent qu'ils me porteront comme un sultan.

Le Caire, 22 octobre 1868.

Le malheureux voyage en Syrie m'a presque coûté la vie. Le climat est un vrai poison pour les personnes phtisiques. Dix jours après mon arrivée, le docteur m'a dit de mettre ordre à mes affaires personnelles parce que je n'avais que peu de jours à vivre, et que certainement je ne pourrais jamais me remettre. Malgré cela, je me suis un peu remise et j'ai été portée sur le bateau à vapeur ; mais je suis trop faible pour rien faire. Nous avons presque fait naufrage au retour, parce que le capitaine russe avait sa femme, nouvelle mariée, à bord, et ne s'occupait pas de son bateau. Nous avons touché, talonné et roulé d'une manière peu agréable. A Beyrouth, les sœurs de charité n'ont pas voulu soigner une protestante, ni les prussiennes une non-luthérienne. Mais Omar et le petit Noir m'ont soignée mieux que les Européens ne le feront jamais. Le petit Darfour s'entendait aussi bien à la médecine que s'il était né domestique d'un docteur, quand Omar prenait son tour de sommeil. Le peu de Syriens que j'ai vus ne m'ont pas plu du tout.

Le Caire, 6 novembre 1868.

Je suis sûre que vous serez content de savoir qu'enfin je me sens vraiment mieux. Heureusement j'ai trouvé deux bouteilles d'huile de foie de morue ; j'en ai pris une avec succès en même temps que du porter. Sous peu de jours je remonterai le fleuve.

Assouan, 25 janvier 1869.

Nous sommes ici depuis dix jours, et j'y trouve l'air qui me convient le mieux...

J'ai un jeune reis excellent pour mon bateau, et un marin qui chante comme un rossignol ; en vérité, ce n'est pas du tout un marin, mais un chanteur de profession du Caire, qui est venu avec moi pour s'amuser. La foule accourt pour l'entendre, et à Esneh la congrégation a prié pour moi dans la mosquée, afin que Dieu me récompense du plaisir que je leur avais procuré. Figurez-vous que vous demandiez les « prières de cette congrégation pour la santé de la dame qui m'a donné sa loge à l'Opéra samedi dernier ». Si les prières faisaient de l'effet, je devrais me guérir promptement. A El-Ouksour, Omar a tué un mouton suivant son vœu ; Mustapha et Mohammed en ont tué chacun deux, comme actions de grâces pour ma vie ; tous les derviches ont tenu deux grands « zikrs » dans une tente dressée à côté du bateau ; ils ont joué du tambour, chanté et appelé Dieu pendant deux nuits entières, et tout le monde dans mon bateau a jeûné sévèrement le ramadan, depuis Omar et les gens de l'équipage jusqu'aux petits garçons.

Je trouve que Darfour était le plus méritant, parce qu'il a un appétit de Gargantua ; mais il a jeûné ses trente jours bravement, et frotté son petit nez avec la plus grande énergie dans la poussière en faisant sa prière. C'est le meilleur et le plus gai de tous les enfants, et je l'aime de tout mon cœur. Il est intelligent, brave et honnête, plein d'affection et rempli de soins envers moi. Quant à Omar, il est comme toujours le meilleur des garde-malades et la personne la plus agréable autour de moi... Il faut qu'Omar prenne une fille noire et lui apprenne à repasser et à me soigner ; pour les ouvrages à l'aiguille, je puis m'en passer : tout plutôt que des femmes ennuyeuses.

Le jour de Noël j'étais à Esneh, il faisait beau et chaud ; j'ai fait une fantasia et j'ai eu les danseuses. Zeyneb et Hillaleah ont la prétention d'être mes propres ghaouazee », comme qui dirait mes « ballerines *da camera* », et elles ont fait de leur mieux. Comme je voudrais pouvoir transporter toute la scène devant vos yeux ! Ramadan, qui gazouillait des chansons brûlantes d'amour en battant un tout petit tambour, pendant que Zeyneb dansait devant lui en faisant la pantomime de sa chanson. Les marins, les autres danseuses et des marchands respectables étaient assis pêle-mêle tout autour du pont, et un joueur de « rabab » (espèce de violon) tirait de son instrument une lamentation comme celle d'Isis pour Osiris mort. Je ne sais jamais bien si c'est maintenant ou si c'est il y a quatre mille ans ou même dix mille, quand je suis dans l'ivresse rêveuse d'une vraie fantasia égyptienne ; rien n'est aussi antique que les « ghaouazee », les vraies danseuses. Elles sont encore sujettes à des extases religieuses d'un genre très curieux, héritage sans doute de l'Antiquité la plus reculée. Demandez à quelque savant érudit de vous expliquer le « zar » ; c'est vraiment curieux.

Maintenant que je suis trop malade pour écrire, je regrette de n'avoir pas persisté et de n'avoir pas écrit sur les croyances de l'Égypte, en dépit de votre crainte que les savants ne me missent en pièces, car j'ai l'intime conviction qu'avec moi mourra un savoir que peu d'autres possèdent. Rappelez-vous que les savants connaissent des livres ; moi, je connais les hommes, et, ce qui est plus difficile, les femmes.

La cataracte est très mauvaise cette année, par suite du manque d'eau dans le Nil et de la honteuse conduite du maoun ici. Les hommes de la cataracte sont venus me prier de « leur donner ma voix » devant le moudir, ce que je ferai. Ala-Eddin-bey (le moudir) paraît un honnête homme, et il destituera peut-être le gredin qui rançonne les voyageurs et fait subir d'odieux traitements aux pauvres sauvages qui tirent les bateaux en amont des cataractes. Deux bateaux ont été fortement endommagés, et mon ami le reis de la cataracte (celui que j'ai menacé de faire fusiller l'an passé, et qui, depuis lors, a une foi illimitée en moi) ne me conseille pas de tenter le passage, quoiqu'il jure qu'il me prendrait pour rien, si je voulais. Comme l'air est bon ici, et que M... est heureux avec ses compagnons, j'y resterai.

J'avais l'intention de renvoyer mes hommes, mais je m'y suis tellement attachée (j'ai un si bon équipage !) que je ne peux pas, pour épargner cinq cents francs, les mettre sur le pavé, quand nous sommes tous si heureux et si à notre aise ; les pauvres gens sont de plus sur le point d'épouser de nouvelles femmes avec leurs gages. Excusez ma mauvaise écriture, car je suis bien faible de partout, les doigts et tout le reste.

Mille choses à J... et à ma chère R... Trois bateaux viennent de passer avec des petites filles de cinq à huit ans à bord ; comme je leur porte envie !

Le Caire, 15 juin 1869.

Ne songez pas à venir ici, puisque vous craignez le climat. A vrai dire ce serait presque trop douloureux pour moi de me séparer de vous une seconde fois ; et maintenant je peux attendre patiemment la mort, entourée de gens qui sont assez bons pour me rendre la vie confortable, sans trop sentir la douleur de la séparation. Le départ d'El-Ouksour était une scène douloureuse parce qu'ils croyaient ne plus me revoir.

La bonté de tout le monde était vraiment touchante, depuis le kadi qui me préparait un tombeau au milieu de sa famille jusqu'aux plus pauvres fellahs.

Omar vous envoie ses remerciements les plus chaleureux et vous prie de permettre que le bateau reste enregistré au consulat anglais sous votre nom, pour son usage et bénéfice. Le prince de Galles l'a nommé son drogman [93]. Mais il est assez triste, le pauvre garçon : toute la prospérité ne le console pas de perdre « la mère qu'il a trouvée dans le monde ». Mohammed à El-Ouksour a pleuré amèrement en disant : « Malheureux que je suis ! malheureux mes enfants ! malheureux tout le monde ! » et il embrassait ma main passionnément, et les gens d'Esneh demandaient la permission de me toucher « pour une bénédiction » ; tous envoyèrent du pain délicat, leur meilleur beurre, des légumes et des agneaux. Ils sont meilleurs que jamais, quoique je ne puisse plus leur être utile à rien.

Si je vis jusqu'au mois de septembre, je remonterai à Esneh, où l'air est plus doux et où je tousse moins ; je m'y installerai dans une maison et renverrai le bateau pour qu'on le loue. J'aimerais mieux mourir au milieu de mon peuple, dans le Saïd, qu'ici.

Pouvez-vous remercier le prince de Galles pour Omar, ou dois-je écrire ? Il a été très aimable et bon, et la princesse [94] aussi. C'est la personne la plus parfaitement simple que j'aie jamais vue. Elle ne cherche même pas à être polie comme d'autres gens haut placés ; mais elle vous fait des questions brusques et vous regarde de si bon cœur avec ses yeux clairs et honnêtes, qu'elle doit gagner tous les cœurs. Ils ont été plus pleins de prévenances qu'aucune autre personne que j'aie vue, et le prince, au lieu d'être simplement gracieux, était, si je peux m'exprimer ainsi, tout à fait respectueux dans ses manières ; il est très bien élevé et fort agréable, et il est doué, j'en suis sûre, d'un bon cœur.

Je vous prie d'envoyer quelque petit cadeau pour mon reis ; c'est un homme si excellent ! il serait heureux d'avoir la moindre chose de votre part. Il est à moitié turc et il a l'air d'un Turc pur sang. M... vous dira tout ce qu'il sait de nous.

Adieu pour le présent. Je ne veux pas en dire davantage [95].

NOTES

1. « Ah ! chère madame, nous sacrifions trop nos prix ! »
2. « J'abandonne tout pour montrer la ville à madame ! »
3. « Pour l'amour de Dieu, donnez-moi quatre ou cinq francs. »
4. Titre ottoman d'origine militaire.
5. Il serait trop long d'évoquer précisément ici le rôle et la place que les saint-simoniens ont occupés en Égypte dans les années 1830. Disciples spirituels du comte de Saint-Simon (1760-1825), les adeptes de cette nouvelle Église qui vivent en communauté et croient que le progrès matériel régénérera l'humanité, rêvent d'entreprendre des travaux d'intérêt universel, au premier rang desquels ils placent le percement de l'isthme de Suez. Sous la conduite de Prosper Enfantin (1796-1864), leur maître, un petit groupe de compagnons, la plupart jeunes polytechniciens, se rend en Égypte, en 1833, persuadé que Méhémet-Ali se laissera séduire par leurs idées. A défaut de convaincre le vice-roi de l'opportunité d'ouvrir un tel chantier, nombre de ces ingénieurs entrent au service du pacha comme médecins ou conseillers techniques. Mais la communauté est vite décimée par le choléra et les survivants regagnent progressivement la France, déçus de n'avoir pas été compris. Pourtant, dans un certain sens on peut leur attribuer le mérite d'avoir remis à l'ordre du jour le très vieux projet de relier par un canal la Méditerranée et la mer Rouge. En effet, les études qu'ils ont laissées sur la question ont largement inspiré Ferdinand de Lesseps.
6. L'Égypte d'Ismaïl est le rendez-vous des monnaies du monde entier et les pièces indigènes sont peut-être celles qui circulent le moins : talaris de Marie-Thérèse, colonates espagnoles, piastres mexicaines, roupies indiennes, dollars américains, sequins d'Autriche, monnaies d'Angleterre (de la livre sterling au penny) et de France (du napoléon à la pièce de 10 centimes). C'est un amalgame qui profite aux changeurs (sarrafs) souvent au dépens des étrangers. Un tel assemblage d'emprunts à tant de peuples divers rend tout système monétaire impossible, comme en témoigne les mots de kili, kadah ou kadeh, rottolo, kantar, dirhem (drachme), talari (thaler), para, gourouch (grossch), etc. Il n'y a alors pas à proprement parler de système général des poids, mesures et monnaies en Égypte. Les pièces en or sont la livre ou guinée égyptienne (100 piastres), la demi-livre (50 piastres) et le

vingtième de livre (5 piastres, assez rare) ; les pièces en argent, tallar ou dollar égyptien (20 piastres), demi-tallar et quart de tallar (10 et 5 piastres) et les pièces en cuivre, de 10 paras (0,25 piastre) et de 5 paras (0,125 piastre).

A moins de supposer une erreur de transcription, on ne voit pas à quelle monnaie fait référence ici lady Gordon ; feddah se rapprocherait le plus de feddan, mais il s'agit d'une mesure de superficie valant 4 200,8 333 mètres carrés.

7. En 1851, Abbas pacha concède aux Anglais la construction d'une voie ferrée entre Alexandrie et Le Caire (212 km), inaugurée en 1854 et prolongée en 1858 par la liaison Le Caire-Suez (144 km).

8. L'Hôtel Sheppeard, sur le jardin de l'Ezbekieh, a été construit en 1849, à l'emplacement du palais d'al-Alfi. Les riches Anglais, qui voyagent avec la Compagnie Péninsulaire et Orientale pour se rendre aux Indes, descendent au Sheppeard avant de traverser le désert de Suez et de rembarquer sur les vapeurs de la mer Rouge. En octobre 1869, Théophile Gautier, convié à l'inauguration du canal de Suez, au titre de correspondant de presse, réside plusieurs jours dans cet hôtel avec les hôtes du Khédive Ismaïl. A l'intention des lecteurs du *Journal Officiel*, il peint le tableau de sa première soirée au Caire. « Le dîner fut très gai et largement arrosé de vins de Bordeaux, de Champagne et du Rhin, sans compter les bières anglaises des meilleures marques. Le service était fait par une nuée de domestiques polyglottes en habit noir, cravate blanche et gants blancs, correctement frisés, et qui n'auraient pas été déplacés à l'hôtel du Louvre. La chair ressemblait à celle des grands établissements de ce genre, et rien ne nous avertissait que l'on était au Caire. Ceux qui avaient espéré manger de la "couleur locale" durent se résigner à une excellente cuisine française légèrement anglaisée, comme cela est naturel dans une maison dont la clientèle ordinaire est presque toute britannique. » (« Ce qu'on voit de l'Hôtel Sheppeard », *Journal Officiel* du 8 mai 1870.)

9. Élisa Félix, dite Rachel (1821-1858), célèbre tragédienne française. Souffrant de phtisie, ses médecins lui conseillent en 1857 un voyage en Égypte, où elle séjourne peu longtemps, chassée très vite par l'ennui. Elle meurt au Cannet, peu après son retour en France.

10. Au nord-est du Caire, sur la rive droite du Nil, l'antique ville du soleil, appelée Pi-Rê par les Égyptiens. Son temple fut le berceau d'un ensemble de doctrines en relation avec le culte du Soleil et qui connurent un immense succès au point qu'Héliopolis passait aux yeux des anciens pour le foyer principal de la haute culture.

11. Traducteur.

12. Marie Malibran (1808-1836), mezzo espagnole, fille du ténor Manuel Garcia et sœur de la mezzo Pauline Viardot, elle triomphe entre 1825 et 1830 sur les scènes de New York, Paris, Londres, Milan, Naples, grâce à une personnalité musicale et dramatique restée célèbre.

13. La mosquée d'Ibn Touloun, érigée en 876-878 par Admed Ibn Touloun, le fondateur de la dynastie des Toulounides, est la plus ancienne du Caire.

14. La Mosquée d'albâtre, principal ornement de la Citadelle, commencée par Méhémet-Ali en 1824 et achevée par son fils Saïd en 1857.

15. Abbas Ier, petit-fils et successeur de Méhémet-Ali, vice-roi d'Égypte de 1849 à 1854.

16. Niche indiquant la direction de la prière.

17. Les tombeaux des Mamelouks s'étendent au sud de la Citadelle du Caire jusqu'aux abords de la ville et aux versants du Mokattam.

18. Il est difficile de dire à quel personnage fait ici référence lady Gordon, parce qu'il ne se trouve dans la nécropole aucun tombeau de mamelouks portant, à notre connaissance, ce nom. Le spectacle saisissant de la nuit qui tombe et enveloppe les mausolées la conduit peut-être à invoquer le nom de l'astronome persan Nassir-ed-Din (1201-1274) qui construisit l'observatoire de Maragha et dont les *Tables ilkhaniennes* connurent un immense succès dans tout l'Orient.

19. Le service de la malle postale. En 1838, le lieutenant de vaisseau Waghorn obtient de Méhémet-Ali l'autorisation d'organiser par l'isthme de Suez le transport de la malle des Indes dans les deux sens.

20. Vaste jardin à l'européenne du Caire, qui doit son nom à l'ancien émir Ezbek. Il a été aménagé vers 1837 à l'emplacement d'un lac asséché et bordé d'une double rangée d'arbres magnifiques plantés sous Méhémet-Ali. Il se trouve alors au centre du quartier des étrangers. L'architecte parisien Barillet-Deschamps, le créateur du bois de Boulogne, le redessine en 1870.

21. La première des six cataractes du Nil, appelée la grande cataracte, se situe entre Assouan et Chellal. « Quant aux cataractes du Nil, écrit Eugène Poitou, qui entreprend le voyage en Égypte en 1857, tout le monde sait que ce qu'on appelle de ce nom ne ressemble en rien à ce que le mot représente à l'imagination. Ce sont tout simplement des *rapides*. Ce qui le prouve, c'est que les barques, barques de voyageurs et de commerce, les franchissent tous les jours, tirées à la cordelle. Il y a loin de là aux pompeuses descriptions que les anciens nous ont laissées de ces chutes formidables, se précipitant du haut de rochers élevés, et assourdissant du bruit de leurs eaux ceux qui s'en approchaient. Il est possible que le Nil, à la longue, ait creusé son lit dans le roc, et qu'aujourd'hui la différence des niveaux ne soit plus ce qu'elle était autrefois ; mais on n'en est pas moins fondé à regarder comme une exagération et une fable ce que des voyageurs, même modernes, ont raconté de merveilleux sur les cataractes du Nil. » (*Un voyage en Égypte*, pp. 269-270.)

Les Anglais construiront en 1899 un barrage, inauguré en 1902, qui sera le plus grand ouvrage hydraulique du monde, pour refouler l'eau du fleuve, à l'époque de l'inondation, jusqu'à une hauteur de 20 mètres, et former ainsi un lac de retenue de 1 milliard de mètres cubes d'eau.

22. Les coptes, Égyptiens chrétiens, représentent alors 1/20e de la population totale du pays (4 848 549 habitants en 1866). Méhémet-Ali a fait du chrétien l'égal du musulman et a donné l'exemple de la tolérance religieuse, en nommant, par exemple, au gouvernement des coptes, comme Boghos Bey, son ministre des Affaires étrangères, oncle de Nubar Pacha, investi à de nombreuses reprises de ce même ministère sous les vice-rois suivants.

23. Le maintien du système de la corvée, qui remonte à des temps immémoriaux, se justifie aux yeux du vice-roi du fait de la nécessité

d'entretenir en permanence les canaux d'irrigation. Seulement, depuis Méhémet-Ali, le recours au travail forcé et gratuit s'est élargi, ouvrant la voie à tous les abus. En 1863, lors de son accession au pouvoir, Ismaïl pacha annonce son intention d'abolir les corvées et d'introduire un mode de travail libre et rémunéré. Les responsables de la Compagnie de Suez s'émeuvent des intentions du nouveau vice-roi qui leur feraient perdre une main-d'œuvre abondante fournie gratuitement par le gouvernement égyptien. En 1866 la Compagnie, privée des avantages de la corvée, doit embaucher 15 000 ouvriers venus de toute l'Europe pour remplacer les 20 000 fellahs qui étaient jusqu'alors réquisitionnés pour le chantier du canal.

24. Albert-Édouard (1841-1910), prince de Galles et futur Édouard VII (1901-1910), séjourne à trois reprises en Égypte. En 1863, à l'occasion d'un voyage en Terre sainte ; en 1869, peu avant l'inauguration du canal de Suez ; en 1875 lors d'un voyage officiel aux Indes.

25. Les provinces de Taka, de Sennar et de Kordofan, conquises par Ibrahim pacha sous Méhémet-Ali, forment le Soudan égyptien.

26. La visite du sultan Abdülaziz, en mars 1863, revêt une importance particulière, car pour la première fois depuis la conquête du pays par Selim Ier en 1517, un empereur ottoman se rend en Égypte. Il reste toutefois enfermé dans la Citadelle du Caire et au palais de Choubrah durant tout son séjour.

27. Le mahmal est une construction de bois, de forme pyramidale, recouverte d'étoffes richement brodées, sur l'extérieur de laquelle sont fixés deux exemplaires du Coran et qui est promenée en procession à dos de chameau lors du départ ou de l'arrivée de la caravane des pèlerins pour la Mecque.

28. Voir note 25.

29. Station thermale des Basses-Pyrénées, dont les eaux passent pour avoir des vertus excitantes du système nerveux et de la circulation sanguine. La cure est surtout prescrite pour les maladies des voies respiratoires et plus particulièrement comme traitement de la phtisie.

30. Les Bédouins sont des peuplades nomades vivant dans les contrées sablonneuses de la Haute-Égypte et dans les déserts qui s'étendent au-delà des limites de la vallée du Nil. Ils sont répartis en une soixantaine de tribus qu'on peut diviser en deux catégories, les pasteurs venus de l'Arabie et les guerriers, les Maghrébins, au teint brun et aux cheveux crépus, originaires de l'Afrique septentrionale et convertis à l'islam.

31. A Matariyé, dans le voisinage d'Héliopolis. La légende raconte que la Vierge se serait reposée avec l'enfant Jésus, dans sa fuite en Égypte, à l'ombre de ce vieux sycomore, planté en réalité en 1672 par les pères Cordeliers du Caire pour remplacer un arbre plus ancien. En 1867, le khédive Ismaïl, lors de son séjour à Paris, fait don du jardin à l'impératrice Eugénie, mais Napoléon III juge prudent de refuser le présent pour ne pas priver les chrétiens d'Égypte d'un important lieu de pèlerinage.

32. Ismaïl Pacha (1830-1895), petits-fils de Méhémet-Ali, 4e vice-roi d'Égypte de 1863 à 1879, il obtient de la Porte en 1866 le titre de khédive qui flatte ses velléités d'indépendance vis-à-vis de son suzerain, le Sultan de Constantinople. Il joue la carte des puissances européennes, sollicite la

protection de la France, de l'Angleterre et de l'Autriche. Il poursuit l'œuvre de modernisation de l'Égypte entreprise par ses prédécesseurs et mène à son terme le creusement du canal de Suez. Il fait de l'inauguration de ce chantier pharaonique le point d'orgue de son règne et organise des festivités somptueuses, auxquelles il convie, entre autres têtes couronnées, l'impératrice Eugénie et l'empereur d'Autriche François-Joseph. Incapable de refréner ses dépenses, il précipite l'Égypte au bord de la faillite et n'évite la banqueroute qu'en vendant aux Anglais les parts qu'il possède dans la Compagnie Universelle de Suez. Placé sous tutelle financière franco-britannique, il est destitué par le Sultan en 1879 et se retire à Constantinople.

33. A la hauteur de Tahta, mais sur la rive droite du Nil, promontoire dont les flancs contiennent des hypogées et d'anciennes carrières. La tradition antique voulait que cette montagne, qui forme le versant sud de l'ouadi Abou Daoud, abritât un serpent fabuleux qui opérait des guérisons et des miracles et dont le culte est resté vivace chez les fellahs.

34. Bubastis, Per-baste en égyptien, au S.-E. de Zakasig, où, d'après Hérodote, les Égyptiens conduisaient leurs chats morts pour les faire embaumer dans des locaux sacrés et les y enterrer.

35. La fête de la Joie qui marque la fin du ramadan et à l'occasion de laquelle on s'offre des cadeaux. Dans les jours qui suivent, les morceaux de la *kisoué,* le tapis que les pèlerins portent annuellement à La Mecque pour envelopper la Kaaba, sont cousus ensemble et doublés. Une brillante procession escorte ensuite le départ de la caravane des pèlerins pour la ville sainte.

36. En 1863, deux fléaux frappent durement l'Égypte : une crue du Nil d'un étiage sans précédent qui emporte les digues et les écluses et inonde tout le pays ; une épizootie terrible qui décime le cheptel. Pour éviter la ruine d'une agriculture en pleine expansion grâce au développement du coton, le vice-roi fait acheter en Asie-Mineure et en Europe des bêtes de somme et de labour.

37. Le canal Mahmoudieh, d'un développement de 75 km, creusé sous Méhémet-Ali par l'architecte français Coste et baptisé du nom du sultan Mahmoud, a sa prise d'eau à Atfeh, vis-à-vis de Touah et aboutit dans le grand port d'Alexandrie. Il alimente en eau douce les citernes de cette ville.

38. Pièce de 40 paras (*para* est un mot turc qui signifie pièce).

39. Faubourg du Caire aménagé à partir de 1849, sous Abbas pacha, à la sortie de la porte Houseiniyé, à la limite du désert.

40. Abdelkader (1808-1883), proclamé sultan des Arabes en 1832, il poursuit la lutte contre les Français en Algérie jusqu'à sa capture en 1847. Interné en France et libéré en 1852, il s'installe à Damas. Ami de Ferdinand de Lesseps et partisan déclaré du percement de l'isthme de Suez, il est invité par la Compagnie à visiter le chantier du canal. Avant de se rendre en pèlerinage à La Mecque, il séjourne en Égypte du 2 au 28 janvier, puis régulièrement les années suivantes. Convié à la demande de l'impératrice Eugénie, il participe en novembre 1869 aux fêtes qui marquent l'inauguration du canal de Suez. On a sous le nom d'Abdelkader un recueil de pensées, traduit par G. Dugat sous le titre *Rappel à l'intelligent, avis à l'indifférent,* publié à Paris en 1858.

41. Embarcation à voile plus spacieuse qu'une cange qui sert à remonter le Nil jusqu'à la Haute-Égypte. Le vice-roi dispose pour son usage personnel de luxueuses dahabiehs à vapeur qu'il met à la disposition de l'impératrice Eugénie lors de sa croisière sur le Nil en novembre 1869.

42. Guerre qui oppose les Français et les Anglais aux Russes en 1854-1855 et dont la principale conséquence est de stopper l'avancée des Russes vers les Détroits.

43. Méhémet-Ali a organisé une armée nationale et instauré la conscription. Mais, en imposant le service militaire à un peuple de fellahs profondément pacifiques et étrangers aux choses militaires, il a rendu l'institution d'autant plus impopulaire que le recrutement en est arbitraire et cruel. Les conscrits sont conduits enchaînés jusqu'à leur régiment et les recrues restent en prison dans leurs provinces respectives jusqu'à ce que le contingent demandé soit au complet. On les mène ensuite au camp, où ils arrivent exténués de fatigue et ceux que les instructeurs jugent impropres au service du vice-roi sont renvoyés, sans secours ou indemnité pour ce voyage inutile et souvent éprouvant, d'autant qu'il leur a fallu souvent abandonner leurs champs. En matière de recrutement, le pouvoir des chefs de village et des mammours n'est soumis à aucun contrôle. Aucune loi n'en règle l'exercice, sinon leurs caprices ou leurs intérêts.

44. Grand bâtiment qui a été construit en 1833 sur la terrasse du temple de Louxor avec des matériaux antiques prélevés dans le sanctuaire d'Alexandre le Grand par les officiers de la mission française venue enlever l'obélisque offert par Méhémet-Ali à la France en 1831. Elle est la propriété du gouvernement français à qui le pacha l'a donnée verbalement. Gustave Flaubert et Maxime Du Camp y séjournent en avril 1850, Mlle Rachel en 1857.

45. Henriette Martineau (1802-1876), femme de lettres anglaise. Elle s'intéresse très tôt aux questions sociales et publie dès 1826 des ouvrages qui traitent de la condition ouvrière et de la pauvreté. Elle visite les États-Unis en 1835, et parcourt l'Orient avec son frère en 1846, voyage dont elle tire un récit, publié en 1848, sous le titre *L'Orient d'autrefois et d'aujourd'hui.*

46. Carstens Niebhur (1733-1815), voyageur et écrivain allemand, il est attaché en 1761 comme mathématicien à l'expédition envoyée en Arabie sur ordre du roi de Danemark. James Cook (1728-1779), navigateur anglais, il explore les côtes de Terre-Neuve entre 1762 et 1767. Il double le cap Horn en 1769, gagne Tahiti, puis la Nouvelle-Zélande avant de reconnaître les côtes orientales de l'Australie. Son troisième voyage, en 1776-1779, le conduit jusqu'aux îles Kerguelen et à l'archipel des Hawaï, qu'il baptise Sandwich. Il remonte ensuite vers l'océan Arctique qu'il atteint par le détroit de Béring, mais il est tué par les indigènes des Sandwich où il était redescendu hiberner.

47. Il faut sans doute lire le nom de Johannes Dümichen (né en 1833), égyptologue allemand, élève de Lepsius de 1859 à 1862. Il transcrit en 1864 la seconde table d'Abydos, que Mariette vient d'exhumer dans le temple d'Abydos qu'il est en train de déblayer. En rapprochant ce texte de la table de Manéthon, Dümichen, complète les listes connues des dynasties pharaoniques. En 1869, à l'occasion de l'inauguration du canal de

Suez, il accompagne le prince royal de Prusse, invité du khédive Ismaïl, dans son excursion sur le Nil, voyage qui lui donne l'occasion de copier la fameuse inscription du temple d'Edfu. Il est nommé professeur à l'université de Strasbourg en 1872 et se rend de nouveau en Égypte en 1875, pour étudier cette fois le temple de Denderah et les monuments de Thèbes. Il laisse une abondante bibliographie de publications savantes.

48. Olivier-Charles-Camille-Emmanuel, vicomte de Rougé (1811-1872), égyptologue français, collaborateur de la *Revue archéologique*, il est nommé en 1849 conservateur du département des antiquités égyptiennes du musée du Louvre, dont il publie le catalogue raisonné. Élu en 1853 à l'Académie des Inscriptions, il succède à Ch. Lenormant comme professeur d'archéologie au Collège de France.

49. Auguste-Édouard Mariette, dit Mariette-Bey (1821-1881). Attaché au musée égyptien du Louvre, il est chargé en 1850 d'une mission scientifique en Égypte. Il entreprend de fouiller le site de l'antique Memphis et met à jour le Serapeum, la nécropole des bœufs Apis et déblaye le Sphinx. Inspecteur général et conservateur des monuments de l'Égypte, il fonde le musée de Boulaq au Caire, dont il devient le directeur et reçoit du vice-roi le titre de bey. En 1869, le gouvernement égyptien lui confie l'organisation de la croisière sur le Nil de l'impératrice Eugénie, qui se rend en Égypte pour présider les fêtes inaugurales du canal de Suez. Outre d'importantes publications scientifiques, on lui doit le synopsis d'*Aïda* (livret d'Antonio Ghislanzoni), que Guiseppe Verdi compose en 1870 pour l'inauguration de l'opéra du Caire.

50. Savant, docteur de la loi.

51. De 1808 à 1812, Méhémet-Ali s'est rendu propriétaire unique de tout le sol de l'Égypte, et s'est emparé des domaines des mameluks et des fondations pieuses. Ainsi s'assurait-il la direction effective de l'exploitation des terres, s'arrogeant par conséquent le monopole de la production agricole.

52. Voir note 9.

53. Giambattista Belzoni (1778-1823), célèbre voyageur italien, il s'installe en Égypte à partir de 1815 et entre au service de Méhémet-Ali. Chargé de la direction des travaux d'hydraulique, il entreprend d'importantes fouilles archéologiques, ouvre plusieurs tombeaux dans la nécropole de Thèbes et explore les pyramides de Ghizeh ou celle du roi Chéphrem.

54. Adepte des théories de Franz Anton Mesmer (1734-1815), médecin allemand qui travaillait sur les fluides magnétiques.

55. Dans la liste des 55 saint-simoniens demeurant en Égypte en 1845, dressée par Enfantin ne figure aucun peintre du nom d'Herbert. Il s'agit soit d'une erreur de transcription (faut-il lire Hébert ?), soit d'un individu isolé qui a peut-être approché dans les années 1830 des disciples d'Enfantin et qui, plus de trente ans après, se réclame encore de la pensée du Père.

56. Voir note 51.

57. Outrey, nouveau consul général de France, a remplacé Tastu au début de l'année 1865 et s'impose comme un ardent défenseur du canal de Suez et un allié précieux de Ferdinand de Lesseps auprès du vice-roi.

58. Depuis l'avènement de l'Islam, le monde a été gouverné, dirigé, guidé (*mahdi*) par un imam. Aly a été le premier et la légende le revêtit après sa mort de tous les attributs de Dieu. Hussein lui succéda puis dix

autres imams, guidant à leur tour le monde, incarnations eux-mêmes des attributs de Dieu. Lorsque le mal sera à son comble et que la coupe des malheurs et des douleurs sera pleine, le madhi apparaîtra et inaugurera l'âge d'or de l'humanité. Ismaïl Pacha, qui voit dans ce mouvement comme une contestation de sa propre autorité, fait réprimer avec la plus extrême férocité l'agitation que suscite l'apparition d'un madhi à Gaw-Chark, un village du district de Chark-Etfeh.

59. L'équivalent de notre « Dupond-Durand » en Français.

60. Juge.

61. Voir note 44.

62. *Moudirieh* : gouvernorat, préfecture.

63. Lady Gordon fait ici allusion au mot de passe qu'avaient imaginé les massacreurs de la prison de la Force à Paris, durant les journées des 2-4 septembre 1792, pour livrer leurs victimes à la mort, dont la célèbre princesse de Lamballe, amie de la reine Marie-Antoinette, en leur faisant croire, suprême raffinement de cruauté, qu'ils venaient les libérer.

64. William Gifford Palgrave (1826-1888), diplomate anglais. Témoin du massacre de Damas en juin 1861, il se fait l'avocat de la cause des chrétiens maronites de Syrie et remet à Napoléon III un mémoire sur les persécutions dont ils sont les victimes. Il explore l'Arabie centrale, encore fermée aux étrangers, en 1862-1863, se faisant passer pour un marchand syrien et publie en 1865 le récit de son voyage. En juillet 1865, il est envoyé en Abyssinie pour obtenir du roi Théodore la libération du consul Cameron et reste en Égypte jusqu'en juin 1866. Il est muté ensuite à Trébizonde, en Anatolie, il visite l'Asie Mineure, la Géorgie turque et la région du haut Euphrate (1867-1872). En 1873, il est nommé consul à Saint-Thomas dans les Indes occidentales, il occupe ensuite les postes de Manille, de Bangkok et Montevideo (Uruguay), où il meurt le 30 septembre 1888.

65. Cette guerre voulue par Bismarck et qui oppose en 1866 la Prusse, soutenue par l'Italie, à l'Autriche, éclate à propos d'une querelle entre Berlin et Vienne concernant l'administration des duchés danois. Elle se solde par la victoire de la Prusse à Sadowa (3 juillet) et l'éviction de l'Autriche comme puissance dominante en Allemagne.

66. Sir Samuel-White Baker (1821-1893), voyageur anglais, il prépare en 1861 une expédition en Afrique dans l'espoir d'y rencontrer Grant et Speke aux sources du Nil. En 1864, il découvre le lac Albert, découverte qu'il relate dans *The Albert Nyanza*, paru à Londres en 1866. En 1869, le khédive Ismaïl met à sa disposition une armée de 2 000 hommes et le charge de remonter le Nil afin d'en ouvrir les contrées au commerce européen et d'abolir le trafic des esclaves. Il lui octroie le titre de pacha et de gouverneur général de ces nouveaux territoires égyptiens. Baker établit son quartier à Gondokoro (1871-1973), puis laisse au colonel Gordon le soin de reprendre ses projets de conquête.

67. Voir note 40.

68. Il s'agit de la Fête de la percée de la Digue, qui se déroule ordinairement entre le 6 et le 19 août et qui a lieu surtout sur la place du Foum el-Khalig. Le crieur du Nil, accompagné de garçons portant des bannières, annonce *l'ouefa en-Nil*, les hautes-eaux du fleuve. S'il faut en

croire les légendes grecques et latines, c'est à cette époque de l'année qu'avait lieu aux temps pharaoniques le fameux mariage mystique du Nil avec l'Égypte, personnifiée par une « fiancée » parée de fleurs qu'on précipitait dans les eaux au cours d'une cérémonie religieuse. Les textes proprement égyptiens ne conservent aucune trace de ce sacrifice humain. Un historien de la période arabe a décrit une cérémonie similaire, mais dans laquelle la « fiancée » humaine est remplacée par une statuette d'argile, vêtue elle aussi comme pour une noce.

69. Sir Joseph Whitworth (1803-1887), ingénieur anglais inventeur de la machine-outil et d'un canon remarqué pour ses qualités de tir et de puissance.

70. Ismaïl Pacha vient de mettre 8 000 hommes à la disposition du Sultan, son suzerain, confronté à l'insurrection de la Crète. Paris et Londres soupçonnent alors le vice-roi de chercher à se faire concéder par la Porte, pour prix de son concours, le gouvernement d'une île qui avait fait partie des États de Méhémet-Ali. La situation militaire contraint Ismaïl à renforcer son corps expéditionnaire qui passe à 18 000 hommes ; après bien des difficultés, l'insurrection est matée en novembre 1867. Le khédive renonce, pour ne pas indisposer les Français et les Anglais, à réclamer la Crète et préfère, sur les conseils de Nubar pacha, son ministre des Affaires étrangères, négocier avec Constantinople une extension de ses pouvoirs souverains, dans le sens d'une plus grande émancipation, que lui reconnaissent finalement les firmans de 1866 et 1867.

71. En 1863, Ismaïl a institué des assemblées provinciales, composées des cheiks ou maires créant ainsi un rouage intermédiaire entre le gouvernement et le peuple. En 1866, le vice-roi, soucieux de se donner, notamment pour mieux séduire Paris et Londres, l'apparence d'un prince éclairé et non d'un despote oriental convoque une sorte de parlement général, sous le nom d'assemblée des notables élus par l'ensemble des cheiks. Il s'agit d'une simple façade qui emprunte ses formes à la démocratie parlementaire mais ne modifie ni l'esprit du régime khédivial, ni son mode de fonctionnement axé sur la seule volonté et les caprices du vice-roi.

72. Voir note 64.

73. Journal semi-hebdomadaire anglais fondé en 1828 qui traite de la littérature, des sciences et des beaux-arts.

74. Galien, médecin grec du IIe siècle après J.-C.

75. Avicenne, philosophe et médecin arabe (980-1037), auteur du célèbre *Canon de la médecine.*

76. Fabuliste légendaire, dont les fables, citées dans le Coran, sont en réalité la traduction en arabe des œuvres d'Ésope.

77. Publication à deux livraisons par mois, fondée en 1829 et reprise à partir de 1831 par Buloz. À l'origine, recueil purement littéraire, la *Revue*, d'esprit libéral, s'ouvre à la philosophie, aux sciences, aux questions politiques et sociales.

78. Gouverneur du Soudan égyptien.

79. Fondée vers 971 par Djauhar-el-Kid, vizir du khalife fatimide Moëzzlidin-Illah, cette université-mosquée était déjà florissante au Moyen Age et sa renommée attirait des étudiants de tous les pays musulmans. Le fondateur d'El-Azar lui avait attribué les revenus nécessaires pour que tou-

tes les sciences cultivées alors par les Arabes y fussent enseignées gratuitement par les meilleurs professeurs. Il y avait ainsi des cours de grammaire, de littérature, de théologie, de jurisprudence, de médecine, d'astronomie, de mathématiques et d'histoire. La mosquée nourrissait et habillait les étudiants les plus pauvres. Méhémet-Ali rendit à cette antique institution son lustre. En 1865-1867, El-Azar compte 5 000 élèves et forme les instituteurs, les écrivains, les professeurs d'arabe et les juges dont l'Égypte a besoin.

80. Dès son accession au pouvoir en 1863, Ismaïl pacha s'attache à un projet global de développement du Caire, inspiré de l'urbanisme haussmannien, que rendent nécessaire l'insalubrité (choléra endémique) et l'expansion démographique (Le Caire compte 282 348 habitants recensés en 1865). Il crée en 1864 un ministère des Travaux public pour diriger la rénovation urbaine et œuvrer à la modernisation et à l'embellissement de sa capitale. Il introduit de nombreuses innovations techniques ; la fourniture du gaz est concédée en 1865 à la Compagnie Lebon et celle de l'eau à la compagnie Cordier. Après son séjour à Paris, en 1867, à l'occasion de l'Exposition Universelle, où il s'est entretenu avec le baron Haussmann, préfet de la Seine, le khédive déclare vouloir rivaliser avec les grandes capitales européennes. En 1868, un projet de loi prévoit la réorganisation administrative du Caire et son découpage en quatre arrondissements. Il fait percer de nouvelles avenues, aménager de nouveaux quartiers, il construit un Opéra sur le modèle de la Scala de Milan, transforme la place de l'Ezbekieh (voir note 20) en un jardin à l'anglaise dans le style du parc Monceau, jette un pont métallique sur le Nil, bâtit des palais, dont celui de Gasîra pour loger l'impératrice Eugénie en 1869.

81. Le khédive Ismaïl a conçu et dirigé lui-même la réalisation des trois pavillons égyptiens de l'Exposition universelle de Paris, qui ouvre ses portes en juin 1867. Mariette Bey, le directeur des antiquités, a fourni les dessins et les plans qui ont permis de reconstituer sur le Champ de Mars le temple de Philae, où l'on expose les trésors artistiques du musée de Boula ; le kiosque, avec son avenue de sphinx, évoque sous forme d'une fresque muséographique les temps pharaoniques de Memphis, de Thèbes et d'Alexandrie. Un selamlik, petit palais ciselé d'arabesques, rappelle les splendeurs de la période arabe et un okel, l'équivalent du caravansérail turc, tout à la fois auberge, avec son café égyptien, et bazar, sert de vitrine aux produits de l'Égypte moderne. Pour compléter l'illusion et accroître le dépaysement des visiteurs, on a aménagé des échoppes, où travaillent des artisans, et transporté deux ânes et deux dromadaires pour animer le jardin exotique. Le vice-roi a fait remorquer d'Alexandrie à Marseille une somptueuse dahabieh de 27 mètres de long, baptisée *Ben-en-Nil*, la *Fille du Nil*, avec son équipage composé de douze marins et d'un pilote, sous les ordres d'un capitaine. Amarrée au pont d'Iéna, elle est l'une des attractions de l'Exposition, et la foule se presse pour admirer ce luxueux bateau, dont la proue est ornée d'un crocodile en bois doré et les salons habillés de panneaux de bois précieux et d'étoffes à fils d'or.

82. Personnage du roman de Jane Austen, *Emma*, paru en 1816. M. Woodhouse, le père de l'héroïne, est un homme souvent malade.

83. Le vice-roi se trouve alors à Paris, où il s'est rendu pour visiter l'Exposition universelle. Son séjour coïncide avec celui du Sultan et Napoléon III veille à ce que le khédive d'Égypte, Ismaïl, arborre pour la première fois son nouveau titre – soit traité avec des égards quasi souverains. Il est prévu qu'il aille en juillet à Londres et quelques jours avant son départ pour l'Angleterre, il reçoit une députation d'une société contre l'esclavage qui vient lui présenter une adresse. Le vice-roi charge Nubar, qui l'accompagne, de répondre à sa place. « Laissé à moi-même, relate le ministre dans ses *Mémoires* (pp. 312-313), je répondais à ces messieurs que son Altesse était animée d'un désir égal au leur de mettre un terme à la traite qui dépeuplait ses États d'une manière si barbare. Je me rappelle très bien que je fis alors, sans y appuyer, une différence entre l'esclavage et la traite ; mais j'expliquai que Son Altesse sur ce point n'était pas maîtresse de suivre la réalisation de ses désirs et de ses idées, qu'ils devaient savoir que les Européens, par des circonstances trop longues à expliquer, échappaient à la juridiction et aux mesures qu'il pouvait prendre contre la traite ; qu'ils n'ignoraient pas également que dans le Soudan égyptien, plusieurs Européens étaient occupés au commerce de l'ivoire, c'est-à-dire à la traite, ou qu'ils s'associaient à des indigènes pour le faire. Ceux-ci échappaient également à la juridiction de son Altesse, par cela seul qu'ils étaient les associés ou les dépositaires des intérêts de ces Européens ; mais que Son Altesse était en voie de s'entendre avec les puissances pour régulariser cette fâcheuse situation, effet d'une interprétation erronée des traités. Dès que ceci serait fait, la société pouvait compter sur les mesures qu'il prendrait au sujet de la traite. Sans parler d'une question d'humanité, il y avait pour lui un intérêt considérable, celui de sauver ses provinces de la dépopulation et de la ruine. Ces messieurs furent enchantés. Le président et plusieurs membres s'approchèrent de lui, le remercièrent, le félicitèrent. »

84. Voir note 8.

85. Maximilien de Habsbourg, archiduc d'Autriche (1832-1867), proclamé empereur du Mexique en 1864, à la suite d'une manœuvre politique de Napoléon III. Abandonné par la France qui a rapatrié le corps expéditionnaire commandé par le maréchal Bazaine, il capitule le 14 mai 1867 et est fusillé sur ordre du gouvernement Juarez le 19 juin. Il avait épousé le 27 juillet 1857 à Bruxelles la princesse Charlotte de Belgique (1840-1927). Rentrée en Europe à l'été 1866, l'impératrice Charlotte se multiplie auprès des cours pour sauver son mari, mais elle rencontre partout un refus embarrassé mais ferme. Elle sombre alors dans la folie.

86. Voir note 68.

87. Daïra au sens d'administration. La dette égyptienne se compose de trois éléments : les emprunts qui concernent le gouvernement proprement dit et qui sont garantis par l'État (l'emprunt de 1862 de 3 292 000 £ amortissable en 30 ans et celui de 1864 de 5 704 200 £ sur 15 ans) ; les emprunts contractés par des administrations (l'emprunt du chemin de fer de 3 000 000 £ remboursable en 6 ans à partir du 1er janvier 1869 et celui de la Daïra vice-royale de 3 387 300 £, amortissable en 15 ans). La dette de l'État, qui se réduit aux deux emprunts de la première catégorie, s'élève donc en 1867, avec les 80 millions qui forment la part du Malieh (Ministère des Finances) dans la dette flottante, à 295 millions de francs. Lady

Gordon fait ici allusion à l'intervention égyptienne en Crète (voir note 70).

88. Sorte de barque à voile et à fond plat, plus petit que la dahabieh, et qu'utilisent les voyageurs pour remonter le Nil. À l'arrière est aménagé un habitacle en forme de dunette, comprenant un divan et une chambre à coucher, à l'avant s'élève le fourneau où les hommes d'équipage font la cuisine.

89. Kassa Kouaranaya (1818-1868), négus d'Abyssinie sous le nom de Théodore II (1855-1868), il entreprend de lutter contre l'anarchie qui ravage son pays, exterminant le brigandage, confisquant les terres du clergé. Il tente d'établir des relations diplomatiques avec l'Angleterre, mais il n'accepte pas que Londres exige avant toutes choses qu'il renonce à ses ambitions sur l'Égypte. Cependant, en 1862, Londres et Paris renouent des relations commerciales avec l'Abyssinie par l'intermédiaire des consuls Cameron et Lejean. En 1863, pour des raisons mal connues, Théodore fait arrêter le consul Cameron et les missionnaires étrangers. Ne parvenant pas à obtenir la libération des prisonniers, le gouvernement anglais lance contre le négus, en 1867, une expédition de 20 000 soldats indiens placés sous les ordres de Robert Napier. Théodore est défait par les troupes britanniques le 10 avril 1868 et, plutôt que de capituler, il se donne la mort.

90. Voir note 44.

91. En 1865, Ismaïl décide contre l'avis de son ministre des Travaux Publics, Nubar pacha, la construction de la ligne de la Haute-Égypte (225 km), parallèle au Nil. « Quand à moi, écrit Nuber dans ses *Mémoires* (pp. 245-246), je me montrai réfractaire à ce projet, non pas qu'il me vint à l'esprit de nier que l'établissement d'un chemin de fer dans cette région ne constituât un bien, mais je me disais qu'on avait le Nil à sa disposition, qu'il y avait nombre de travaux plus urgents et que mieux valait ne pas tout entreprendre à la fois. Je savais bien que c'était par la corvée que la ligne serait construite et, bien que l'on prétendît qu'elle s'exécuterait à très peu de frais, on ne calculait que le coût du matériel, les terrassements à faire par corvée ne comptant pas (...). Et puis, pourquoi ne le dirais-je pas, puisque ce n'était un secret pour personne (...). Ces lignes étaient tracées, non en vue d'un intérêt public, mais bien dans un intérêt personnel, celui de desservir les grands domaines que Son Altesse s'était adjugés. » En 1867, le réseau ferré égyption compte 1 189 km de lignes, dont 516 sont en construction.

92. En juillet 1867, Ismaïl pacha séjourne à Londres au moment où se prépare l'expédition d'Abyssinie. À la demande du gouvernement anglais, le khédive accepte de mettre à la disposition de lord Napier, Amphila sur la mer Rouge comme port de débarquement. Le vice-roi espère, en contrepartie de l'aide apportée, que les Anglais le laisseront s'emparer de ces contrées dont il surestime les richesses. Déçu de n'avoir pu réaliser son plan, et rongeant son frein, il se lance en 1875 dans une conquête du Khamessin, province occidentale de l'Abyssinie, expédition qui tourne au désastre militaire.

93. Le 14 mars 1869, les eaux de la Méditerranée entrent dans le bassin des Lacs Amers au moyen d'un pertuis déversoir. Cette opération se déroule en présence du prince et de la princesse de Galles et d'Ismaïl. L'Angleterre

qui n'a pas cru au projet du canal de Suez, jugé techniquement utopique, et n'a pas ménagé ses critiques contre Ferdinand de Lesseps, s'aperçoit un peu tard que non seulement le chantier a pu être mené à son terme, mais qu'en s'en tenant à l'écart, elle a laissé la France installer sa domination dans l'isthme de Suez, qui est la route des Indes. Aussi le Cabinet de Londres mène-t-il une offensive diplomatique afin de regagner une influence en Égypte qu'il craint de n'avoir perdue. La visite de l'héritier de la Couronne s'inscrit dans cette politique, à quelques mois de l'inauguration du canal, où l'Angleterre brillera par son absence.

94. Alexandra, dite Alix, princesse de Danemark (1844-1925), a épousé Édouard, prince de Galles en 1863.

95. Ce fut la dernière lettre de Lady Gordon : elle mourut au Caire le 14 juillet 1869.

RÉCIT DE LA DERNIÈRE RENCONTRE ENTRE LADY GORDON ET SA FILLE, MRS ROSS, EN 1867

Mon mari et moi nous partîmes du Caire vers la fin de février, et notre embarcation s'ensabla souvent, car en cette saison le fleuve était très bas. A notre arrivée aux différentes stations où nous devions faire du charbon, les villages paraissaient presque déserts et on n'y trouvait que peu de chose à acheter pour manger. Notre domestique Mohammed nous dévoila le mystère en nous expliquant que nous étions sur un bateau du gouvernement et qu'alors on s'attendait à ce que nous donnerions plus de coups que de sous ; mais Mohammed se chargea d'arranger tout cela. En effet, il s'élança dans le Nil et, nageant comme un poisson, il coupa tout droit un bras du fleuve, puis, allant dans le prochain village où nous devions nous arrêter, il proclama que dans le bateau se trouvait la fille de la Sitt-el-Kebir, la Grande Dame (c'était ma mère que les Arabes appelaient ainsi), qui, comme la Sitt, était juste et avait un cœur qui aimait les Arabes. Depuis cette déclaration de Mohammed, nous n'eûmes plus de difficultés pour trouver des vivres ; nous n'en avions désormais que pour faire accepter notre argent aux fellahs.

On ne saurait croire combien les nouvelles voyagent vite en Égypte. Dans beaucoup de localités, nous trouvions une foule de gens, apportant en cadeaux du lait et du pain arabe, des poulets et des œufs. Celui-ci avait été guéri par la Sitt-el-Kebir ; celui-là avait un cousin envers lequel elle avait été généreuse ; un troisième avait été reçu à bord de son bateau pendant un voyage, et ainsi de suite pendant toute la durée de notre trajet.

On nous attendait à Thèbes, car un homme de Keneh était parti à cheval annoncer la bonne nouvelle à ma mère ; et les ulémas avaient aussitôt envoyé les drapeaux religieux pour décorer la maison et pour venir à notre rencontre. Les « sakkas » (porteurs d'eau) avaient arrosé pour nous le chemin qui allait du fleuve jusqu'à sa maison, et tout le petit village était en fête. Les Bédouins accoururent et firent une fantasia sous le balcon, tournant au grand galop autour de leurs lances enfoncées dans la terre, et jetant de formidables cris. Ils insistèrent aussi pour nous accompagner aux tombeaux des rois de l'autre côté du Nil, et le batelier qui nous fit traverser le fleuve ne voulut rien accepter.

Après cette visite, nous dînâmes avec Selim-effendi, le maoun de Louxor, homme fort agréable ; sa bonne vieille femme nous servit à table, en dépit de la présence de mon mari. Notre procession pour aller dîner était très comique, et en même temps elle était fort touchante : ma mère sur son âne que je conduisais, deux domestiques en avant avec des lanternes, et le fidèle Omar, habillé de ses vêtements de fête et portant un plat sucré pour la confection duquel il avait dépensé tout son talent. Mon mari était de l'autre côté de ma mère, et d'autres porteurs de lanternes nous suivaient. Partout où nous passions, les gens se pressaient autour de nous en appelant sur nos têtes la bénédiction d'Allah ; quelques-uns jetaient leurs manteaux à terre pour que ma mère passât dessus, tandis que les femmes baisaient le bas de sa robe qu'elles pressaient sur leurs fronts.

Nous eûmes un dîner très soigné à plusieurs services. Le tout était très bon, mais très étrange, et nous nous fîmes des compliments sans fin. Au dessert nous eûmes du café et des chibouques, et la femme du maoun vint s'asseoir et causer avec nous, nonobstant la présence du « howagah », mais le howagah appartenait à la Sitt-el-Kebir, et cela suffisait. Nous restâmes trois jours à Louxor, et ma mère nous accompagna à Assouan. Partout on lui montrait la même affection et le même respect. Nous remontâmes la cataracte dans un petit bateau jusqu'à l'île magnifique de Philæ où nous passâmes toute la journée, assis dans le portique d'un vieux temple.

De retour à Thèbes, ma mère espérait retrouver son bateau qui avait été loué à des amis ; elle comptait se le faire prêter pour deux jours, afin de venir avec nous jusqu'à Keneh et de pouvoir retourner à la voile. Mais l'*Urania* n'était pas encore arrivé, et nous étions déjà très chagrinés de devoir renoncer à notre petit voyage, quand un marchand nubien qui avait su de nos matelots que la Sitt-el-Kebir désirait un bateau vint à la maison et demanda audience. Il eut soin de laisser ses souliers à la porte, et, avec force salams, il nous dit qu'il avait déposé toute sa marchandise sur le bord du fleuve, qu'il avait bien nettoyé son bateau et qu'il était venu l'offrir à la Sitt-el-Kebir, qui, pendant le choléra, avait sauvé un de ses neveux tombé malade à Louxor où il passa en barque. Ma mère refusa l'offre, si on ne la laissait pas payer, disant qu'il n'était pas juste de retarder le Nubien dans son voyage, et peut-être de l'empêcher de vendre sa marchandise. Le Nubien fit en réponse un discours et il termina en disant que naturellement son bateau était indigne de porter Nour-a-la-Nour (autre nom qu'on donnait à ma mère, « Lumière d'en haut »), mais qu'il avait espéré qu'elle aurait accepté son offre ; qu'il était triste et mortifié ; que, par Allah, il ne se souciait pas plus de sa marchandise que d'un para ; que la Sitt avait souvent accepté de monter le mauvais âne d'un pauvre homme, rien que pour faire un acte de courtoisie, quand elle pouvait avoir l'âne blanc du maoun ; mais qu'il était un « meskin » (pauvre malheureux), et que désormais son bateau ne lui porterait que malheur. A la fin, ma mère accepta le bateau, et Omar se chargea de tout arranger avec le Nubien.

Le lendemain nous partîmes pour Keneh en remorquant le bateau. La moitié des habitants de Louxor vinrent nous dire adieu, et chacun apportait un cadeau : des poulets, des œufs, du lait et du beurre. Plusieurs avaient fait du pain pendant la nuit, afin de nous l'offrir tout frais.

Nous retournâmes au bateau en grand gala, et, le lendemain matin, nous quittâmes ma mère pour redescendre au Caire, tandis qu'elle faisait voile pour remonter à Thèbes.

Mrs ROSS.

TABLE

Cet ouvrage a été réalisé par la
SOCIÉTÉ NOUVELLE FIRMIN-DIDOT
Mesnil-sur-l'Estrée
pour le compte des Éditions Payot
en septembre 1996

Imprimé en France
Dépôt légal : septembre 1996
N° d'impression : 35741